天津大学社会科学文库

思想政治教育的现代化转型及其构建

李 伟 著

中国社会科学出版社

图书在版编目（CIP）数据

思想政治教育的现代化转型及其构建/李伟著.—北京：中国社会科学出版社，2018.4

ISBN 978-7-5203-2167-9

Ⅰ.①思… Ⅱ.①李… Ⅲ.①思想政治教育—研究—中国 Ⅳ.①D64

中国版本图书馆 CIP 数据核字（2018）第 043133 号

出 版 人	赵剑英
责任编辑	赵　丽
责任校对	王桂芳
责任印制	王　超

出　　版	中国社会科学出版社
社　　址	北京鼓楼西大街甲 158 号
邮　　编	100720
网　　址	http://www.csspw.cn
发 行 部	010-84083685
门 市 部	010-84029450
经　　销	新华书店及其他书店

印刷装订	北京明恒达印务有限公司
版　　次	2018 年 4 月第 1 版
印　　次	2018 年 4 月第 1 次印刷

开　　本	710×1000　1/16
印　　张	14
插　　页	2
字　　数	223 千字
定　　价	59.00 元

凡购买中国社会科学出版社图书，如有质量问题请与本社营销中心联系调换
电话：010-84083683
版权所有　侵权必究

出版说明

自然科学与社会科学如车之两轮、鸟之两翼。哲学社会科学的发展水平，体现着一个国家和民族的思维能力、精神状况和文明素质。中国特色社会主义事业的兴旺发达，不仅需要以马克思主义为指导的哲学社会科学的繁荣与发展。"天津大学社会科学文库"的出版是为繁荣发展我国哲学社会科学事业尽一份绵薄之力。

天津大学前身是北洋大学，有悠久的历史。1895年9月30日，盛宣怀请北洋大臣王文韶禀奏清廷，称"自强之道，以作育人才为本；求才之道，尤以设立学堂为先"。隔日，即1895年10月2日，光绪皇帝御批，中国现代第一所大学诞生了。创设之初，学校分设律例（法律）、工程（土木建筑水利）、矿务（采矿冶金）和机器（机械制造和动力）4个学门，培养高级管理人才。1920年教育部训令，北洋大学进入专办工科时期。

新中国成立后，1951年，学校定名为天津大学；1959年，成为中共中央首批指定的16所全国重点大学之一；1996年进入"211工程"首批重点建设高校行列；2000年，教育部与天津市签署共建协议，天津大学成为国家在新世界重点建设的若干所国内外知名高水平大学之一。

学校明确了"办特色、出精品、上水平"的办学思路，逐步形成了以工为主，理工结合，经、管、文、法等多学科协调发展的学科布局。学校以培养高素质拔尖创新人才为目标，坚持"实事求是"的校训和"严谨治学、严格教学要求"的治学方针，对学生实施综合培养，为民族的振兴、社会的进步培养了一批优秀的人才。本世界初，学校制定了面向新世纪的总体发展目标和"三步走"的发展战略，努力把天津大学建设成为国内外知名高水平大学，并在本世纪中叶建设成为综合性、研究型、开放式、国际化的世界一流大学。

"天津大学社会科学文库"的出版目的是向外界展示天津大学社会科学方面的科研成果。丛书是由若干本学术专著组成，主题未必一致，主要反映的是天津大学社会科学研究的知名度，对内营造一种崇尚社会科学研究的学术氛围，每年的数量不多，铢积寸累，逐渐成为天津大学社会科学的品牌，同时也推出了一批新人。使广大学者积年研究所得的学术心得能够嘉慧学林，传诸后世。

"天津大学社会科学文库"出版的取舍表针首先是真正的学术著作，其次是与天津大学地位相匹配的优秀研究成果。我们联系优秀的出版社进行发行出版，以保证品质。

出版高质量的学术著作是我们的不懈追求，凡能采用新材料、运用新方法、提出新观点，新颖、扎实的学术著作我们均竭诚推出。希冀我们的"天津大学社会科学文库"能经受得起时间的考验。

天津大学人文社科处

2009 年 1 月 20 日

目 录

第一章 导论 …………………………………………………… (1)
    第一节 选题缘由与研究意义 ……………………………… (1)
    第二节 研究现状 …………………………………………… (8)
    第三节 研究框架 …………………………………………… (31)
    第四节 理论创新与研究限度 ……………………………… (34)

第二章 思想政治教育现代化的概念考察 ……………………… (38)
    第一节 思想政治教育现代化的概念界定 ………………… (38)
    第二节 思想政治教育现代化的概念辨析 ………………… (52)
    第三节 思想政治教育现代化与思想政治教育科学化的关系 …… (60)
    第四节 思想政治教育现代化概念的方法论思考 ………… (71)

第三章 思想政治教育现代化的理论分析 ……………………… (88)
    第一节 思想政治教育现代化的历史背景 ………………… (88)
    第二节 思想政治教育现代化的研究视域 ………………… (100)
    第三节 思想政治教育现代化的结构转型 ………………… (113)

第四章 思想政治教育现代化的实践动力 ……………………… (128)
    第一节 思想政治教育现代化的动力之一：
            革命党到执政党转型 ……………………… (129)
    第二节 思想政治教育现代化的动力之二：
            思想政治教育的发展 ……………………… (140)

第三节 思想政治教育现代化的动力之三：
现代社会人的需要 ……………………………（148）
第四节 思想政治教育现代化的动力变迁：
单一动力到复合动力 ………………………（160）

第五章 思想政治教育现代化的基本路径 ……………（166）
第一节 增强思想政治教育的主导意识，
推进意识形态的现代化 ……………………（166）
第二节 拓展思想政治教育的活动视野，推进
思维方式的现代化 …………………………（182）
第三节 提升思想政治教育的时代效用，推进实践
功能的现代化 ………………………………（194）

结语 …………………………………………………………（208）

参考文献 ……………………………………………………（211）

后记 …………………………………………………………（220）

第一章

导　论

　　现代社会的发展催生了现代化理论研究。"至少从 1960 年以来，借助所谓现代化（或现代性）此一概念来分析和理解当前人类世界的发展，已成为社会科学界的基本认知模式，并且蔚为潮流。"[①] 中国作为后发现代化国家，"现代化问题是多种学科共同关注和研究的重大课题，也是整个社会普遍关注的大问题"[②]。伴随着社会主义现代化的历史征程，众多研究者基于不同的视角和方法开始介入中国现代化的理论研究与实践发展。可以说，各学科将理论研究的目光聚焦于中国的现代化建设，既是当前社会实践发展的需要，也是科学研究人员应有的责任担当和理论自觉，思想政治教育现代化研究亦不例外。

第一节　选题缘由与研究意义

　　一般来讲，社会实践是理论命题诞生的源泉，而理论命题的背后往往又贯穿着强烈的问题意识，思想政治教育现代化的提出无疑也遵循这一思维理路。因而思想政治教育现代化研究，首先要考虑的是"思想政治教育现代化"理论命题的合法性，亦即追问新时期以来思想政治教育现代化获得学术界关注的必然性问题。其次要进一步思考思想政治教育现代化研究的现实意义。

[①]　叶启政：《现代人的天命》，台北群学出版有限公司 2005 年版，第 141 页。
[②]　陆学艺、景天魁：《中国现代化进程中的社会学》，《中国社会科学》1997 年第 6 期。

一 选题缘由

不论是何种意义上的思想政治教育，时代性和实践性都是思想政治教育的基本特征，因而"以我国改革开放和现代化建设的实际问题、以我们正在做的事情为中心，着眼于马克思主义理论的运用，着眼于对实际问题的理论思考，着眼于新的实践和新的发展"[①]，应当是当前思想政治教育工作者的基本价值取向。推进中国特色社会主义现代化建设事业，无疑是我们目前社会生活最大的实际，也是思想政治教育进行理论研究和实践参与的宏大背景。而进一步回顾我国的现代化历史进程发现，中国社会现代化的百年历程，在一定程度上是以社会转型的方式和面目依次呈现的，或者说社会的现代化转型仍然内在于社会主义现代化建设过程之中。由此，探索在这一波澜壮阔的历史过程中思想政治教育将发生怎样的变化，以及产生怎样的作用便自然而然地进入我们的研究视野。

（一）社会主义现代化建设的需要

科学的理论命题的提出根本上是源于实践的需要，从社会实践入手回顾和展望理论命题的发生与发展是现实而可行的，思想政治教育现代化亦然。现代化是思想政治教育现代化的核心词汇之一，思想政治教育现代化的提出是现代化实践发展的逻辑必然。毋庸置疑，后发外生型现代化国家的历史定位和社会主义初级阶段的基本国情，表明中国的现代化事业处于现在进行时。到21世纪中叶社会主义现代化基本实现的既定目标，依然是当前中国特色社会主义建设的时代主题和中心任务。如何促进或推动社会主义现代化建设的现实问题，将不可避免地成为理论研究与实践活动的焦点话题。单就理论研究而言，现代化理论的产生势必伴随着现代化实践的推进，同时也无法脱离现代化实践的内在需要，思想政治教育现代化研究亦不例外。

同时，不论是实践形态的思想政治教育活动，还是理论层面的思想政治教育研究，其根本特征在于显著的实践性，这里的实践性更多地体现为服从和服务于社会实践的发展；同时思想政治教育"生命线"的地

[①] 中共中央文献研究室：《十五大以来重要文献选编》（上），人民出版社2000年版，第13页。

位和使命，又促使思想政治教育理论研究和实践参与的视野必须立足当前我们正在做的事情。因而关于思想政治教育现代化的理论思考，也成为思想政治教育走向理论自觉的题中之意。通过回顾现有文献可知，学界最早是在 20 世纪 80 年代提出思想政治教育现代化命题，当时我国正处于以改革开放为契机，带动社会主义现代化建设的历史初期，思想政治教育现代化便是在满足社会主义现代化建设需要的背景下，进入人们的理论研究视野的。这里可以暂且不讨论思想政治教育现代化的基本内涵，但"思想政治教育现代化"的理论命题作为社会主义现代化建设的历史产物，是一个无法否认的事实。从西方帝国主义列强叩关以来被动地接受西式现代化，到主动选择中国特色社会主义现代化道路的历史演进过程。既是中国现代化建设历程的真实写照，也是思想政治教育现代化研究的历史依据。

（二）思想政治教育合法性的需要

所谓合法性，又译作"正统性、正确性、合理性或正当性"[1]，是一个使用非常广泛的政治概念，通常指人们对某事物的认可程度。一般意义上讲，思想政治教育合法性，就是强调人们对统治阶级所施加的思想政治教育的理论与实践的认同和接受。关于思想政治教育合法性问题的探讨，学界已有较多论说并且基本达成相对一致的认识，这里也不准备对这一问题再展开过多的阐释，而是更多地思考思想政治教育现代化研究与增强思想政治教育合法性的关系，重点还是思想政治教育现代化的源起问题。

提出思想政治教育现代化，一个基本的理论前提或出发点是增强思想政治教育的合法性，当然这也并非说明思想政治教育的合法性是单向度的。从广义上来看，思想政治教育合法性本质上是取决于社会发展和人的发展的需要，以及思想政治教育活动本身的科学性。社会与人的需要是不断发展着的，因而思想政治教育合法性也必然是一个动态发展的过程。如前所述，思想政治教育现代化是社会主义现代化建设的历史产物，其主要的历史使命就是服务、指导、创新社会主义现代化建设需求，具体表现为思想政治教育充分发挥自身的疏导思想观念、引领意识形态、

---

[1] 孙关宏：《政治学概论》，复旦大学出版社 2003 年版，第 54—63 页。

汇聚价值共识的功能。其实，社会主义现代化建设过程中思想政治教育现代化研究面临的关键性问题，主要是当前社会成员的思想观念落后于造就现代社会或培育现代公民的目标要求。简言之，思想政治教育现代化的研究对象也就是思想政治教育的基本矛盾①，区别在于将特定的社会对人们思想观念的要求具体化为社会主义现代化建设对人的思想观念的要求。

（三）思想政治教育现代化实践的需要

自20世纪80年代开始，学界已有少数研究者不间断性地进行思想政治教育现代化相关研究，并且一直持续到现在。虽然到目前为止，思想政治教育现代化仍未形成一定的规模，但20多年来，关于思想政治教育现代化的关注或研究的趋势是不断上升发展的（见图1.1）。然而思想政治教育现代化研究未能取得较大的成绩，与思想政治教育现代化基本理论研究的缺失有着必然的联系。由此，推进思想政治教育现代化理论研究的自觉性和学理性，是进行思想政治教育现代化研究的又一重要推动力。诚然，思想政治教育现代化研究是强化思想政治教育现代化理论系统性的必要步骤，但根据一般社会科学研究选取理论视角及其范围的经

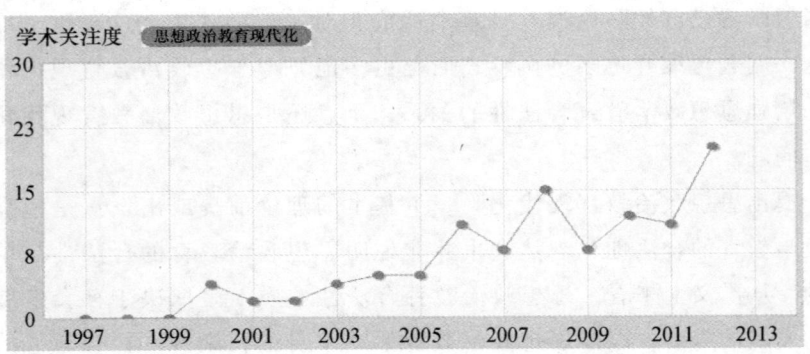

图1.1 中国知网学术趋势搜索"思想政治教育现代化"的学术关注度

---

① 对于思想政治教育的基本矛盾，学界大致认可一定社会、一定阶级对人们思想品德的要求与人们实际的思想品德水准的矛盾。详情参见张耀灿、郑永廷、吴潜涛等《现代思想政治教育学》，人民出版社2006年版，第6页。

验来看，实难将思想政治教育现代化划归"小题大做"或"以小见大"的研究类型。可以说，思想政治教育现代化仅从字面理解就更多地给人一种流于宽泛或过于宏大的感觉。

然而"当下的思想政治教育学，呈现出浓厚的微观色彩"[①]，面临着实践发展的丰富和宏观性与思想政治教育理论研究的微观性之间的矛盾冲突，在一定程度上导致思想政治教育的实效性不强。一方面，社会主义现代化建设过程中的问题需要思想政治教育的理论应对，思想政治教育现代化的理论意图具有显著的现实性；而另一方面，思想政治教育参与现代化建设，也需要在思想政治教育领域建构较为系统完备的现代化理论。虽然思想政治教育与现代化，仅就理论体系层面而言都属于宏大性的理论体系，但需要注意的是，思想政治教育现代化研究要尽可能达致宏观而不失宽泛，微观而不失狭隘。本书语境下的思想政治教育现代化研究，并无意于建构一个面面俱到的理论体系，重点想通过思考思想政治教育现代化的基本问题及其运行规律，从而在真正意义上推进思想政治教育现代化理论研究。

二 研究意义

（一）理论意义

其实，仅就思想政治教育现代化的理论命题来看，其概念构成的外在植入性特征或比附引申的意味是比较明显的，特别是作为历史观念和现实活动的现代化已不断走入人们日常生活的今天。因而，发掘思想政治教育现代化背后的实践逻辑，凸显思想政治教育现代化理论研究的自由自觉，则在一定程度上可以有效避免、摆脱人们对思想政治教育现代化理解的浅表化和主观臆断。

第一，深化思想政治教育现代化理论研究。尽管30多年来思想政治教育理论研究和学科建设取得不俗成绩，但有关思想政治教育现代化的理论成果却可以说是乏善可陈。无论是研究方式的线性单一、研究水平的简单重复，还是研究方向的散乱芜杂以及研究思路的片面泛化，都表明思想政治教育现代化研究仍然处于初始起步阶段。概而论之，关于思

[①] 冯刚、沈壮海：《思想政治教育发展报告2012》，高等教育出版社2012年版，第69页。

想政治教育现代化的研究还很不够，需要从基础做起。首先，需要反思思想政治教育现代化现有研究范式和研究视野存在的不足，在此基础上对思想政治教育现代化的基本概念与范畴、内涵与外延、特征与本质等基本要素进行界定；其次，在考察思想政治教育现代化历史进程的基础上，总结归纳思想政治教育现代化的理论资源和实践经验，通过纵向的历史梳理和横向的经验借鉴，夯实思想政治教育现代化的理论基础；最后，从宏观、中观、微观三个维度构建思想政治教育现代化的实现路径，从而使思想政治教育现代化研究得以规范化、系统化、学理化。

第二，拓展思想政治教育学理论研究视野。第二次世界大战结束后，随着国际形势的变化，现代化研究在以美国为首的西方国家悄然兴起，并逐渐发展成为国际学术界的一个热门研究课题。半个多世纪以来，来自经济学、社会学、政治学、文化心理学、历史学等领域的学者，纷纷涉足这一新兴研究领域，一大批开创性研究成果纷纷涌现，现代化越来越成为一项跨学科的研究领域。时至今日，现代化研究依然方兴未艾，但是在思想政治教育领域内甚至没有引起多数研究者的兴趣和重视，系统性的研究成果比较少，现有的研究成果基本停留在低水平重复阶段。可以说，相对于其他学科关于现代化的研究，思想政治教育学存在一定的滞后性。开放性是学科建设发展的基本原则，也是确保学科理论研究能够服务社会实践的前提条件。思想政治教育理论研究既需要继承借鉴相关学科的思想观点，更应该紧密结合鲜活的社会实践开拓创新思想政治教育理论研究视野。思想政治教育现代化研究，有助于拓展思想政治教育学科理论视野。

（二）实践意义

处于剧烈转型时期的中国社会，其经济、政治、文化和社会生活的现代化实践，必然需要有相应的现代化理论的指导，而思想政治教育的实践参与和理论抽象，也必定要以转型中国的现实存在为基点。由此，思想政治教育现代化研究的根本指向，是通过捕捉和分析社会转型过程中思想政治教育活动的实践遭遇与理论困境，提升思想政治教育的实效性、加强思想政治教育的时效性，进而实现人的思想观念的现代化。

第一，增强思想政治教育的实效性，无疑是我们进行思想政治教育理论创新的初衷，也是思想政治教育理论创新的归宿。思想政治教育现代化可否称为理论创新目前还难以定论,但思想政治教育现代化所指涉的现实问题,例如思维方式、工作手段的落后,以及意识形态整合能力弱化等问题的存在,是导致新时期思想政治教育解题低效的主要原因。当然,思想政治教育现代化也绝不可能完全是救治新时期思想政治教育困境的灵药,过分拔高或贬低思想政治教育现代化的功用都是不科学的。回顾思想政治教育现代化研究历史可知,在社会主义现代化建设过程中,最初提出思想政治教育现代化概念的直接诱因,就是思想政治教育目标、内容、方法与实际情况之间存在较大差距,一些研究者基于创新或与时俱进的意义上提出思想政治教育现代化。思想政治教育现代化是否等同于思想政治教育结构要素的创新发展,还需进一步斟酌,但立足现代化过程中思想政治教育面临的问题,则是思想政治教育现代化的根本出发点。也可以说,思想政治教育现代化的生成逻辑,类似于汤因比所说的文明发展的"挑战—应对"[①]模式。因此,尽管思想政治教育现代化研究远未形成气候,但为解决社会主义现代化视域下思想政治教育面临的问题提供理论主张,却是思想政治教育现代化研究的核心理念。

第二,促进人的现代思想观念的生成。人的现代思想观念的生成是人的现代化的结果,也是培养塑造现代人的过程。思想政治教育存在的终极意义或价值就在于促进人的全面发展,历史唯物主义揭示了人的全面发展并不是一个形而上的、抽象空乏的价值理想,而是奠基于社会生产力发展基础之上的历史过程。"历史的发展为人的发展提供了条件,人的发展实现于历史的发展进程之中。"[②] 人的思想观念的现代化,是人的全面发展目标在现代社会历史阶段的表现,而人的现代思想观念的生成并不是先天自发、自然而然的事情。特别是现代性或现代思想观念尚未在中国的大地上站稳脚跟的情况下,摆脱传统宗法的、礼教的日常生活观念的束缚,形成现代社会需要的思想观念是比较困难的。但随着社会

[①] 英国历史学家汤因比指出:"文明似乎就是这样,通过'生命冲动'不断生长,生命冲动推动挑战通过应战到达另一个挑战。"参见 [英] 阿诺德·汤因比《历史研究》(上),郭小凌、王皖强、杜庭广等译,上海人民出版社 2010 年版,第 188 页。

[②] 孙正聿:《"现实的历史":〈资本论〉的存在论》,《中国社会科学》2010 年第 2 期。

的发展以及党和国家工作重心的转移，要求思想政治教育角色的现代转型，即由革命时期较为单一的政治教化，转向社会主义建设时期服务社会建设与人的发展。因此，客观而公允地说，思想政治教育可以在人的现代思想观念的形成过程中发挥较大的作用。思想政治教育现代化实践，应该而且必然有助于人的现代思想观念的生长。

第二节 研究现状

一 基本状况

（一）思想政治教育现代化相关学术著作资料

通过在国家图书馆、北京大学、清华大学、复旦大学、南开大学、中山大学、武汉大学、中国人民大学等知名高校图书馆，开展学术著作资料的检索工作，尚未发现以"思想政治教育现代化"，或者是"思想政治教育现代转型"为题名的学术著作。而其中与研究主题较为相关的学术著作资料有：李俊伟教授的《思想政治工作现代化与科学化》，陈染君的《军队思想政治工作现代化》，唐俊兵、刘凌等人的《新时期高校思想政治教育现代化与科学化研究》，孟伟、张岩鸿等人的《转型期思想政治工作问题研究》，靳连芳教授的《转型期人民内部矛盾与思想政治工作》。同时有部分思想政治教育学术专著、编著，对思想政治教育现代化和转型期的思想政治教育进行了专题研究，如孙其昂教授的《思想政治教育学前沿研究》，宋锡辉教授等人的《思想政治教育学元理论研究》，廖志诚的《思想政治教育创新动力论》；还有一些著作在探讨思想政治教育的发展趋势时，论及思想政治教育的现代化问题，如平章起教授等人的《思想政治教育基本理论问题研究》，张耀灿教授等人的《现代思想政治教育学》；也有若干思想政治教育著作的论述主题，与思想政治教育现代化有一定的关联性和参考价值，因此也一并予以统计。如成媛的《思想政治教育学原理》，林庭芳教授的《高校思想政治理论课教育教学现代化研究》，段春华的《人的现代化与思想政治教育》，王继勃的《企业现代化管理与思想政治工作》（见表1.1）。

表 1.1　　　　思想政治教育现代化的相关学术著作资料

作者	书名与出版单位	出版日期	相关性及关涉章节
李俊伟	《思想政治工作现代化与科学化》红旗出版社	2007 年	研究主题直接相关
陈染君	《军队思想政治工作现代化》解放军出版社	2008 年	研究主题直接相关
唐俊兵等	《新时期高校思想政治教育现代化与科学化研究》吉林大学出版社	2010 年	研究主题直接相关
孟伟等	《转型期思想政治工作问题研究》人民出版社	2004 年	研究主题直接相关
靳连芳	《转型期人民内部矛盾与思想政治工作》党建读物出版社	2003 年	研究主题直接相关
孙其昂	《思想政治教育学前沿研究》人民出版社	2013 年	第九章、第十章
宋锡辉等	《思想政治教育学元理论研究》中央编译出版社	2012 年	第九章
平章起　梁禹祥	《思想政治教育基本理论问题研究》南开大学出版社	2009 年	第十七章第二节
张耀灿等	《现代思想政治教育学》人民出版社	2006 年	第二章、结束语
成媛	《思想政治教育学原理》上海中医药大学出版社	2007 年	第十二章
廖志诚	《思想政治教育创新动力论》社会科学文献出版社	2012 年	第一章
罗洪铁	《思想政治教育与现代人才开发研究》中央文献出版社	2006 年	有一定的参考价值
林庭芳	《高校思想政治理论课教育教学现代化研究》人民出版社	2006 年	有一定的参考价值
段春华	《人的现代化与思想政治教育》天津人民出版社	2000 年	有一定的参考价值
王继勃	《企业现代化管理与思想政治工作》团结出版社	1990 年	有一定的参考价值

(资料来源：根据国家图书馆和国内相关高校图书馆搜索结果整理而成)

仅就公开出版的学术著作而言，至少可以明确一个事实，即思想政治教育现代化或思想政治教育转型问题，已得到一些学者的关注和重视，并进行了基础性的理论探索。与研究主题直接相关的五本著作，分别为思想政治工作现代化的一般性探讨，专门研究军队思想政治工作的现代化，以及高校思想政治教育的现代化，还有社会转型期的思想政治工作，这五本著作可被视为在思想政治教育领域，以现代化和社会转型为研究中心的初步的、较为系统的探索；有专题论述的两本著作与有专门章节探讨的三本著作，都在有限的研究范围内对思想政治教育现代化的概念、内容、途径等，以及社会转型期的思想政治教育发展给予学理性的思考，对于推进研究的规范发展有一定的铺垫作用；四本著作研究领域与研究方向较为相关，都间或涉及思想政治教育现代化的部分论题，在研究过程中值得参考。但以上资料也表明，思想政治教育现代化研究仍然属于思想政治教育研究领域的边缘地带，理论提升空间还很大。

（二）思想政治教育现代化相关期刊论文、博硕士学位论文、会议论文以及报纸全文资料

以"思想政治教育"和"现代化"以及"转型"为检索词，通过对中国知网（CNKI）1979年到2012年的期刊论文、博硕士学位论文，以及会议论文与报纸全文数据库文献资料，分别进行"篇名""主题""关键词"搜索，同时去除相关度低、重复发表以及转摘的研究文献，结果如下：

以"思想政治教育"并含"现代化"为篇名搜索显示，1979—2012年共检索出"思想政治教育现代化"研究文献108篇，其中学术期刊全文数据库97篇，优秀硕士学位论文数据库8篇，重要会议论文数据库2篇，重要报纸全文数据库1篇（见图1.2）。通过检索发现，思想政治教育现代化研究，最早可以追溯到1986年刘之平撰写的《浅谈思想政治教育的现代化》（《青年研究》1986年第4期）。截至目前，与思想政治教育现代化研究主题高度相关的博士学位论文有两篇，分别是李俊伟的《思想政治工作现代化研究》（中共中央党校，2000年）、陈染君的《军队思想政治工作现代化研究》（华中师范大学，2007年）。从图1.2可以看出，以思想政治教育现代化为篇名的研究始于20世

80年代，从2002年开始呈稳步上升趋势，反映出随着学科建设和理论研究的深入，思想政治教育现代化论题逐步得到学者的关注；20多年间的研究成果主要以期刊论文为主，共发表97篇论文，同时有少量的硕士学位论文。然而就论文公开发表的期刊档次来看，74%的文章发表在普通或影响力较低的刊物，这与不少研究成果的低水平重复以及未能引起学界足够的重视①有一定的关系。总之，"篇名"搜索最能反映思想政治教育现代化研究的真实境况，思想政治教育现代化研究任重道远。

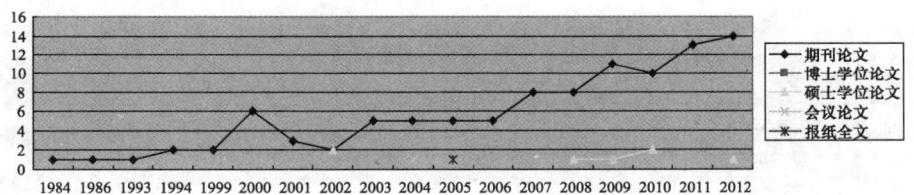

图1.2 以"思想政治教育"并含"现代化"为篇名的研究文献趋势

以"思想政治教育"并含"现代化"为主题搜索显示，1979—2012年发现已有3588篇研究文献。其中学术期刊全文数据库2669篇，博士学位论文数据库39篇，优秀硕士学位论文数据库834篇，重要会议论文数据库35篇，重要报纸全文数据库9篇，学术辑刊全文数据库2篇（见图1.3）。较之篇名搜索结果的稀少，与思想政治教育现代化主题相关的研究成果的数量则显得相当充盈，说明将现代化的理念引入思想政治教育领域已取得较为显著的成就。然而经过认真的浏览阅读却发现，与思想政治教育现代化研究主题相关的文献，更多的是将现代、现代性和现代化等语词，直接作为展开思想政治教育研究的话语背景和理论语境，由此造成相关研究成果数量的迅猛增长。实际上大多数研究成果并未专门就思想政治教育现代化进行理论分析，研究成果表面上的丰饶依然无法掩盖思想政治教育现代化研究实质上的贫困。众多研究者之所以能够比

---

① 这里所谓"没有引起学界足够的重视"，主要是强调思想政治教育现代化研究，并未得到学界权威人物或相关专业期刊的支持和推动，因而思想政治教育现代化研究也未能获得学术界较高的关注度。中国知网数据库搜索结果也在一定程度上佐证了这一判断。

较一致地认识到现代化对于思想政治教育研究的实践意义，很大程度上是源于社会主义现代化建设的时代任务。但仅仅将现代化视为思想政治教育理论研究的背景知识，只会造成思想政治教育现代化理论范畴的繁荣局限于学术话语层面。不去深入挖掘思想政治教育与现代化的内在关联，最后导致思想政治教育实践活动缺乏理论依托而流于形式。当然，搜索过程中也发现目前对思想政治教育现代化研究用力较多的核心作者和机构。如河海大学马克思主义教育学院孙其昂教授团队，近年来在教育部规划基金项目"思想政治教育现代转型研究"的支持下，已有不少研究成果问世。

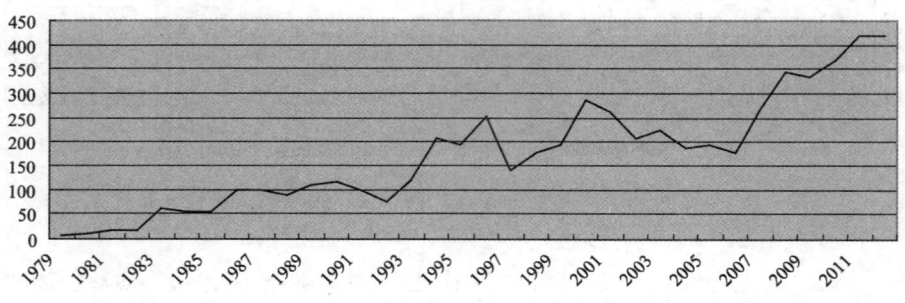

图 1.3　以"思想政治教育"并含"现代化"为主题的研究文献趋势

以"思想政治教育"并含"现代化"为关键词搜索显示，1979—2012 年有 146 篇文献，其中学术期刊全文数据库 137 篇，优秀硕士学位论文数据库 7 篇，重要会议论文数据库 1 篇，学术辑刊全文数据库 1 篇。关键词搜索结果与篇名搜索结果较为一致，一方面证实了在主题搜索时所做的判断，即现代化当前在思想政治教育领域属于热门词汇，但就现有的研究文献来看，大多数研究又没有真正去思考思想政治教育现代化的元问题，而是停留在盲目跟风以及经验推论的层面。在关键词搜索结果的基础上，专门分析期刊论文发表情况可知（见图 1.4），20 多年来的研究，竟然没有一年发表的文献超过 20 篇，不能不说明思想政治教育现代化研究的薄弱，这也需要引起我们的深思。

第一章　导论／13

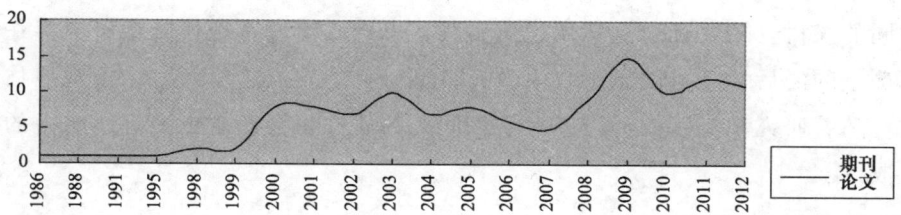

图 1.4　以"思想政治教育"并含"现代化"为关键词的期刊论文发表情况

以"思想政治教育"并含"转型"为篇名搜索显示，1979—2012年共有 128 篇文献，其中学术期刊论文 113 篇，博士学位论文 1 篇，硕士学位论文 12 篇，会议论文 2 篇。通过检索发现，陈子茂最早提出"思想政治教育要适应社会转型"[①]，但这也是 20 世纪 90 年代中期的事情了。廖志诚的博士论文《社会转型时期思想政治教育创新动力研究》（福建师范大学，2008 年），是目前唯一可看到的探讨思想政治教育与社会转型的文献。如图 1.5 所示，转型问题进入思想政治教育领域的时间比较晚，与我国整个社会学界对转型问题研究的起始时间大体一致。同思想政治教育现代化搜索结果相类似，关于思想政治教育转型研究的成果，也多数发表在档次和影响力都比较低的刊物，很难以引起

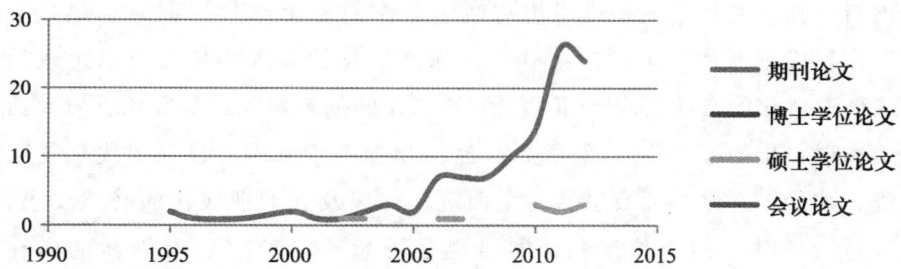

图 1.5　以"思想政治教育"并含"转型"为篇名的文献发表情况

（注：因博士学位论文和会议论文的数量太少，总数没有达到 5 篇的最低限度，因而图中没有显示出这两类研究文献的发表情况）

---

① 陈子茂：《思想政治教育要适应社会转型》，《高等中医教育研究》1995 年第 1 期。

思想政治教育学术共同体的关注，更遑论能够掀起学界对于这一问题共同的探讨。较之社会主义现代化实践，思想政治教育现代转型研究存在严重的滞后性。但就思想政治教育转型研究的发展趋势而言，乐观地估计随着研究和实践的深入，对于该问题的研究将会产生更多有影响力的成果。

二　特征分析

在分析思想政治教育现代化研究现状的基础上，进一步总结现有研究成果的总体特征：

（一）研究思路：挑战—回应

综观现有思想政治教育现代化研究成果，其逻辑线索基本沿袭"挑战与回应"模式。一些研究者认为，当前思想政治教育面临现代化浪潮冲击、现代社会转型以及人的现代化发展等客观现实，在此基础之上进而合乎逻辑地推出，思想政治教育现代化的必然性来自社会存在的内在要求；与此同时，也有部分研究者在赞同上述思想观点的基础上，提出思想政治教育自身发展也需要实现现代化。循着这一思路，将思想政治教育现代化的合理性归结为现代化过程中社会存在与自我发展的统一。例如李俊伟教授指出："适应现代化的发展趋势，推进自身的改进创新，其发展趋势就是推进思想政治工作的现代化。"[①] 同时思想政治工作现代化也是"实现自身科学化和制度化的要求，是实现思想政治工作通俗化的必然要求，而思想政治工作的创新和改进是实现思想政治工作现代化的手段"[②]。平章起教授指出："思想政治教育现代化是经济、政治、文化、社会生活的全面现代化以及人的现代化的必然要求，也是信息时代的必然产物，同时也是思想政治教育发展创新的内在需要。"[③]

简言之，现有研究思路不论是坚持外因论、内因论还是内外因统一

---

① 李俊伟：《思想政治工作现代化与科学化》，红旗出版社2007年版，第30页。
② 同上书，第52页。
③ 平章起、梁禹祥：《思想政治教育基本理论问题研究》，南开大学出版社2009年版，第385、387、390页。

论，都没有脱离现代化挑战与现代化回应的窠臼。其研究思路基本主要有以下三个方面：第一，社会转型与思想政治教育现代化（全球化、信息化、网络化带来思想观念、人际交往、活动场域的变化，思想政治教育目标、观念、过程、方法等需要实现现代化）[1]；第二，人的现代化发展与思想政治教育现代化（人的现代化与思想政治教育现代化二者互为表里、相互影响）[2]；第三，社会主义现代化建设与思想政治教育现代化（政治现代化、文化现代化、社会现代化视角下思想政治教育主体性的发挥与功能的拓展）[3]。结合篇名搜索结果与表1.2可知，以上三个研究路向基本能够代表和概括现有研究成果的主要研究思路。

（二）研究视角：微观—静态

现有资料关于思想政治教育现代化论题的研究视角，较多选择从微观视角对思想政治教育的系统要素，以静态的方式分别进行现代化的考量。

---

[1] 万美容：《论信息社会与思想政治教育方法的现代化》，《思想政治教育研究》2008年第6期；邓志中：《论全球背景下思想政治教育的观念现代化》，《黑龙江高教研究》2004年第7期；蓝江：《网络化时代思想政治教育现代化建设思考》，《高等函授学报》（哲学社会科学版）2000年第3期；周倩：《网络与高校思想政治教育的现代化》，硕士学位论文，陕西师范大学，2012年；徐志远、陈国忠：《科学化与现代化：思想政治教育的发展趋势》，《当代教育论坛》2004年第2期。

[2] 姜长宝：《论思想政治教育在人的现代化中的作用》，硕士学位论文，华中师范大学，2001年；李萍：《塑造现代人格：现代化进程中思想政治教育的重要课题》，硕士学位论文，南京师范大学，2005年；储著斌：《思想政治教育视域中人的观念现代化探析》，《学校党建与思想教育》2012年第10期；李建刚：《论思想政治教育发展与人的现代化教育》，《青海社会科学》2006年第3期；马艳青：《论人的现代化视域下的高校思想政治教育》，《前沿》2011年第24期；张丹丹：《思想政治教育与人的现代化》，《辽宁行政学院学报》2007年第6期；崔惠丽：《思想政治教育与人的现代化》，《重庆工学院学报》2006年第2期。

[3] 陈立思：《现代化进程的生命线——当代世界的思想政治教育》，《教学与研究》2000年第5期；刘新芳：《思想政治教育与构建社会主义和谐社会——国外现代化进程中的事实对中国的启示》，《江淮论坛》2007年第1期；陈化水：《思想政治教育在社会主义现代化建设中的作用新探》，《电子科技大学学报》（人文社会科学版）2010年第2期；李立、张建军：《浅议中国传统文化的现代化与思想政治教育》，《改革·创新·发展——电子教育研究论文集》，2004年；兰秀英：《西藏现代化建设与高校思想政治教育》，硕士学位论文，西南师范大学，2002年；张怀璧：《思想政治教育在农民现代化中的功能探微》，硕士学位论文，西北师范大学，2008年；李亚锋：《中国特色农业现代化进程中的农民思想政治教育研究》，硕士学位论文，河南理工大学，2010年。

表 1.2　　　　　　　　思想政治教育现代化文献研究思路统计

研究思路	社会转型与思想政治教育现代化	人的现代化发展与思想政治教育现代化	社会主义现代化与思想政治教育现代化
文献数量	25	38	31
占据比例（%）	23	35	29

譬如在学界比较权威的基础理论著作《现代思想政治教育学》中，关于思想政治教育现代化的发展趋势主要归纳为以下几个方面：思想政治教育观念现代化、思想政治教育体制现代化、思想政治教育内容现代化、思想政治教育手段现代化；[①] 李俊伟[②]与陈染君[③]的博士学位论文在理论内容的结构方面较为一致，基本上都是围绕思想政治工作理念现代化、内容现代化、方法和手段现代化等展开研究。至于期刊文献，思想政治教育现代化研究的微观视角和静态分析就更为普遍[④]。杨增崟于2007年发表思想政治教育现代化研究综述，曾对1986—2006年思想政治教育现代化论文的研究视角进行统计（见表1.3）[⑤]。

由表 1.3 可知，现有文献的研究视角基本上覆盖了实施思想政治教育活动所涉及的基本要素。当然，微观视角与静态分析的结合是一般理论研究的需要，特别是一些相对较为年轻的学科，有助于突出理论研究的实践性和可操作性。回顾思想政治教育学术研究历史，"当

[①] 张耀灿、郑永廷、吴潜涛等：《现代思想政治教育学》，人民出版社2006年版，第458、460、461页。

[②] 李俊伟：《思想政治工作现代化研究》，博士学位论文，中共中央党校，2000年。

[③] 陈染君：《军队思想政治工作现代化研究》，博士学位论文，华中师范大学，2007年。

[④] 石振保：《思想政治教育现代化的若干思考》，《马克思主义与现实》2008年第2期；贺宝月：《试论高校思想政治教育现代化》，《中国青年政治学院学报》2000年第4期；杨益、李大鹏：《思想政治教育现代化建设初探》，《人民论坛》2010年第26期；杨威、高军：《浅析思想政治教育的科学性和现代化》，《思想政治教育研究》2006年第1期；朱晓梅：《论实现思想政治教育现代化》，《理论学刊》2005年第8期；张尚宇：《思想政治教育现代化浅谈》，《学校党建与思想教育》2005年第10期。

[⑤] 杨增崟：《近20年思想政治教育现代化研究综述》，《思想理论教育》2007年第1期。

下的思想政治教育学呈现出浓厚的微观色彩"①。而且思想政治教育理论研究历来就有微观分析的学术传统,这与其作为一种特殊的教育活动脱胎于教育学或德育学有着直接的关联,即"当下思想政治教育学的'微观'色调,形成于其以教育学为底色的学术史②"。可以说,思想政治教育现代化在思想政治教育的学术版图中属于比较冷门的研究方向。某种意义上讲,微观—静态的分析视角也是造成这一局面的主要原因。

表1.3　　1986—2006年思想政治教育现代化论文研究视角统计

研究视角	观念	体制	教育者	内容	方法	手段	评估	其他（载体、功能、价值等）
论文篇数	17	5	4	10	14	11	2	8
所占比例（%）	46	14	11	27	38	30	5	22

（注：因同一篇文章中涉及多项部分,数据存在累计叠加）

（三）研究方法：经验—线性

"不管人们怎样去界说现代化,怎样去评价它的优劣长短,现代化在许多发达的国家已成为现实,在更多的发展中国家已成为竭尽全力去追求的目标。扫视世界历史发展的总体过程,现代化对于任何一个民族或国家来说都似乎是一种无法避免的'命运',是难以抗拒的历史潮流。"③现代化作为既定事实是毫无疑问的,同时现代化实践必然要渗透到经济社会各领域,并与之发生直接或间接的联系,因而理论研究也必定要把现代化视为其源头活水。而基于经验性的观察或生活体验基础之上的理论思辨,在目前思想政治教育现代化理论研究中取得了压倒性的优势。

---

① 冯刚、沈壮海：《思想政治教育发展报告2012》,高等教育出版社2012年版,第69页。
② 同上书,第70页。
③ 陈晏清、王南湜：《当代中国社会转型论》,山西教育出版社1998年版,第18页。

进一步分析研究文献发现，经验思辨型的具体研究方法背后同时反映了研究者简单线性的思维逻辑，即多数理论研究成果采取了以下两种理论推演步骤：

  A. 社会现代化或人的现代化──→思想政治教育现代化──→思想政治教育要素现代化。①

  B. 社会结构转型──→传统思想政治教育不能适应时代发展需要──→思想政治教育需要实现现代转型──→思想政治教育的主题、思维、目标、内容、载体、方法实现转型。②

循着以上两种研究方法的逻辑导向可知，第一种研究方法的重点在于强调现代化对于思想政治教育的规约，思想政治教育现代化更多地带有一种应对性或改良性的色彩；第二种研究方法则主要凸显思想政治教育系统自身的创新发展，思想政治教育的自觉性或主动性比较突出。同

---

① 资料搜索显示，现有研究成果大多采用该方法进行理论论述，特别是在提出思想政治教育现代化概念初期。刘之平：《浅谈思想政治教育的现代化》，《青年研究》1986年第4期；侯锦阳：《论思想政治教育与社会主体法律观念现代化》，《社会科学》1993年第8期；肖民坤：《思想政治教育面向现代化改革的思考》，《山东社会科学》1994年第5期；张立云：《试论思想政治教育方法的现代化》，《福建论坛》（经济社会版）1999年第11期；张信华：《试论高校思想政治教育手段现代化》，《上海青年管理干部学院学报》2000年第4期；肖庆生：《思想政治教育的科学性与现代化》，《建材高教理论与实践》2001年第2期。以上列举仅是研究初期的部分成果，在2001年以后出现的大部分研究依然延续这一研究方法。

② 如上所述，该研究方法以思想政治教育自身的现代化为切入点，将研究的重心由适应社会现代化要求转向思想政治教育系统本身的现代演变，同时引入传统思想政治教育和现代转型概念，较之第一种方法有一定的进步性。就目前手头掌握的资料可知，其实早在2000年的时候，郑永廷教授就提出了从传统思想道德教育向现代思想道德教育转变的任务。郑永廷：《现代思想道德教育理论与方法》，广东高等教育出版社2000年版，第1页；随之戴锐教授于2004年明确提出思想政治教育现代化是思想政治教育自身发展的必然逻辑。戴锐：《思想政治教育的现代性与现代化》，《理论与改革》2004年第2期；近年来孙其昂教授围绕思想政治教育现代转型发表了一系列文章，同时在其新著中对这一问题进行了阶段性的总结。孙其昂：《论思想政治教育的现代转型──基于社会、历史、系统视野的考察》，《思想教育研究》2008年第8期；孙其昂：《思想政治工作现代转型与基本精神》，《思想政治工作研究》2009年第2期；孙其昂：《思想政治教育的现代转型及其路径》，《求实》2010年第2期；孙其昂：《思想政治教育学前沿研究》，人民出版社2013年版，第261—274页。

时文献资料显示，第一种研究方法多见于研究初期和中期①，而第二种研究方法近年来显得更有理论解释力。尽管两种研究方法的侧重点不同，但从整体上看二者都是以社会结构的现代变迁为起始点，进而以思想政治教育系统的变化为研究对象，最终落脚到思想政治教育系统要素的改变。

三 基本内容

整理相关文献资料，归纳现有理论成果，思想政治教育现代化研究主要集中于以下几个方面：

（一）思想政治教育现代化的源起

毋庸置疑，探讨思想政治教育现代化的产生，是思想政治教育现代化研究的首要问题。学界从不同的视角对思想政治教育现代化的必然性进行了多重考察，形成社会与人的需要论、思想政治教育自我发展论和综合论三种观点。例如廖启云认为："人的发展需要是思想政治教育现代化的基本动因、存在依据，表征着人的精神特性、人的自然生命、社会生命、精神生命也离不开思想政治教育现代化。"② 贺宝月认为："我国的现代化建设对高校思想政治教育提出了新的更高要求，传统的思想政治教育面临着严重挑战，而现代科学与技术的发展也为思想政治教育展现了广阔的前景，实现高校思想政治教育的现代化成了高校思想政治教育工作的一项紧迫任务。"③ 大多数外部驱动论的研究，普遍遵循社会与人的现代化客观要求思想政治教育现代化的逻辑理路。戴锐教授认为外部

---

① 同时需要说明的是，思想政治教育现代化研究初期，研究方法呈经验性取向的同时对现代化问题做了简单线性的理解，即多数研究成果仅仅将现代化视为发展和创新的同义词，或更多的是在进步的意义上使用思想政治教育现代化，缺乏对现代化过程的辩证分析，剥离了现代化过程的复杂性而直接以现代化结果为研究的基点，从而使这一时期的研究方法带有单向片面的特征。近年来部分研究成果对思想政治教育现代化又有了进一步的思考，参见孙其昂《思想政治教育学前沿研究》，人民出版社2013年版，第230—260页；孙其昂：《思想政治教育现代性及其转型》，《安徽师范大学学报》（人文社会科学版）2012年第3期；李辉：《现代性语境下的思想政治教育主导性探析》，《思想政治教育研究》2009年第4期；刘翠玉：《现代性视野中的思想政治教育》，《思想教育研究》2007年第6期。

② 廖启云：《思想政治教育现代化：马克思主义"需要论"的辨析》，《北京行政学院学报》2013年第4期。

③ 贺宝月：《试论高校思想政治教育现代化》，《中国青年政治学院学报》2007年第7期。

驱动论的立论逻辑虽有道理,但还未揭示思想政治教育现代化的本质。他指出:"思想政治教育现代化的必要性和意义并不是来自外界社会以及人自身的需要,而是来自其自身,也就是说,思想政治教育自身发展的逻辑决定了它的现代化趋势的必然性。"① 平章起教授认为思想政治教育现代化,既是经济、政治、文化、社会生活的全面现代化以及人的现代化的必然要求,也是信息时代的必然产物,同时也是思想政治教育创新发展的内在要求。② 尽管学界关于思想政治教育现代化必要性的探讨没有达成统一,不过研究者们却一致认为随着社会主义现代化建设的推进,思想政治教育的现代化趋势是不可逆转的。

(二) 思想政治教育现代化的概念

概念界说是进行理论研究的前提。由于学界对"现代化"和"现代性"的认识众说纷纭、莫衷一是,因而对"思想政治教育现代化"的理解也不相同。不少研究者从发展的角度分析"现代化"的内涵,认为思想政治教育面临国内国外现代化发展的机遇与挑战,思想政治教育现代化就是要求思想政治教育要顺应形势,实质是强调思想政治教育的与时俱进。③ 但也有研究者认为,对思想政治教育现代化的认识,仅停留在时间尺度与先进技术层面是错误的。通过考察"现代性"和"现代化"概念特征的历史形成,作者指出"思想政治教育现代化的本质也就在于,在当前社会政治、经济、文化背景下,思想政治教育对自身的历史传统的扬弃和对其实施过程的创新"④。胡凯教授指出:"思想政治教育现代化,即传统的思想政治教育通过一系列改革创新,使之适应现代社会发展和人的全面发展的需要。"⑤

与此同时,在当前理论研究中"现代思想政治教育"被广泛提及,但学界大多都是在一种不证自明的意义上使用,其含义特征基本没有得

---

① 戴锐:《思想政治教育的现代性与现代化》,《理论与改革》2004 年第 2 期。
② 平章起、梁禹祥:《思想政治教育基本理论问题研究》,南开大学出版社 2009 年版,第 385 页。
③ 刘之平:《浅谈思想政治教育的现代化》,《青年研究》1986 年第 4 期;张坚:《浅谈思想政治工作的科学化、现代化、法律化》,《思想工作论坛》1994 年第 4 期;高军:《试论"三个代表"与高校思想政治教育的现代化》,《中国高教研究》2001 年第 10 期。
④ 戴锐:《思想政治教育的现代性与现代化》,《理论与改革》2004 年第 2 期。
⑤ 胡凯:《现代思想政治教育心理研究》,湖南人民出版社 2009 年版,第 12 页。

到学理性的界定，即使有的也只是一笔带过。可以说，对"现代思想政治教育"的使用基本处于散乱状态，具有很大的随意性。根据手中资料，仅看到周中之教授从时间和性质两个维度，并结合党的传统思想政治教育进行规定，即"现代思想政治教育是从党的传统思想政治教育发展而来的，既与党的传统思想政治教育有着本质上的内在联系和共同性，更有党的传统思想政治教育所没有的现代性内涵"[①]。张国启指出"现代思想政治教育是与传统思想政治教育相对应存在的一个概念，其发展研究主要立足于我国改革开放以来的现实生活场域，我国改革开放以来的伟大社会实践及其引起社会环境的变化对思想政治教育发展提出的新要求，进而导致思想政治教育在功能、方法、模式、样态、领域等方面的新变化"[②]。闫立超对现代思想政治教育的起点进行探索，从思想政治教育与现代性的关联、马克思主义与思想政治教育、近现代史分期的借鉴等维度出发，提出中国共产党思想政治教育的诞生标志着现代思想政治教育的开始。[③] 杨绍安认为使用"现代思想政治教育学"主要基于以下两方面的考虑："其一，思想政治教育学从其产生的时间上看，它应该具有'现代'之名；其二，现代思想政治教育学适应的是现代的政治、经济和社会环境，指导的是现代思想政治教育的实践，而且它还必须跟随现代思想政治教育实践的发展而不断发展。"[④]

（三）思想政治教育结构要素的现代化

从微观的视角分析思想政治教育现代化，最终形成思想政治教育结构要素现代化的研究格局。现有研究文献中单就数量而言，关于思想政治教育结构要素现代化的研究可以说是占据了相当大的比例。杨增崒对近 20 年来（1986—2006 年）思想政治教育现代化论文的研究视角统计发现，观念、内容、方法、手段的现代化出现频率最高，其中尤以方法手

[①] 周中之、石书臣等：《现代思想政治教育理论与实践探微》，人民出版社 2009 年版，第 37 页。

[②] 张国启、王秀敏：《现代思想政治教育发展研究》，黑龙江人民出版社 2008 年版，第 15 页。

[③] 闫立超、刘基：《现代思想政治教育的"现代"之辨》，《学校党建与思想教育》2011 年第 9 期。

[④] 杨绍安、王安平：《现代思想政治教育学原理》，西南交通大学出版社 2013 年版，第 1 页。

段现代化的研究居多①,都偏重于强调思想政治教育观念内容、方式方法、技术手段在网络信息时代的革新。② 但也有研究者开始注意到思想政治教育现代化研究方法的转换,高立伟从"价值前提、研究路径、研究技术、研究范式出发,实现思想政治教育方法论研究向价值归属、体系化构建、人文与科学相结合以及多学科范式综合创新的现代转换"③,为深化研究提供方法论的启示。

同时随着社会主义现代化建设的推进,改革思想政治教育制度体制的呼声日渐高涨。思想政治教育制度体制的现代化,既是教育决策与管理民主化、科学化的需要,也要符合现代社会资源配置的要求实现教育结构的最优化。④ 梁禹祥教授认为,改革开放和现代化建设呼唤思想政治教育改革,其首要和最重要的便是思想政治教育体制的改革。⑤ 石振保提出思想政治教育体制现代化和教学评价现代化,认为管理运行体制和考核评价指标的规范科学有助于提高思想政治教育的实效性。⑥ 斜晓东在辨识高校思想政治教育角色误区的基础上,重新规划高校思想政治工作的机制变革与现代化转型。⑦ 廖启云以"非零和"思维构建思想政治教育现代化机制,包括动力机制、预警机制和调控机制。⑧ 还有学者指出必须建立科学而有效的思想政治教育现代化管理制度规章,充分发挥制度的硬

---

① 杨增崇:《近20年思想政治教育现代化研究综述》,《思想理论教育》2007年第1期。
② 张立云:《试论思想政治教育方法的现代化》,《福建论坛》(经济社会版)1999年第11期;李作民、赵耀辉:《论确立现代化的思想政治教育观念》,《西安政治学院学报》2000年第5期;张尚宇:《思想政治教育现代化浅谈》,《学校党建与思想教育》2005年第10期;朱晓梅:《论实现思想政治教育现代化》,《理论学刊》2005年第8期;杨益、李大鹏:《思想政治教育现代化建设初探》,《人民论坛》2010年第26期。
③ 高立伟:《思想政治教育方法论现代转换》,《思想教育研究》2010年第5期。
④ 张耀灿、郑永廷、吴潜涛等:《现代思想政治教育学》,人民出版社2006年版,第460页。
⑤ 梁禹祥:《论思想政治教育体制改革》,《天津行政学院学报》1999年第1期。
⑥ 石振保:《思想政治教育现代化的若干思考》,《马克思主义研究与现实》2008年第2期。
⑦ 斜晓东:《高校思想政治工作的机制变革与现代化转型》,《探索与争鸣》2004年第6期。
⑧ 廖启云、廉永杰:《基于"非零和"思维构建思想政治教育现代化机制》,《太原理工大学学报》(社会科学版)2011年第4期。

性约束作用。①

(四) 现代化过程中思想政治教育转型

现代性的扩张以及现代化建设的推进，必然使思想政治教育遭遇现代困境，因而探讨社会转型期的思想政治教育，以及思想政治教育现代转型及其具体发展趋势成为当前研究的焦点。首先，关于社会转型期思想政治教育的研究。已有文献的基本观点认为社会处于转型时期，出现新矛盾、新情况和新问题，思想政治教育也必然要适应社会转型的需要，进行相应的认识和更新。② 其次，关于思想政治教育现代转型的研究。多数研究者认为面对现代化发展与社会转型的变动，思想政治教育需要实现自身的转型，即由传统向现代的转型。而思想政治教育现代转型研究又可分为宏观系统视角的转型③和微观要素视角的转型④两种类型。

还有论者进一步分析思想政治教育现代转型的发展趋势。戴锐教授提出思想政治教育现代转型的总体趋势在于思想政治教育的公共化，即

---

[1] 平章起、梁禹祥：《思想政治教育基本理论问题研究》，南开大学出版社2009年版，第391页。

[2] 参见王红兵《谈转型时期的思想政治教育》，《青海师范大学学报》（哲学社会科学版）1995年第4期；金明鸿、金光月：《社会转型时期高校思想政治教育的价值导向的探索》，《思想政治教育研究》1996年第4期；戴荣明：《时代转型与大学生思想政治教育》，《苏州大学学报》（哲学社会科学版）1998年第2期；项修阳：《转型时期思想政治教育社会化探微》，《求实》2000年第4期；曾晓燕：《转型时期大学生思想政治教育的思考》，《江西教育科研》2006年第10期；卢岚：《社会转型时期思想政治教育若干问题研究》，《理论与改革》2011年第3期。

[3] 宏观视角转型的研究主要有李俊伟：《思想政治工作现代化与科学化》，红旗出版社2007年版，第25页；孙其昂：《思想政治教育现代性及其转型》，《安徽师范大学学报》（人文社会科学版）2012年第3期；孙其昂：《论思想政治教育的现代转型——基于社会、历史、系统视野的考察》，《思想教育研究》2007年第8期；邵宪梅：《论网络时代思想政治教育的现代转型》，《思想教育研究》2008年第9期；邱柏生：《试论思想政治教育工作的历史转型》，《理论探讨》2009年第3期；盛跃明、孙其昂：《思想政治教育的现代转型及其路径》，《求实》2010年第2期；白煜、尉天骄：《论思想政治教育的现代转型——一种关系论的审视》，《理论与改革》2011年第4期。

[4] 微观视角转型的研究主要有杨芳、郭万牛：《新媒体语境下高校思想政治教育的理性转型》，《南京政治学院学报》2013年第2期；侯勇：《论思想政治教育系统思维转型》，《思想教育研究》2012年第3期；侯勇、孙其昂：《论思想政治教育的历史转型与现代发展——基于社会、历史、系统视野的考察》，《理论与改革》2011年第2期；贾海丽：《经济利益多元化背景下思想政治教育功能的转型》，《当代世界与社会主义》2009年第5期；石书臣：《思想政治教育者的主导性及其转型》，《求实》2005年第1期；陈宗章、尉天骄：《思想政治教育范式转型的"教化论"审视》，《学术论坛》2011年第2期。

公共空间与公共生活将成为思想政治教育的新型存在方式,由此提出思想政治教育的公共化转型。[1] 刘建军教授提出思想政治工作转型还未完成,目前已表现出18个方面转变趋势。[2] 与此同时,思想政治理论课教育教学也被纳入现代性视域重新予以审视,通过"凸显思想政治理论课教育教学的现代性根源诉求,剖析其内在张力的贫乏和紧缩以及走向实践领域中的无力和难为"[3],最终达到对思想政治理论课教育教学现代性的多维超越。不过,孙其昂教授指出尽管思想政治工作的现代转型是形势所需,但思想政治工作的基本精神(本质属性、核心价值、根本地位等)不会发生改变。[4]

(五) 思想政治教育与人的现代化

思想政治教育与人的现代化具有内在的逻辑关系。韩兴雨认为人的现代化是思想政治教育现代转型的重要内容、条件基础和价值目标。[5] 通过对人的思想观念、价值取向的形塑,促进人的文化心理素质的现代化。姜长宝认为思想政治教育通过强化认同观念、健全现代人格、丰富精神生活等途径不断实现人的现代化。[6] 宋振超立足于人的现代化考量思想政治教育活动的价值意蕴,构建有效的思想政治教育工作模式,实现思想政治教育活动的观念整合、知识重构、实践互动,有效促进人的现代化。[7] 王东莉教授认为思想政治教育现代化在人格塑造中具有独特的作用,如开发人的创造力、促进人性的丰富和发展以及更新人的思想观念等。[8] 从人的发展的视角来看,现代化过程就是个人不断获得现代性的过

---

[1] 戴锐:《思想政治教育的公共化转型》,《马克思主义与现实》2013年第1期。
[2] 刘建军:《论思想政治工作的十八个转变》,《思想政治教育研究》2010年第4期。
[3] 孙其昂、王素玲:《思想政治理论课教育教学的现代性审视》,《教学与研究》2012年第6期。
[4] 孙其昂:《思想政治工作现代转型与基本精神》,《思想政治工作研究》2009年第2期。
[5] 韩兴雨、叶方兴、孙其昂:《人的现代化与思想政治教育现代转型》,《理论月刊》2013年第9期。
[6] 姜长宝:《论思想政治教育在人的现代化中的作用》,硕士学位论文,华中师范大学,2001年。
[7] 宋振超:《思想政治教育活动的价值意蕴及出场路径分析——基于人的现代化视角》,《南京邮电大学学报》(社会科学版)2012年第3期。
[8] 王东莉:《论思想政治教育在人格塑造中的独特作用》,《当代青年研究》1994年第1期。

程。张子麟以英克尔斯关于人的现代化思想为基点，认为思想政治教育的目标和任务都在于使个人获得更高的与现行社会制度组织要求相适应的现代性。① 反之，人的现代化也会促进思想政治教育的现代化。张彬认为人的现代化是把思想政治教育导向深入的关键。思想政治教育对人的现代化有导向、提升、塑造、激励以及调控作用，而人的现代化则可以深化思想政治教育主题、丰富教育内容、拓展发展空间。② 同时对人的现代化的追寻与人的现代性困境的共存，又在一定程度上导致思想政治教育宏大叙事的生存危机。蒋红群提出思想政治教育只有从宏大叙事向平凡叙事转换，才能落实以人为本的价值理念，增强思想政治教育实效性。③

（六）思想政治教育研究范式的人学转向

确立研究范式是开展研究的基本步骤。传统思想政治教育研究范式多强调社会需要，注重思想政治教育的工具性价值，在特定历史阶段具有一定的正当性。张耀灿教授认为，新中国成立后思想政治教育未能自觉及时实现研究范式的人学转换是其效果欠佳的重要原因，主张研究范式需要由社会哲学范式走向人学范式。④ 与此同时，一些研究者也及时围绕人的主体性不断增强的事实来开展研究。雷骥提出现代思想政治教育不仅要重视物质经济基础，更要从哲学层面关注现代人的人性。从现实的个人出发探寻现代思想政治教育产生、存在和发展的人性基础，以及现代思想政治教育规律、原则和方法的人性基础。⑤ 宋德勇以马克思主义人学理论为基础，对传统思想政治教育存在的"人学空场"进行反思和批判，将促进人的现代化以及自由全面发展作为现代思想政治教育的价值旨归。⑥ 石义斌认为人学的诞生宣告了实现人的现代化的时代任务与主题，从根本上揭示了当代思想政治教育的使命，并为其发展奠定哲学基

---

① 张子麟、孙拥军：《英克尔斯的现代化思想与思想政治教育》，《黑龙江高教研究》2011年第2期。
② 张彬：《人的现代化与思想政治教育》，《辽宁省社会主义学院学报》2009年第3期。
③ 蒋红群：《论现代性困境下思想政治教育叙事形式的转换》，《思想教育研究》2011年第9期。
④ 张耀灿：《推进思想政治教育研究范式的人学转换》，《思想教育研究》2010年第7期。
⑤ 雷骥：《现代思想政治教育的人性基础研究》，人民出版社2008年版，第2页。
⑥ 宋德勇：《现代思想政治教育的人学解读》，博士学位论文，北京交通大学，2011年。

础、规定核心内容以及提供科学方法。① 简言之，注重研究范式的人学转换，成为当前推进思想政治教育现代化研究的主流。不过也有论者对此持反对态度，陶磊在批判人学研究范式自身矛盾问题的基础上，提出"只有使用历史唯物主义方法论，即主要在社会关系中剖析思想政治教育，才能使思想政治教育'重新回到'社会哲学范式，从而在思想政治教育的历史的生成中明确其现代转型的方向"②。

四　简要评析

在梳理国内相关研究的基础上重点谈论以下几个方面问题，以明确当前研究的不足与今后研究的路径。

（一）对当前思想政治教育现代化研究思维路径的批判

回顾文献可知，"思想政治教育现代化"命题最初是作为社会主义现代化建设的逻辑结论而提出的，不少研究者依据社会经济、政治、文化以及人的现代化发展会对思想政治教育产生影响和期待，推出思想政治教育现代化就是思想政治教育理论与实践的与时俱进。虽然这种逻辑推论有其合理的地方，但还是带有很大的片面性。这与国内现代化理论研究和社会实践的历史发展有很大的关系，"20世纪五六十年代，当现代化研究在西方兴起之际，刚刚成立的新中国，受到冷战时期苏联学术界的影响，'左'的思潮主宰了学术界，现代化这一新兴研究领域，与其他人文与社会科学研究一样被抛置一边了。不过，从实践上看，政府却在为实现现代化的目标而不断努力"③。某种程度上讲，正是在社会主义现代化宏伟蓝图的引领下，一些研究者"只是依据关于现代性的单向度的和片面的把握而做出关于现代性的总体性的价值判断"④，对世界范围内的现代社会变迁以及中国社会现代转型的历史丰富性仅作粗浅或线性的理解，以至于简单地、主观地将现代化简化为先进或进步的代名词。在这些学者看来，思想政治教育现代化可谓是救治思想政治教育解题低效的

---

① 石义斌：《试论人学的兴起对思想政治教育的意义》，《理论探讨》2000年第5期。
② 陶磊、黄明理：《人学范式，还是社会哲学范式？——思想政治教育现代转型的反思》，《探索》2011年第6期。
③ 钱乘旦：《世界现代化历程》，江苏人民出版社2010年版，第30页。
④ 衣俊卿：《现代性的维度》，黑龙江大学出版社、中央编译出版社2011年版，第29页。

灵药。

因而当前，思想政治教育现代化研究未能取得突破性的进展，与研究思维路径落入西化的窠臼有一定的关联。正如有的学者在分析现代性时曾指出："关于现代性理解和界定的多样性，固然与研究者的不同视角密切相关，但更多地折射出现代性问题的基本特性：它是多维度的而不是单向度的；它是渗透到现代社会所有层面的根本规定性而不是其表面或某一侧面的特征。"① 当然我们并不否认思想政治教育现代化的历史合理性，但研究思维路径的偏狭只会使理论研究屈从于某种情绪化的追求，同时也钳制了社会实践的发展空间。诚如当前诸多研究成果中，但凡论及思想政治教育现代化，则一律以思想政治教育目标、观念、内容、方法、手段的现代化为其主要理论架构，根本上缺少对思想政治教育现代化问题的历史反思和多维省察，研究视野的局限最终导致研究成果的大同小异以及与社会实际进程的现实落差。

（二）对当前思想政治教育现代化概念范畴研究的反思

就现有研究资料来看，多数研究并没有从学理上界定思想政治教育现代化相关的概念范畴，而是把它当作不言自明的出发点。总体而言，目前关于思想政治教育现代化概念范畴的研究基本上集中在以下三个方面：

首先，对思想政治教育现代化概念的理解过于简单和片面，基本上是采用循环论证或描述性的方式进行定义。一些研究者认为思想政治教育现代化，实际上就是思想政治教育目标、观念、内容、方法、载体等要素，为适应经济全球化和信息网络化而进行的创新。② 尽管思想政治教育现代化内含图变求新的意蕴，但如果对思想政治教育现代化的认知仅停留在结构要素创新的微观层面，势必影响思想政治教育现代化理论与实践的长远发展。同时也未发现有研究对思想政治教育现代化与思想政治教育科学化的语用边际进行确切的界分，在不同语境下一些研究存在着对上述词汇术语的混用。

---

① 衣俊卿：《现代性的维度》，黑龙江大学出版社、中央编译出版社2011年版，第27页。
② 前面在论述研究特征时已列出部分对思想政治教育现代化理解存在简单片面的文献，故此处就不再列举。

其次，对现代思想政治教育概念的使用带有很大的随意性。作为与传统思想政治教育①相对应的概念范畴，现代思想政治教育早已发育成为思想政治教育理论研究中的高频核心术语之一，然而阅览资料却发现，诸多研究只是将现代思想政治教育直接作为展开理论叙述的话语背景，并没有仔细推敲其内涵与外延，从而使得理论研究的逻辑整体显得较为松散，一定程度上淡化了思想政治教育研究的学术性。②

最后，需要明确思想政治教育现代性的含义。鉴于"'现代性'是一个纷争的理论领域，其中不仅交织着对它的各种不同困惑与理解，而且更充满着对它的批判与解构的尝试"③。就其涵括的学科范围与时空跨度而言，对现代性含义的把握是复杂而困难的，必须针对不同的视角和语境进行具体分析。这里"首先要加以限定的是，我们不是在泛化的意义上讨论现代性，今天处于各种争论话语之中的现代性具有特殊的历史定位"④。但一些思想政治教育研究对现代性只做简单的移植和套用，将现代性理解为社会历史不断发展所具备的超越和开放的特征，致使时常出现词不达意或指代不明的困惑。可以说，概念范畴的使用与分析缺乏精确性和规范性，是当前思想政治教育现代化研究文献的共同特征，今后需要改进这方面的研究。

（三）研究范式：要重视以人为本与服务社会的融合

改革开放以来，现实生活中人的发展的物质基础和社会环境都有了很大的改观，而且人的发展问题在社会现代化过程中得到了前所未有的关注。在某种程度上可以说，经济社会的发展归根结底是取决于人的能

---

① 关于何谓"传统思想政治教育"，学界也语焉不详，其真实处境可能与"现代思想政治教育"类似。目前手头资料仅看到杨增崒对传统思想政治教育概念进行了理论分析。参见杨增崒《"传统思想政治教育"：一个需加以分析的术语》，《探索》2008年第6期。

② 据目前掌握的资料来看，从总体上讲，由于缺乏对概念内涵的仔细推敲和科学厘定，学界对"现代思想政治教育"的使用存在着一定的随意性，因而导致现有相关理论成果的逻辑性不够严密。如张耀灿、郑永廷等编的《现代思想政治教育学》、雷骥的《现代思想政治教育的人性基础》、石书臣的《现代思想政治教育主导性研究》、李辉的《现代思想政治教育环境论》、刘新庚的《现代思想政治教育方法论》，周中之的《现代思想政治教育理论与实践探微》、胡凯的《现代思想政治教育心理研究》等相关论著均未界定"现代思想政治教育"概念而直接使用。

③ 陈嘉明：《现代性与后现代性十五讲》，北京大学出版社2006年版，第1页。

④ 衣俊卿：《现代性的维度》，黑龙江大学出版社、中央编译出版社2011年版，第27页。

力素质的极大提升。而这也是20世纪80年代兴起关于人的问题的讨论研究的实践根源。与此同时，随着人学特别是马克思主义人学研究不断走向深入，"越来越多的思想政治教育研究者致力于运用人学，尤其是马克思主义人学的研究成果进行传统思想政治教育的反思、批判和建构，由此形成了思想政治教育的人学取向研究热潮"[①]。可以说，思想政治教育人学研究范式的兴起，"体现了对人的重视，也体现了思想政治教育对社会转型中人的精神失落、精神价值的迷失等现象的关注"[②]。思想政治教育现代化研究的人学范式，着眼于在新形势下提升人的主体性，以及培养人的现代观念、品质、能力，无疑具备理论与实践的历史进步性。

然而现有研究文献，较多探讨思想政治教育现代化与人的现代化发展之间的关系[③]，而较少讨论思想政治教育现代化与社会主义意识形态建设的基本走向。但是意识形态属性作为思想政治教育的本质规定，也内在要求思想政治教育实践不能放弃社会本位论的价值取向，即服从服务于社会意识形态建设。在个别论者看来，思想政治教育人学研究存在过分拔高思想政治教育人文关怀目标，将人的自由全面发展与人的现实社会关系（特别是政治关系）相剥离的问题。[④] 因而目前学界关于思想政治教育社会哲学研究范式与人学研究范式的争论，主要集中于意识形态教化与人的自由全面发展之间的根本矛盾。以辩证发展的观点看，服务人的现代化发展与强化主流意识形态建设是有机统一的，二者不应有所偏废。现代社会发展过程中的思想政治教育现代化研究，既要以促进人的现代观念素质的生成为主要目标，也要始终牢记坚守社会主义主流意识形态阵地的根本任务。与此同时，随着思想政治教育学科化与科学化进程的逐步推进，思想政治教育理论研究的范式问题得到学界的普遍重视，

---

① 于欣：《思想政治教育的人学取向研究二十年》，《湖南师范大学社会科学学报》2012年第4期。

② 陶磊：《批判与探索：思想政治教育人学范式分析》，《河南师范大学学报》（哲学社会科学版）2011年第2期。

③ 关于探讨思想政治教育与人的现代化的研究文献在前文已有较多论述，故在此就不一一列举。

④ 详情参见陶磊、黄明理《人学范式，还是社会哲学范式？——思想政治教育现代转型的反思》，《探索》2011年第6期；陶磊：《批判与探索：思想政治教育人学范式分析》，《河南师范大学学报》（哲学社会科学版）2011年第2期。

而且社会发展也促使新的研究范式不断涌现。以及实践发展自觉地丰富和完善思想政治教育研究范式，推进社会哲学范式与人学范式的融合，是思想政治教育现代化研究深化拓展的应然之举。

（四）研究视角：要加强事实分析与价值诉求的统一

仅就现有研究文献资料而言，审视当前思想政治教育现代化的研究视角可发现，以现代化价值诉求为导向的微观视角分析事实上占据理论研究的主流地位。虽然将研究的出发点都建立在社会与人的现代化实践需要的基础之上，但研究的基本运行逻辑，却都不约而同地以实现现代化为根本价值取向。促进社会现代化以及人的现代化，长期以来都是学界推动思想政治教育现代化研究的主要动力。然而在某种意义上，已有研究仅停留在单向关注思想政治教育现代化的价值取向，不自觉地忽视其发生发展的历史根源与实际进程，缺乏对思想政治教育现代化的本源分析。

由此，一方面基于"现代化是全球性进程"[1]"现代性正内在地经历着全球化的进程"[2]，同时"在中国境遇中，现代性在'本质上'处于'不在场'和'无根基'的状态"[3]，以及"我国的改革开放和社会主义现代化建设是属于一种'政治驱动型的后发现代化模式'"[4] 等事实依据和理论判断，将思想政治教育置于现代社会变迁与转型的时代背景之下，回顾思想政治教育现代化的历史进程、透析思想政治教育现代化的现实遭遇，进而有效增强思想政治教育现代化研究的历史意义与现实针对性。另一方面，在继续坚持思想政治教育现代化价值选择的同时，以总体性的研究思维把握全球范围内现代化发展的全貌，以及中国思想政治教育现代化同世界现代化进程中的公民教育之间的内在关联和本质差异。在世界现代化历程和中国现代化道路的双向建构中，弥合思想政治教育现代化理论的微观性与实践的丰富和宏观性之间的冲突，突出思想政治教育现代化理论研究的开放性。

---

[1] ［意］艾伯特·马蒂内利：《全球现代化——重思现代性事业》，李国武译，商务印书馆 2010 年版，第 158 页。

[2] Anthony Giddens, *The Consequences of Modernity*, Stanford University Press, 1990, p. 63.

[3] 衣俊卿：《现代化与文化阻滞力》，人民出版社 2005 年版，第 28 页。

[4] 胡伟等：《现代化的模式选择——中国道路与经验》，上海人民出版社 2008 年版，第 4 页。

第三节 研究框架

一 基本假设

基于现有文献的基础上，提出本书的研究假设：首先，思想政治教育现代化是一个实践命题。现代性在当代中国社会的生存结构和历史处境，致使思想政治教育面临机遇与挑战共存的现实。而中国社会正在经历的现代化转型，在某种意义上能够为思想政治教育的发展路径，提供有益的方法论启示。将转型概念引入思想政治教育现代化研究，目的在于论证思想政治教育现代化实质上就是思想政治教育的现代转型。其次，目前中国社会深刻的转型，无疑是思想政治教育现代化发展的外在动力和历史契机。改革开放以来社会结构发生了总体性的变化，这意味着人的主体性的增强、一些传统观念受到质疑，如此等等，但它却并不必然会带来思想政治教育的现代转型。因而，思想政治教育现代转型实际上也是一个自主建构、自我提升的实践过程。最后，社会现代化与思想政治教育现代化并不是单向的因果逻辑关系，但思想政治教育的现代化转型却在客观上有助于疏导、化解社会转型期人们思想认识的困惑，建设社会主义和谐社会。

二 研究思路

本书以"思想政治教育现代化"为研究主题，然而我们不是从一般意义上考察思想政治教育的现代化，而主要是探讨中国共产党思想政治教育的现代化发展趋势。思想政治教育现代化的生成逻辑是本书立论的根基，也是把握思想政治教育现代化本质的关键内容。本书通过转型的视角分析思想政治教育的现代化实践，同时又改变现有思想政治教育现代化的研究思路，将理论视线从专注于研究"什么转型"，转向"为何转型"以及"怎样转型"等本源性问题。首先，对思想政治教育现代化的相关概念、范畴进行学理性的分析，进一步厘清学界对思想政治教育现代化概念的误用和混淆。其次，重点考察思想政治教育现代化的理论建构和实践动力。在规定思想政治教育现代化的历史背景和理论视域的基础上，进一步追溯思想政治教育现代化的生成动力，是明确思想政治教育现代化路径的前提。最后，在立足中国社会转型的基本特点和主要现状，结合思想政治教育自身发展的经验教训的基础上，探讨思想政治教育现代化的有效路径。

三 研究方法

自20世纪80年代思想政治教育学科化建设以来，在科学化目标的推动下，思想政治教育学科理论研究的科学性与规范性日益增强，其中科学研究方法的重要性不言而喻。一般而言，社会科学研究方法主要包括宏观哲学层面的方法论、中观理论层面的研究范式以及具体操作层面的技术手段。无疑辩证唯物主义与历史唯物主义，对于本书的理论研究具有根本性的指导作用。与此同时，研究范式的选择和具体技术手段的应用，也直接关系到理论研究的科学性。基于此，本书在辩证唯物主义与历史唯物主义方法论的指导下，运用过程分析研究范式，具体采用文献分析法、历史分析法、比较分析法等。

（一）方法论：辩证唯物主义与历史唯物主义

现代化作为世界历史发展趋势，具有不以人的意志为转移的客观必然性。作为后发外生型现代化国家，努力实现现代化是我们建设社会主义的基本方向。然而在推进现代化的方式方法上存在着两种分歧，即学习西方模式与立足本土实际的争论。对于这一问题，马克思主义的基本观点是坚持从本国实际出发，同时以开放的视野学习借鉴国外经验。毫无疑问，一个国家或地区的具体情况，在推进现代化建设进程中往往是首要考虑的问题。以中国社会结构的转型发展来观察和研究社会主义现代化建设，便是中国化马克思主义实事求是精神的具体运用。同样，把思想政治教育现代化理解为思想政治教育的现代转型过程，用动态发展的眼光，打量社会主义现代化历程中思想政治教育的过去、现在和未来，同时紧密联系当前社会剧烈转型背景下思想政治教育的生存境况。通过纵横交错、宏微结合的视野和方法，审视思想政治教育现代化实践，用实践思维方式替代传统与现代思想政治教育的二元对立，把握思想政治教育现代转型，实质上也是遵循辩证唯物主义和历史唯物主义的根本体现。

（二）研究范式：静态的现象分析到动态的过程分析

所谓范式，"指的是一般框架或视角。它的字面含义就是'看事情的出发点'，它提供了观察生活的方式和关于真实本质特性的一些假设"①。在前面研究综述中，我们已多处列举目前某些论者眼中的思想政治教育现代化方案，即不论是思想政治教育现代化、思想政治教育现代转型，还是社会转型时期的思想政治教育，都是将传统的或过去的思想政治教育各种落后的，以及不合时宜的和需要改进的地方，作为研究的出发点或立论的基础，进而在现代社会条件下或社会转型过程中，实现单向度的现代化转型、转向、转变。表面上看，研究中既有历史回顾，又有现实分析，还有未来的展望，可谓是言之凿凿。殊不知，一方面，社会主义现代化事业和社会转型仍然处于现在进行时，若干质的特征还未显露或仅是初见端倪，同时思想政治教育本身也是一个开放的系统，在新的社会条件下其实践活动亦带有一定的探索性。而一些文献中两点一线式的方向性规定或前瞻性预测，虽然其理论观点的形成具有相当的现实性，但如果我们的研究仅停留在这一层面，则可能会误导思想政治教育的现代化实践；另一方面，之所以质疑上述研究结论的科学性，并不表明其研究结论有悖于现实发展，而关键的问题在于研究视角的经验性和单一性。简言之，静态的现象分析必须要以动态的过程分析为基础，而且现象的观察也离不开过程的展开。有学者曾指出思想政治教育的转型并不会改变其基本精神②，其实这也是我们进行理论研究的基本准则。强调思想政治教育转型的过程性分析，与坚持思想政治教育的本质属性并不矛盾。本书所要进行的过程性分析，主要是沿着思想政治教育现代转型的生成逻辑、历史脉络、实践动力和基本面向等几个方面进行思考。从"元理论"的角度，探寻思想政治教育缘何发生转型、怎样转型以及转型的方向或路径等根本性问题。

（三）具体方法

第一，文献研究法。毋庸置疑，科学研究离不开文献资料的搜集、消化和吸收等过程。思想政治教育现代化研究，既依赖于国内外现代化

---

① ［美］艾尔·巴比：《社会研究方法》，邱泽奇译，华夏出版社2005年版，第43页。
② 孙其昂：《思想政治教育学前沿研究》，人民出版社2013年版，第285—286页。

理论的研究成果，又需要得到转型研究特别是国内转型理论智慧的支持，同时也要立足思想政治教育学科的理论积淀。因而，对以上相关文献资料的占有利用的程度和方法，将会最终决定着本书研究所能达到的高度。

第二，历史分析法。"如果我们的兴趣只停留在思辨层次上，那么这种研究就会不值一文。"① 对社会发展问题的研究，需要历史的眼光。特别是在面对改革开放以来中国经济社会发生了天翻地覆的变化，更要通过历史的回溯进而寻求把握当下和规划未来的可能。对于社会主义现代化的必然性与社会转型的客观存在，以及思想政治教育转型的内在根据等本源性问题的理解，都有赖于我们是否自觉地重回历史。诚然，回顾历史不是沉湎于过去的辉煌而责难今天的缺陷，而是通过反思历史的经验与教训，以求正本清源、返本开新，获取继续前进的力量。当然，机械的、线性的历史决定论也是本书所反对的。

第三，比较分析法。横向分析与纵向考察犹如鸟之双翼、车之双轮，缺一不可。历史之于古今，比较之于东西，都是科学研究方法之必需。现代化作为一项全球性事业，社会转型也同样是东西方的共同经历，加之国外思想政治教育虽无其名，但行其实。更何况，今日中国的现代化与业已完成现代化的西方发达国家，正形成巨大的时代落差和历史错位，西方走过的现代化道路、经历的社会转型与实施的公民教育，在一定程度上能够再现我们将要面对的问题。正如马克思在《资本论》序言中说的："工业较发达的国家向工业较不发达的国家所显示的，只是后者未来的景象。"② 因而比较借鉴方法的运用，可以作为我们有效避免重蹈覆辙的一个理性选择。

第四节 理论创新与研究限度

一 创新之处

任何研究，如果是以科学的名义进行的，那么创新就是其中必不可

---

① [法]埃米尔·涂尔干：《社会分工论》，渠东译，生活·读书·新知三联书店 2000 年第 1 版，序言第 7 页。
② 《马克思恩格斯文集》第 5 卷，人民出版社 2009 年版，第 8 页。

少之物。思想政治教育现代化研究不敢说具有多大的创新,但略带新意可以说是本书给人的直观感受,而这亦是作者为之努力的方向。

(一)创新点之一:以转型视角研究思想政治教育现代化

如前所述,思想政治教育现代化理论命题发轫于 20 世纪 80 年代中期,在改革开放和社会主义现代化建设的感召下,学界展开了思想政治教育现代化研究,但至今仍未形成较大的气候,主要表现为缺乏学术共同体的持续性关注,多数研究成果存在低水平重复之嫌。其不足的地方前文已多处论及,在此不再赘述。面对这一局面,本书借用学界虽有纷争,但已得到广泛应用的社会转型视角,认为思想政治教育现代化实质上是思想政治教育的现代转型过程,以思想政治教育的转型描绘思想政治教育现代发展。亨廷顿在批评社会现代化必然导致政治现代化的观点时,指出其最大的错误在于:"把属于一个政治体系之假定最高目标的那些特质误认为是该政治体系在成长过程中和发挥作用时所表现出来的是那些特质。"[①] 循着这一深刻认识,思想政治教育现代转型研究,可以看作是对现有理论研究文献中单向度的研究视角和线性研究方法的反思与补救,将研究的着眼点从过分关注现代化目标在思想政治教育系统结构的渗透和微观体现,转向仔细体察现代化建设过程中思想政治教育转型的现实复杂性。

(二)创新点之二:以过程范式分析思想政治教育的转型

在提出思想政治教育现代化即思想政治教育现代转型的基础上,建构过程分析的理论框架,挖掘思想政治教育现代化的源起、动力、进展、问题以及走向等基本问题;用实践的思维方式整合传统与现代在形而上层面的对立,概括和分析思想政治教育转型的历史必然性和现实可能性。事实上,如果只依凭传统思想政治教育的合理成分与当下社会发展的新趋势,急于为思想政治教育解题低效开出转型救治良方、规划理论指导蓝图,不自觉地忽略中国社会转型和现代化建设仍处于未完结过程,其中还存有未知的变数,那么单从理论的自洽性来看都是不够格的。因为缺乏对实践发展过程的比照、跟踪和抽象,仅从理论想象出发静态地分

---

① [美]塞缪尔·P.亨廷顿:《变化社会中的政治秩序》,王冠华、刘为等译,上海人民出版社 2008 年版,第 28 页。

析传统思想政治教育与现代思想政治教育的基本特征，难免会造成思想政治教育现代化理论的片面性。因此，过程分析一方面意图纠正当前思想政治教育现代化研究中的一个误区，即仅对传统与现代思想政治教育做假定特征的区分，以及由此及彼的思维逻辑推演；另一方面，通过回溯社会现代化与思想政治教育的历史过程，理清中国社会现代化和思想政治教育转型的实践逻辑，同时又随时随地以发展着的社会主义现代化实践，规约思想政治教育转型的现代方向，确保思想政治教育转型的良性发展。

二 研究限度

追求创新是研究之根本，而囿于实践进展以及作者的理论水平等主客观因素造成的不足也在所难免。本书研究需要日后进一步改进的地方主要有以下方面：

（一）理论研究过程中量化分析的缺失

现代化作为一项社会事业，涉及社会生活的各个方面，以定量指标分析现代化发展程度或水平，早已得到学界尤其是欧美研究人员的广泛运用。例如以现代化研究而享誉海内外的美国社会学家英克尔斯，在其著作《人的现代化——心理·思想·态度·行为》一书中通过选取6个发展中国家，对人的行为模型的研究和测量，进而界定现代人的典型特征。[①] 另一位美国现代化研究集大成者布莱克在其著作中运用量化分析，对日本和俄国的现代化进行了全方位的比较，具有很高的权威性。[②] 台湾学者杨国枢从社会心理学的角度，采用量化分析方法研究现代社会人的心理适应问题。[③] 可以说，在全球化、信息化时代随着技术的不断完善，量化实证分析也会受到国内外现代化研究者更多的青睐。也有论者指出"现代化本身就是一个不断反思的过程，因此，在这个指标体系中，确定性、封闭性的具有判定意义的数量指标只是其中一部分，而且量化过程

[①] 殷陆君编译《人的现代化——心理·思想·态度·行为》，四川人民出版社1985年版，第22页。

[②] ［美］西里尔·E.布莱克等：《日本和俄国的现代化——一份进行比较的研究报告》，周师铭等译，商务印书馆1984年版，第34页。

[③] 杨国枢：《现代社会的心理适应》，台北巨流图书公司1978年版，第47页。

各项指标的权数也必然会有一定的主观色彩"①,由此提出对思想政治教育现代化水平的测定,只能更多地使用定性方法。强调量化分析并不表明我们是实证主义的忠实信徒,但缺乏对思想政治教育现代化程度的直观的量化统计,直接会影响到对思想政治教育结构要素变化的具体把握,同时也可能使我们对社会转型期间思想政治教育对象思想状况的掌握,丧失数据和事例的支撑,这无疑是本书的一大缺憾。

(二) 理论分析框架有待日后实践检验

客观上讲,现代化研究是一项世界性的课题。现代、现代性和现代化以其内在的超越性和创新性,吸引了无数人的目光并为之倾倒,进而衍生出观点各异的理论流派和形态不同的现代化实践。应当承认,现代化研究的庞杂和艰深是显而易见的。尽管本书基于思想政治教育视角解读现代化,但依然无法摆脱宏大宽泛的理论色彩。一方面,思想政治教育现代化命题的科学性、规范性还有待深化研究,目前它更多的只是被简化为社会主义现代化事业在思想政治教育领域的理论投射,缺乏深刻的思想政治教育自觉。而本书的研究工作仍然无法完全承担起扭转这一局面的重任;另一方面,对于思想政治教育现代转型的基本假设和分析框架,虽可视为本书的创新之处,但归根结底它只是基于实践基础之上的一个初步的理论探索。因而关于思想政治教育现代化的理论思考,还有待于实践的检验、证伪、丰富、补充和完善,这也是本书后续工作的重点所在。

---

① 戴锐:《思想政治教育的现代性与现代化》,《理论与改革》2004 年第 2 期。

第二章

思想政治教育现代化的概念考察

仅就概念的含义而言,思想政治教育现代化并不是一个非常明确的概念称谓,因而关于思想政治教育现代化的认识,也只是处于见仁见智的状态。这在一定程度上与现代化概念内涵的多维性有关,因而对思想政治教育现代化概念的考察便成为本书研究的首要工作。在界定、辨析思想政治教育现代化相关概念的同时,重点分析思想政治教育现代化与思想政治教育科学化的基本关系,最后对思想政治教育现代化概念给予方法论层面的反思。

第一节 思想政治教育现代化的概念界定

概念范畴是进行理论研究的基本工具。正如黑格尔所说:"真正的思想和科学的洞见,只有通过概念所做的劳动才能获得。只有概念才能产生知识的普遍性。"[1] 而"范畴是区分过程中的梯级,即认识世界的过程中的梯级,是帮助我们认识和掌握自然现象之网的网上纽结"[2]。从概念范畴来看,"思想政治教育现代转型""思想政治教育现代化"以及"现代思想政治教育"等术语获得规范性含义,必然要以"现代""现代性"与"现代化"这些概念内涵的明晰为前提和基础。近年来,国内外围绕现代性和现代化的学术性文献可谓是汗牛充栋,今后关于这一主题的讨

---

[1] [德]黑格尔:《精神现象学》(上卷),贺麟、王玖兴译,商务印书馆1979年版,第48页。

[2] 《列宁专题文集·论辩证唯物主义和历史唯物主义》,人民出版社2009年版,第132页。

论相信也不会少。但研究者们基于不同的理论类型和思维流派,对现代、现代性和现代化概念的认知和界说也是众说纷纭、莫衷一是,因而常常令人感到困惑。目前学界已有文献对现代、现代性和现代化作了词源学和思想史的梳理①,也能看到考察转型、社会转型等概念理论演化的相关研究②。因此,本书不准备也无法对国内外关于现代化以及转型等概念的海量文献,进行分门别类的总结和归纳,而只能是作简要的、有选择性的介绍。后文的研究如有需要,可再个别交代。在此基础上,重点将"思想政治教育现代转型"、"思想政治教育现代化"与"现代思想政治教育"等概念范畴,纳入中国社会转型视域下予以实践唯物主义③的阐释。

一 "现代"与"现代性"和"现代化"

海德格尔在《存在与时间》一书中曾引用柏拉图的一段话,来说明人们对存在概念的"熟知并非真知",即"当你们用'存在着'这个词的时候,显然你们早就很熟悉这究竟是什么意思,不过,虽然我们也曾相信领会了它,现在却茫然失措了"④。可以说身处现代社会的我们,对于耳熟能详的现代化概念也有似曾相识的感觉。下面首先列举中外学者关于现代化相关概念的认识。

(一)"现代"概念

"从范畴的角度来看,'现代性''现代化'和'现代主义','前现代''现代'和'后现代'等概念,总是以'现代'这一基本概念为意义中轴。"⑤ 学界目前关于"现代"的界定主要是基于编年史、语义学以及形态学的考察:罗荣渠教授指出,"在英文里(法文、西班牙文、德

---

① 张凤阳:《现代性的谱系》,江苏人民出版社2012年版,第1—5页。
② 夏东民:《现代化原点结构:冲突与转型》,中国社会科学出版社2008年版,第8—36页。
③ 这里不涉及中国哲学界关于辩证唯物主义和实践唯物主义的争论,之所以用实践唯物主义,而主要是想表明作者对思想政治教育现代化及思想政治教育现代转型等概念认识的实践论与唯物论相统一的研究立场。
④ [德]马丁·海德格尔:《存在与时间》,陈嘉映等译,生活·读书·新知三联书店1987年版,第1页。
⑤ 罗骞:《论马克思的现代性批判及其当代意义》,上海人民出版社2007年版,第15页。

文、俄文等也同样），'现代'一词至少有两层含义：一层是作为时间尺度，它泛指从中世纪结束以来一直延续到今天的一个'长时程'（une longue duree，借鉴'年鉴学派术语'）；一层是作为价值尺度，它指区别于中世纪的新时代精神与特征"[①]。马克思是从形态学的意义上来理解"现代"的含义。在马克思看来，资本是现代社会历史的本质范畴，作为一种社会关系的资本，它是资产阶级的生产关系，是资产阶级社会的生产关系。这样，马克思就将"现代"概念奠定在历史唯物主义的理论基础之上，从一种存在论的立场上确定了"现代"概念的形态学意义。[②] 总之，"在马克思看来，是资本主义生产方式的确立，以及它对人们现实生活和观念形态的改变，才使现代同中世纪的封建社会分离开来，也才产生了人们的'现代'概念，以及现代精神面貌和意识形态方面的特征"[③]。

关于"现代"作为时间尺度的历史时期的划分，国内外学界也存在着一定的争议。国外学界关于现代历史的起点大致是围绕16世纪的文艺复兴、17世纪的社会革命和自然科学兴起以及18世纪的启蒙运动存在争议[④]，而俞吾金教授则在《现代性现象学》研究中明确提出"现代"的时限，即"大致上指的是从17、18世纪的启蒙运动到20世纪40年代二战结束这个历史时期"[⑤]。国内史学界关于中国现代历史的界分，主要有1917年的十月革命[⑥]、1919年的五四运动和1949年新中国成立[⑦]三个版本。简言之，"无论对'现代'概念的看法有多少分歧，其核心的意涵是指一种新的时代意识，也无论其被看作一个贬义词还是褒义词，其所蕴

[①] 罗荣渠：《现代化新论——世界与中国的现代化进程》增订本，商务印书馆2004年版，第5—6页。

[②] 罗骞：《论马克思的现代性批判及其当代意义》，上海人民出版社2007年版，第19—20页。

[③] 同上书，第23页。

[④] 张奎有：《现代性的哲学批判——从马克思生存论角度的分析》，社会科学文献出版社2005年版，第31页。

[⑤] 俞吾金等：《现代性现象学——与西方马克思主义者的对话》，上海社会科学院出版社2002年版，导论第28页。

[⑥] 罗荣渠：《现代化新论——世界与中国的现代化进程》增订本，商务印书馆2004年版，第4页。

[⑦] 本书编写组：《中国近现代史纲要》，高等教育出版社2007年版，第1页。

含的价值意味是鲜明的"①。然而出于推动研究的需要，也有越来越多的人倾向于将它们的含义加以明确的区分。在我们今天的社会生活和学术讨论中，现代一方面是指17世纪以来的历史演变过程（西方语系中），同时还特别强调比传统时期更加优越以及由传统向现代不断进化发展的意思。②

（二）"现代性"概念

可以说，"'现代性'是一个纷争的理论领域，其中不仅交织着对它的各种不同困惑与理解，而且更充满着对它的批判与解构的尝试。从概念所涵括的范围来说，它包含了哲学、政治学、社会学、文学、艺术学等诸多领域"③。目前学界关于现代性概念的认识，主要有以下几种代表性观点：

第一，现代性是一个特定的历史时期。贝斯特等人认为："现代性一词指涉各种经济的、政治的、社会的以及文化的转型。正如马克思、韦伯及其他思想家所阐释的那样，现代性是一个历史断代术语，指涉紧随'中世纪'或封建主义时代而来的那个时代。"④

第二，现代性是一种经验。马歇尔·伯曼认为："所谓现代性，就是发现我们自己身处一种环境之中，这种环境允许我们去历险，去获得权力、快乐和成长，去改变我们自己和世界，但与此同时它又威胁要摧毁我们拥有的一切，摧毁我们所知的一切、摧毁我们表现出来的一切。"⑤

第三，现代性是一项未完成的事业。⑥ 哈贝马斯在批判黑格尔主体性哲学和意识哲学的基础上，提出通过交往行为理论重建现代性的规范

---

① 唐文明：《何谓现代性》，《哲学研究》2000年第8期。
② 谢立中：《"现代性"及其相关概念词义辨析》，《北京大学学报》（哲学社会科学版）2001年第5期。
③ 陈嘉明：《现代性与后现代性十五讲》，北京大学出版社2006年版，第1页。
④ [美] 斯蒂文·贝斯特、道格拉斯·凯尔纳：《后现代理论——批判性的质疑》，张志斌译，中央编译出版社2001年版，第2—3页。
⑤ [美] 马歇尔·伯曼：《一切坚固的东西都烟消云散了——现代性体验》，徐大建、张辑译，商务印书馆2003年版，第15页。
⑥ [德] 尤尔根·哈贝马斯：《现代性的哲学话语》，曹卫东等译，译林出版社2008年版，第1页。

基础。①

第四，现代性是一种态度。福柯提出"可以把现代性想象为一种态度而不是一个历史的时期","所谓态度，我指的是与当代现实相联系的模式；一种由特定人民所做的志愿的选择；最后，一种思想和感觉的方式，也就是一种行为和举止的方式，在一个和相同的时刻，这种方式标志着一种归属的关系并把它表述为一种任务。无疑，它有点像希腊人所称的社会的精神气质"②。

第五，现代性即现代社会的基本特征。马克思所说的现代社会，主要是特指资本主义社会。马克思并没有明确使用过现代性概念，但却形成了对于现代性的辩证的认识，即在否定性的运动过程中始终坚持肯定性与否定性的统一。马克思指出："这里有一件可以作为我们19世纪特征的伟大事实，一件任何政党都不敢否认的事实。一方面产生了以往人类历史上任何一个时代都不能想象的工业和科学的力量；而另一方面却显露出衰颓的征兆，这种衰颓远远超过罗马帝国末期那一切载诸史册的可怕情景。"③

第六，现代性是一种主导性价值观念。俞吾金认为，"现代性"关涉的应当是现代社会生活中的一个最抽象、最深刻的层面，那就是价值观念层面。作为现代社会的价值体系，"现代性"体现为以下的主导性价值：独立、自由、民主、平等、正义、个人本位、主体意识、总体性、认同感、中心主义、崇尚理性、追求真理、征服自然等。④

综合学者们的观点可以看到，国内外学界关于现代性含义的探讨是多方面的，简要的概述难免存有挂一漏万的可能。但就总体而言，人们主要将现代性理解为一种理性化的社会运行机制和文化精神，即从制度和精神的角度分析现代性的历史演进。正如吉登斯认为："在其最简单的形式中，现代性是现代社会或工业文明的缩略语。比较详细地描述，它

---

① [德]尤尔根·哈贝马斯：《交往行为理论：行为合理性和社会合理性》，曹卫东译，上海人民出版社2004年版，第260页。
② 汪晖、陈燕谷：《文化与公共性》，生活·读书·新知三联书店2005年版，第430页。
③ 《马克思恩格斯选集》第1卷，人民出版社2012年版，第775—776页。
④ 俞吾金等：《现代性现象学——与西方马克思主义者的对话》，上海社会科学院出版社2002年版，第36页。

涉及：（1）对世界的一系列态度、关于实现世界向人类干预所造成的转变开放的想法；（2）复杂的经济制度，特别是工业生产和市场经济；（3）一系列政治制度，包括民族国家和民主。"[1] 我国学者衣俊卿教授立足中国学术界现代性研究的薄弱地带，专注于现代性的细致的事实判断，将现代性划分为"现代性的精神性维度、现代性的制度性维度、现代性的伦理维度或价值约束维度"[2]。以上的分析主要是侧重于对现代性的现象描述，而我们从价值判断的角度看待现代性的意义，则应当坚持马克思对于现代性所持有的基本态度，即从肯定性与否定性相统一的角度来把握现代性的双重特性，就像马克思指出的"在我们这个时代，每一种事物好像都包含有自己的反面"[3]。

（三）"现代化"概念

时至今日，现代化已发展成为一门跨学科交叉研究领域，关于现代化的含义不可谓不多。而从界定概念的视角来看，大体上不外乎微观与宏观、横向与纵向两类。在现代化研究初期，大多学者从自身学科对象出发静态地诠释现代化概念[4]，但随着研究的深入与实践的发展，宏观的综合性分析得到了不少学者的重视，更加强调和突出现代化概念的整体意义和过程性，而不是单一的学科特征。正如现代化研究的集大成者美国普林斯顿大学的西里尔·布莱克（Cyril Black）教授所言："只有一种无所不包的定义才更适合于描述这个过程的复杂性及其各方面的相互关联。"[5] 印度孟买大学的德赛教授对现代化概念进行多层面的分析：在思想领域内，现代化表现为新知；社会结构的变化，现代化是"个人活动和制度结构的高度分化和专门化"；政治变化，国家主权的合法性来自世俗的认可，"政治权力"不断分散到"广泛的社会群体"，领土范围不断

---

[1] ［英］安东尼·吉登斯等：《现代性——吉登斯访谈录》，尹宏毅译，新华出版社2001年版，第69页。

[2] 衣俊卿：《现代性的维度》，黑龙江大学出版社、中央编译出版社2011年版，第101页。

[3] 《马克思恩格斯选集》第1卷，人民出版社2012年版，第776页。

[4] 关于学科视野下的现代化概念，我国学者钱乘旦教授在其著作《世界现代化历程》（总论卷）中作了详细的梳理和考察，详见钱乘旦：《世界现代化历程》总论卷，江苏人民出版社2010年版，第3—12页。

[5] ［美］C.E.布莱克：《现代化的动力》，段小光译，四川人民出版社1988年版，第11页。

扩大，社会的民主化程度提高；经济变化……①美国学者塞缪尔·P.亨廷顿指出："现代化是一个多层面的过程，它涉及人类思想和行为所有领域里的变革。"②"从心理层面讲，现代化涉及价值观念、态度和期望方面的根本性转变；从智能的层面讲，现代化涉及人类对自身环境所具有的知识的巨大扩展，并通过日益增长的文化水准、大众媒介及教育等手段将这种知识在全社会广泛传播；从人口统计学角度来看，现代化意味着生活方式的改变、健康水平和平均寿命的明显提高、职业性和地域性流动的增长，以及个人升降沉浮速度的加快，特别是和农村相比，城市人口的迅猛增长；从社会角度来看，现代化一般会将家庭和那些自觉组织起来并具特殊功能的高一级社团联系起来，从而使家庭和其他最基层组织的生活获得新的补充。"③

国内学者毕道村教授在反思与批判国内外关于现代化定义的基础上，应用系统科学的方法重新界定现代化的概念，认为现代化就是"物理型社会转为生物型社会的社会转型。即一个封闭的、宏观无序的、内部没有或很少有物质能量信息的宏观流动和转换，因而不具备自我持续进化能力的社会，向一个开放的、宏观有序的、内部存在着物质能量信息的宏观流动与转换，因而拥有自我持续发展的强大动力的社会的转化过程"④。尹保云教授指出："现代化即是现代性在物质的、制度的、观念的三个层面的增加和扩展。"⑤ 路日亮教授认为，"跨世纪之际所理解的'现代化'，是指一种由传统社会向现代社会转型的，经济、文化、社会协调发展与经济文化一体化发展为标志的，以工业化、智能化、城市化等为主要内容的社会变迁过程"⑥。程美东教授认为："现代化是指在文艺复兴运动之后，人类高举科学主义的大旗，最大限度地利用科学，以征

---

① [美] C. E. 布莱克：《比较现代化》，杨豫、陈祖洲译，上海译文出版社1996年版，第134—138页。

② [美] 塞缪尔·P.亨廷顿：《变化社会中的政治秩序》，王冠华、刘为等译，上海人民出版社2008年版，第25页。

③ 同上书，第25—26页。

④ 毕道村：《现代化本质：对中世纪以来人类社会变化的新认识》，人民出版社2005年版，第184页。

⑤ 尹保云：《什么是现代化——概念与范式的探讨》，人民出版社2001年版，第5页。

⑥ 路日亮：《现代化理论与中国现代化》，宁夏人民出版社2007年版，第7页。

服自然力、获取一切资源为人类服务所经历的发展阶段。"① 何传启研究员分别从基本词义和习惯用法、理论含义、政策含义三个维度归纳了现代化概念,丰富了现代化的内涵(见表2.1)。面对现代化的多种界定和解释,国内社会学界则倾向于从社会结构转型的角度来理解现代化,"就是从农业的、乡村的、封闭的半封闭的传统型社会,向工业的、城镇的、开放的现代型社会的转型"②。所谓的现代化即社会结构的转型,在这个意义上,可以说"社会转型"和"社会现代化"的内涵是一致的。

表 2.1　　　　　　　"现代化"概念的三个维度③

	现代化的含义
基本词义习惯用法	根据英文词典里"现代化"的解释来使用它。"现代化"的英文单词是modernization,产生于18世纪70年代,具有两个基本词义:(1)成为现代的、适合现代需要;(2)大约公元1500年以来出现的新特点和新变化。现代化既可以表示一个成为现代的过程,也可以表示现代先进水平的特征
理论含义	现代化指18世纪工业革命以来人类社会所发生的深刻变化,它包括从传统经济向现代经济、传统社会向现代社会、传统政治向现代政治、传统文明向现代文明的转变过程及其变化;它既发生在先锋国家的社会变迁里,也存在于后进国家追赶先进水平的过程中。经典现代化指从农业社会向工业社会的转变过程及其深刻变化,第二次现代化指从工业社会向知识社会的转变过程和变化
政策含义	现代化理论的实际应用,即推进现代化的各种战略和政策措施。现代化理论在不同国家和不同领域有不同的政策含义,例如,在经济领域,经典现代化的政策含义是推进工业化、标准化、规模化、农业现代化、工业现代化、科技现代化、管理现代化等;在社会领域,经典现代化的政策含义是推进城市化、专业化、流动化、社会保障、教育现代化、国防现代化等

将现代化理解为一个过程,学者们取得了基本一致的看法,现代化

---

① 程美东:《中国现代化思想史:(1840—1949)》,高等教育出版社2006年版,第6页。
② 郑杭生:《改革开放三十年:社会发展理论和社会转型理论》,《中国社会科学》2009年第2期。
③ 何传启:《现代化概念的三维定义》,《管理评论》2003年第3期。

的过程维度也是本书研究的基本着眼点。美国著名学者亨廷顿教授在《导致变化的变化：现代化、发展和政治》一文中对其进行了较为完备的概括总结：第一，现代化是革命的过程；第二，现代化是复杂的过程；第三，现代化是系统的过程；第四，现代化是全球的过程；第五，现代化是长期的过程；第六，现代化是有阶段的过程；第七，现代化是一个同质化的过程；第八，现代化是不可逆转的过程；第九，现代化是进步的过程。[①] 尽管马克思很少使用现代化概念，但他从具体的历史条件入手考察现代化过程，认为其"实质上是指16世纪以来尤其是西方工业革命以来在世界范围内出现的以现代工业和科学技术为动力所引起的传统农业社会向现代工业社会的巨大转变，进而引起社会生活全面变革的过程，是新的文明出现的过程"[②]。从社会生活的整体变革、全球性的社会变迁以及新的文明形态的出现理解现代化过程，是马克思关于现代化认识的基本维度和主要思想。罗荣渠教授依据学界关于现代化的种种说法，将现代化含义归纳为以下四个方面：第一，现代化是指近代资本主义兴起后的特定国际关系格局下，经济上落后国家通过大搞技术革命，在经济和技术上赶上世界先进水平的过程；第二，现代化实质上就是工业化，更确切地说，是经济落后国家实现工业化的进程；第三，现代化是自科学革命以来人类急剧变动过程的统称；第四，现代化主要是一种心理态度、价值观和生活方式的改变过程，换句话说，现代化可以看作代表我们这个历史时代的一种"文明的形式"。[③]

"目前，关于'现代化'概念有各式各样的定义，见仁见智，莫衷一是。然而，在一个基本点上又是大体上一致的，那就是：'现代化'作为对客观事实的概括，指的是人类社会在现代所发生的巨大变迁。各种'现代化'定义之间的差别，多半是在把握这一变迁的实质和特征时发生

---

① [美] C. E. 布莱克：《比较现代化》，杨豫、陈祖洲译，上海译文出版社1996年版，第44—47页。
② 丰子义：《现代化的理论基础：马克思现代社会发展理论研究》，北京大学出版社1995年版，第58页。
③ 罗荣渠：《现代化新论——世界与中国的现代化进程》增订本，商务印书馆2004年版，第9—15页。

的。"① 显然，我们在使用这些概念的过程中需要结合中国的现实处境和不同的研究对象。正如萨义德在研究"东方学"时发出的提醒："当我们不假思索地使用源自西方的术语时，我们也就可能戴上了贴着'西方制造'标签的有色眼镜来看待自己的研究对象。"②

二 "转型"与"社会转型"和"转型社会"

"转型"一词始源于生物学，主要是用来描述生物物种之间的演化与变异。随着学科的交叉、融合趋势，转型逐渐为众多学科所使用，形成视角各异的社会转型学说。但就理论基础而言，社会转型学说应该是脱胎于现代化理论，这也是目前许多学者将社会转型与现代化视为同一概念的原因。鉴于社会学及其分支科学对转型研究的广泛关注，以及中国社会学的转型研究对本书亦有直接的方法论参考，故此处仅简要介绍社会学视野下的转型研究。

西方社会学领域的"社会转型"概念，特别用来强调社会结构发生了方向性和根本性变革。西方早期社会学理论基本采用传统与现代二分的方式理解社会转型，从经典社会学家斯宾塞的军事社会与工业社会、涂尔干的"机械团结"与"有机团结"、再到滕尼斯的礼俗社会与法理社会，韦伯的前现代社会与现代社会，等等。最终到帕森斯的传统社会与现代社会。"从这个视角来看，所谓的社会转型本质上就是由传统社会向现代社会变迁的过程，或者说社会逐渐由特殊主义向普遍主义转化的过程。"③ 这里"应该明确的是，'转型研究'作为一种理论视域与方法，有其特定的理论内涵和方法论意义，并成为我们进行改革开放新时期历史研究的重要理论前提"④。"在中国，'转型'概念是 1992 年以后开始流行的。它最早也是最典型的含义是体制转型，即从计划经济体制向市

---

① 李秀林、李淮春、陈晏清等：《中国现代化之哲学探讨》，人民出版社 1990 年版，第 5 页。
② 胡大平：《具体地历史地理解全球化和当代中国的实践》，《哲学研究》2000 年第 4 期。
③ 周建国：《社会转型与社会问题》，甘肃人民出版社 2008 年版，第 41 页。
④ 宋伟：《转型研究——作为一种方法的中国现代性思考》，《辽宁大学学报》（哲学社会科学版）2013 年第 1 期。

场经济体制的转变。"① 以转型为词根衍生出的社会转型、转型社会以及现代转型等概念，得到国内学界的广泛使用，并且结合中国的历史处境和社会状况，在某种程度上超越了西方转型理论的同时赋予转型以新的内涵。

国内最早由郑杭生教授提出研究中国社会的转型问题。② 陆学艺研究员认为："社会转型是指中国社会从传统社会向现代社会、从农业社会向工业社会、从封闭社会向开放社会的社会变迁和发展。"③ 刘祖云教授在借鉴西方早期社会学传统与现代二分的基础上，提出社会转型是指社会从传统型向现代型转变的过渡过程、传统因素与现代因素此消彼长的进化过程、一种整体性的社会发展过程。④ 在诸多概念界定中，郑杭生教授的观点颇具代表性，即"在中国社会学中，社会转型是一个有特定含义的概念，即指社会从传统型向现代型的转变。说详细一点，就是从农业的、乡村的、封闭的半封闭的传统型社会，向工业的、城镇的、开放的现代型社会的转型。当我们说'社会转型'时，着重强调的是社会结构的转型。在这个意义上，'社会转型'和'社会现代化'是重合的，几乎是同义的。因此，它与一般的转换不同，是一种特殊的转换"⑤。

对于社会转型和转型社会的关系，杨桂华教授指出："转型社会和社会转型基本上属于同一抽象层次的概念，都是指的由前市场经济社会向市场经济社会的过渡阶段。不过，社会转型强调的是由前市场经济社会向市场经济社会转变的动态过程，而转型社会更多的是强调这一过程的状态。"⑥ 抛开关于社会转型内容的认识分歧，一般而言，社会转型是一个动态发展的概念，而转型社会则是动态转型过程的静态反映。可以说，"中国'转型研究'的兴起与改革开放新时期以来所发生的重大社会转型

---

① 宋林飞：《中国社会转型的趋势、代价及其度量》，《江苏社会科学》2002年第6期。
② 郑杭生：《中国社会学年鉴1979—1989》，中国大百科全书出版社1989年版，第20页。
③ 陆学艺、景天魁：《转型中的中国社会》，黑龙江人民出版社1994年版，第2页。
④ 刘祖云：《中国社会发展三论：转型·分化·和谐》，社会科学文献出版社2007年版，第3—10页。
⑤ 郑杭生：《中国社会的巨大变化与中国社会学的坚实进展——以社会运行论、社会转型论、学科本土论和社会互构论为例》，《江苏社会科学》2004年第5期。
⑥ 杨桂华：《转型社会控制论》，北京师范大学出版社2009年版，第199页。

紧密相关，并成为描述和阐释当代中国社会变迁的重要理论工具和方法。"①

三 "思想政治教育现代性"与"思想政治教育现代化"和"现代思想政治教育"

诚如学者刘小枫所言："讨论现代现象，首先遇到术语上的困难，"②现代、现代性与现代化概念含义的繁杂，确实是给现代化研究造成很大的不便。而曼海姆也指出："在大多数情况下，同样的词或同样的概念，当处境不同的人使用它时，就指很不相同的东西。"③ 因而，我们对于作为舶来品的现代化等概念的使用，必须结合中国社会的历史语境和具体问题，也就是说，阐释思想政治教育现代化等概念需要进行历史、理论和现实的考量。与思想政治教育现代化研究的发展趋势不同，关于思想政治教育现代性的理论言说显得非常冷清。究其根源，这种情况的出现和现代性研究在中国的整体处境是相类似的。现代性基本内容的多维度与中国现代性的复杂状况，以及人们对现代性价值判断的矛盾分歧，一定程度上导致当前思想政治教育现代性研究的不在场。但不论是拥抱还是批判现代性，当代中国社会发展遭遇现代性则是确定无疑的事实，这也是我们谈论思想政治教育现代性的现实基础和前提条件。

与此同时，分析思想政治教育现代性，既要明确现代性的普遍意义和一般属性，又不能忽视现代性的中国境遇以及思想政治教育的特性。毫无疑问，现代性是现代社会区别于前现代社会的总体特征和本质规定，它以文化精神和制度机制的方式全方位地嵌入现代社会运行过程和个体生活之中的各个层面，譬如经济理性、民主政治以及科层管理和主体意识等。具体到思想政治教育领域，就阶级的教化活动而言，在人类历史发展的长河中，中国共产党的思想政治教育具有更为显著的科学性和合

---

① 宋伟：《转型研究——作为一种方法的中国现代性思考》，《辽宁大学学报》（哲学社会科学版）2013 年第 1 期。

② 刘小枫：《现代性社会理论绪论——现代性与现代中国》，上海三联书店1998 年版，第 62 页。

③ ［德］卡尔·曼海姆：《意识形态与乌托邦》，黎鸣、李书崇译，上海三联书店 2011 年版，第 272 页。

法性，主要表现为科学的指导思想、社会主义的发展方向以及促进人的自由全面发展的教育目标。事实上，坚持马克思主义的理论指导和人的自由全面发展，正是中国共产党思想政治教育现代性的本质特征和基本规定。然而基于"中国的社会运行和个体生存都依旧远离现代性，尚未与现代性建立起本质的关联"[1]的事实判断，我们就不能盲目乐观地宣称中国共产党思想政治教育现代性的独特性，而不自觉地遮蔽其在现代社会条件下内在的冲突和实现自我完善的可能。

　　思想政治教育现代化，仅就语词的构成来看，其借鉴或移植现代化概念的特征是明显的。虽然"在社会科学领域，概念的借用是常见的事情。但是属于特定领域的概念具有特别的意义。如果不加分析和特别界定地使用这些概念，就会造成理解上的分歧"[2]。首先，检视现代化理论的运用限度与中国现代化的实践经验，对现代化的跨学科借鉴，应当避免单向度的理论概括和线性的思维演绎。同时针对现代化理论暗含的西方中心主义取向，也需要我们反思概念借用移植的适切性，但一些思想政治教育现代化研究对于概念的使用却仍然带有一定的随意性。其次，鉴于经典现代化理论的式微，社会发展理论的内在局限性以及中国特色社会主义现代化建设的现实，特别是自改革开放以来中国社会日常生活的巨变，不少学者开始将社会转型论纳入中国现代化研究视野，以转型的视角分析新时期中国社会的变迁。应当说这一理论视角的独特性和现实针对性，对于思想政治教育现代化研究具有一定的方法论意义。再次，作为舶来品的现代性、现代化概念，近年来在西方的话语体系中似乎已失去昔日革命性、先进性的光芒，沦为"后现代主义"或"多元现代性"论者反思和批判的对象，却在中国社会取得了实践的正当性和理论研究的现实性。也就是说，我们现在所谈论的思想政治教育现代化，必然是以正在进行的社会主义现代化建设为历史定位和实践旨归，而不能陷入纯粹的现代与后现代的话语之争。最后，思想政治教育兼具科学与意识形态相统一的本质属性，从根本上决定了思想政治教育现代化，既是思想政治教育实践运行的现实过程，同时也必然要求我们将其作为思想政

---

[1]　衣俊卿：《现代化与文化阻滞力》，人民出版社2005年版，第36页。
[2]　燕继荣：《政治学十五讲》，北京大学出版社2004年版，第34页。

治教育自觉追求的价值目标。基于此，所谓思想政治教育现代化，是指在社会主义现代化建设历史进程中，由于传统与现代（性）张力的作用，思想政治教育发生转型的实践过程，而且这一转型过程是延续性与变革性、方向性与历史性、内在生成与外部导向的有机统一。①

在中国语境中，"所谓'传统'并不是只存在于1840年以前的传统社会里，它是历史地延续下来的，在现实生活中与现代（性）相对峙。相对峙不等于相对立，相对峙是指相对于现代性而言，但传统不一定是消极的，更不一定是反现代（性）的"②。因而，现代思想政治教育只能是相对于传统思想政治教育而言的，不论是在思想政治教育前面冠以传统还是现代的称谓，实质上只具有思维抽象的意义，即现实生活中并不存在纯粹传统的或现代的思想政治教育。正如邱柏生教授指出，使用"传统思想政治教育工作"字眼，"丝毫没有贬低过去年代思想政治教育工作的意思，仅仅是想用这样一个具有时态含义的字眼来描述过去曾经发生过的实践活动状态，它侧重于作事实陈述而不是价值判断"③。学界之所以频繁使用现代思想政治教育，其初衷大体上都是在理论逻辑层面强调随着社会实践的变化发展，思想政治教育较之过去发生了新的转变，进而便于从理论上把握不同时期思想政治教育的差别。当然，否认实践生活中传统与现代的绝对二分，并不是无原则的调和或取消传统与现代之间的差别。

"事实上，马克思所提出的'现代社会'概念正是在与传统社会相区别的意义上来使用的，意在强调资本主义所带来的深刻社会变革，强调

---

① 毋庸置疑，从本质上讲，思想政治教育现代化实际上就是思想政治教育发展。思想政治教育发展包含两个向度：一是传统思想政治教育向现代思想政治教育转变发展的过程；二是现代思想政治教育完善深化发展的过程。这两个向度都指向了现代化视域。张耀灿、郑永廷、吴潜涛等：《现代思想政治教育学》，人民出版社2006年版，第64页。正如郑永廷教授指出"所谓思想政治教育发展，就是传统思想政治教育的观念、内容、方式、体制、模式等各个方面适应现代社会发展和人的发展需要，并促进社会发展和人的发展的改革、转变，就是实现思想政治教育现代化。……思想政治教育发展，本质是实现思想政治教育现代化，它同思想政治教育现代化应是同一概念。"参见郑永廷《郑永廷文集》，中山大学出版社2013年版，第243—244页。但是本文认为就具体的历史发展阶段而言，思想政治教育现代化是思想政治教育发展在社会主义现代化建设过程的具体表现，而这也是本文以思想政治教育现代化为研究主题的原因所在。

② 陆学艺、景天魁：《转型中的中国社会》，黑龙江人民出版社1994年版，第4页。

③ 邱柏生、董雅华：《思想政治教育学新论》，复旦大学出版社2012年版，第262页。

历史发展所出现的新的转折。"① 因为"新事物的形式与实质在很大程度上取决于一度存在的事物,并且以这些事物为出发点和方向"②。因此,我们只能在相对的、历史的、辩证的、理论的意义上,或仅就社会实践的某一层面使用传统思想政治教育与现代思想政治教育概念,以及谈论二者之间的不同,这样才不至于抹杀前现代、现代甚至是后现代在中国社会日常生活中的共时性存在,消解中国共产党思想政治教育的合法性与进步性,从而避免在社会实践活动中人为地割裂或分离思想政治教育的属性与功能。本书所理解的现代思想政治教育,与邱柏生教授所说的"现代思想政治教育工作"具有精神上的契合性,"既有其时态的含义,更指质态的意蕴,但这种质态是应然与实然的统一物"③,是传统精华的继承与现代性生成的内在统一。为此,需要我们在实践过程中不断总结、丰富、深化对现代思想政治教育的认识。

第二节 思想政治教育现代化的概念辨析

从概念的原始含义及其历史发展过程来看,现代及其相关概念可以说是一个具有高度综合性和统摄性的概念丛,其中包含着一些极其相似而又容易混淆的概念范畴。而思想政治教育现代化研究的展开,首先是建立在现代化相关理论概念的基础之上,因而辨析比较相近的语词便具有了前提性的意义。尽管思想政治教育现代化研究所涉及的几个核心概念,已经在本章第一节进行了初步的梳理,但我们仍然有必要进一步阐明思想政治教育现代化与思想政治教育现代性,以及思想政治教育现代化与思想政治教育现代转型之间的逻辑关联,这既是源于思想政治教育现代化实践发展的现实需要,同时也有助于提升理论研究的学理性。

一 "现代化"与"现代性"

明晰思想政治教育现代化与思想政治教育现代性的关系,需要回溯

---

① 丰子义:《现代化的理论基础——马克思现代社会发展理论研究》,北京大学出版社1995年版,第17页。
② [美] E. 希尔斯:《论传统》,傅铿、吕乐译,上海人民出版社1991年版,第46页。
③ 邱柏生、董雅华:《思想政治教育学新论》,复旦大学出版社2012年版,第266页。

现代化与现代性的内在关联及其差异。然而诚如刘小枫所言："讨论现代现象，首先遇到术语上的困难，"①可以说，截至目前我们依旧没有逃脱由现代化和现代性概念的宽泛性所造成的理论困惑，对于二者关系的认识尚未达到本质的把握，因此不少研究中出现将现代性和现代化概念混淆使用的情况是很常见的事情，当然其中也不能排除二者概念外延部分重叠的因素。基于此，学理上对现代化和现代性的复杂关系进行适当的区分，仍然是现代化理论研究必不可少的环节。

首先，从二者出现的时间先后来看，起源于中世纪基督教的现代性（观念）要早于18世纪出现的现代化②，就此而言，"'现代化'可以说是'现代性'的派生物。'现代性'是'现代化'的某种基础或前提，而'现代化'则是'现代性'的某种继续或结果。换句话说，'现代化'只是'现代性'的一种表现样式"③。进一步讲，作为现代性的外在表现，现代化可以具有不同的存在形态和实现途径。虽然现代化的产生在现代性之后，但是相比于我们今天对现代化话语的耳熟能详，现代性无疑还是一个比较陌生的词汇。这与中国走向现代化的历史时序，以及现代性还不是中国社会的主导性文化精神和社会运行机理④有着很大的关系。

其次，从二者的因果关系来看，社会现代化是现代社会得以产生的根本原因，而现代性则是现代化发展的最终结果。即把"现代化界定为一系列大规模变迁过程的总和，通过这些变迁过程特定社会往往获得被认为是现代性所特有的经济、政治、社会和文化特征"⑤。与此同时，尽管人们最初是从时间的角度来认识"现代"概念，即"现代"总是与"过去"相对立而存在。但是如果仅沿着历史时间的线索体察现代现象，最终"找到的只是随时间而推移的生存样式的服装更换。追踪每一时代

---

① 刘小枫：《现代性社会理论绪论——现代性与现代中国》，上海三联书店1998年版，第62页。

② 汪晖：《汪晖自选集》，广西师范大学出版社1997年版，第3页。

③ 张三夕：《论"现代性"的含义及其与"现代化"之关系》，《海南师范大学学报》（人文社会科学版）2002年第1期。

④ 衣俊卿：《现代化与文化阻滞力》，人民出版社2005年版，第28页。

⑤ [意]艾伯特·马蒂内利：《全球现代化——重思现代性事业》，李国武译，商务印书馆2010年版，第8页。

都可能出现的这种'现代'现象,有如夸父追日"①。因此,如果我们不仅是从时间的角度理解现代性和现代化,同时也将"现代性"视为"一个表达现代时期社会生活所具有的品质或状态之类含义的概念"②,那么随后出现的"现代化",则往往会被看作获得"现代性"的具体实践过程。

最后,从二者的归属范畴来看,"现代化主要是一个在经济学与社会学层面上谈论的范畴,表明社会从农业文明进入工业文明,表明社会在这一文明变化过程中在生产力、生产方式、经济增长、社会发展上与传统农业社会相比的根本变化,以及社会在城市化、信息化、教育普及、知识程度提高等方面的巨大进步。'现代性'则主要是一个哲学范畴,从哲学的高度审视与批判文明变迁的现代结果,着眼于从传统与现代的对比上,抽象出现代化过程的本质特征,着眼于从思想观念与行为方式上把握现代化社会的属性,反思'现代'的时代意识与精神"③。

在突出现代化与现代性的差别的同时,我们必须要看到两者之间的内在一致性。从社会的发展过程来看,"所谓现代化,具体体现为一个国家、一个地区的现代性生长和构成的过程。作为现代化的主要构成要素,现代性的生成、推演和铺陈即形成了所谓现代化的进程。如果说,现代性是一种点状的现象,一种抽象的理念,那么现代化就是这一理念扩张的历史进程,一种广泛蔓延的现实状态。换言之,现代性是现代化的理论抽象、基本框架;现代化是现代性的具体实现、现实展示;现代性代表着与'传统性'不同的理念和因素,现代化代表着与'传统社会'不同的崭新时代和社会形态"④。理论上讲,观念层面的现代性和实践层面的现代化,是现代社会发展的一体两面,二者互为表里,现代化的实践发展历程必然深深地镌刻着现代性的印记。尽管现代性在中国的现代化道路上屡屡被忘却或搁置,但是伴随着社会主义现代化建设和改革开放,

---

① 刘小枫:《现代性社会理论绪论——现代性与现代中国》,上海三联书店1998年版,第63页。
② 张凤阳:《现代性的谱系》,江苏人民出版社2012年版,第4页。
③ 陈嘉明:《现代性与后现代性十五讲》,北京大学出版社2006年版,第37页。
④ 周穗明等:《现代化:历史、理论与反思——兼论西方左翼的现代化批判》,中国广播电视出版社2002年版,第165页。

全面追求现代性的历史任务又一次提上日程,而且对现代性的认识也不断丰富和科学。可以说,"现代性问题重新提出,和现代化建设被确定为奋斗目标紧密相连"①。更进一步讲,现代化过程中产生的矛盾困惑,某种意义上正是现代性内部的张力和冲突所造成的,因而现代化问题的解决一定程度上依赖于以反思的态度看待现代性的扩张。总而言之,我们不能完全孤立地谈论现代化与现代性的差异性,实际上只有在社会发展的过程之中才能真正把握二者的联系及其区别。

二 "思想政治教育现代化"与"思想政治教育现代性"

与现代性在中国的理论境遇相类似,思想政治教育现代性也是一个比较小众化的新提法。但是以现代化的研究范式考察思想政治教育发展,必然要涉及思想政治教育现代性话语及其与思想政治教育现代化的基本关系问题。本章第一节我们对思想政治教育现代性概念已有初步的分析,因而这里拟重点探讨思想政治教育现代化与思想政治教育现代性的联系和区别。

从共性与个性的角度来看,思想政治教育现代化与思想政治教育现代性的关系,自然也要遵循现代化与现代性关系的一般逻辑。李俊伟教授从思想政治工作的角度谈论现代化与现代性的联系时指出:"思想政治工作现代化是思想政治工作现代性的实现过程,是思想政治工作现代性的静态特征和本质属性逐步得以体现和展示的过程,由此,思想政治工作现代性的本质属性、思想观念、价值体系不仅支配着思想政治工作现代化发展进程和方向,而且是思想政治工作现代化进程中的合理性根据。思想政治工作现代性通过对自身目标、价值、功能等的反思、批判、重建,从而调节、改造、修正,甚至重塑思想政治工作现代化过程;同时,思想政治工作现代化也能够在实践的过程中寻求对现代性的现实思考。"②简言之,从共时性的角度来看,思想政治教育现代性精神贯穿于思想政治教育现代化实践过程的始终,思想政治教育现代化实质上是思想政治教育现代性精神的时代体现,思想政治教育现代化与思想政治教育现代

---

① 姜义华:《现代性:中国重撰》,北京师范大学出版社2008年版,第538页。
② 李俊伟:《思想政治工作现代化与科学化》,红旗出版社2007年版,第51页。

性，内在统一于思想政治教育的实践过程。与此同时，就思想政治教育现代化的历史根源和发展目标而言，思想政治教育现代化无疑是一个社会实践的命题，具有鲜明的实践取向。它主要是通过加强思想政治教育组织机构、学科专业、内容方法以及人才培养等相关要素的现代属性，从而形成以人的思想观念的现代化为核心的发展过程。在建设社会主义现代化目标的指引下，思想政治教育现代化更具有毋庸置疑的实践合法性。与此相对应的是，无论怎样凸显现代性的社会实践后果，现代性本质上仍然是一种文化精神存在。在思想政治教育层面上，现代性的价值指向是思想政治教育实践的合法性和有效性，因而思想政治教育现代性应当被归入规范性的价值理念范畴。

然而对思想政治教育现代化研究历程的纵向分析可以看到，思想政治教育现代化与思想政治教育现代性的关系演变，则又有其特殊的表现形式。十一届三中全会以来，社会主义现代化建设战略方针的确立，成为20世纪80年代国内掀起现代化研究热潮的直接根源，思想政治教育现代化就是在这样的情形下提出来的。但是，当我们怀着极大的热情投身于社会主义现代化研究和建设的同时，却不自觉地忽略了对现代性的理论关注。由此学界早期研究的相关论述大多着眼于如何实现思想政治教育的现代化，而关于思想政治教育现代性的分析几近于无。任剑涛教授从方法学的视角探讨现代化与现代性的割离，对于解释理论层面的思想政治教育现代化与思想政治教育现代性的分疏，具有一定的参考价值。他认为："现代化之作为一个'现代'社会运动的'客观'过程，被现代化的研究者作为人类社会发展的历史过程来加以分析。这使得研究者的思路囿限在历史思路之中，无法解读出'现代性'之作为现代化的深层内蕴，对于现代化运动的深刻影响，以及这种影响的方式和具有的独特性。于是，在关于'现代'问题的理论结构上，现代性问题被现代化问题遮蔽了起来。"[①] 也就是说，这一时期的现代性更多的是隐藏或潜伏在现代化实践的背后发挥着微弱的影响。然而随着社会主义现代化建设的深入推进，片面地将社会主义现代化等同于实现工业化或者物质文明

[①] 任剑涛：《现代性、历史断裂与中国社会文化转型》，《厦门大学学报》（哲学社会科学版）2001年第1期。

极大发展的弊病也逐渐显露出来，由此人们对现代化的态度也发生了相应的转变，即经历了一个从初期高度的信念认同到后来的理性思考的过程。至此，现代性以批判的方式进入思想政治教育研究视野，思想政治教育现代性研究，开始作为批判社会现代化的不良后果而引起人们的重视。

事实上，中国的现代化事业由被动的接受到主动的追求，基本上是依次循着器物—制度—文化层面的实践理路，因而现代化在中国社会的生成和发展逻辑，必然表现为先学习后建设的过程。社会主义现代化的提出，某种程度上便是西方的现代化道路在中国社会发展过程中的特殊表现。从社会主义现代化建设的目标来看，由"四个现代化"到"富强、民主、文明"再到"富强、民主、文明、和谐"的转变，在一定程度上也体现出现代性反思的内在作用。质言之，在社会主义现代化建设的历史进程中，思想政治教育现代化与思想政治教育现代性的步调之所以不一致，与中国社会现代化的历史进程有着深刻的关联。

三 "思想政治教育现代化"与"思想政治教育现代转型"

在正式展开论述之前，对于时常见诸报端的"转型"与"变迁"概念作简略的分析是必要的。前面我们指出，社会学意义上的转型就是指事物的结构类型发生转变，而变迁主要是描述"事物与过去相比发生了根本性的改变"①。可以说，变迁与转型在指代事物的变化时所表达的意思是一样的，因此人们也经常将二者视为相同的概念。但是从概念的内涵和外延来看，变迁显然要比转型更为宽泛。就社会层面而言，变迁"既泛指一切社会现象的变化，又特指社会结构的重大变化；既指社会变化的过程，又指社会变化的结果"②，同时也是"社会的发展、进步、停滞、倒退等一切现象和过程的总称"③。广义上的转型是一个具有鲜明指向性和目的性的概念，具体表现为突出社会文明的不断发展进步和寻求

---

① ［美］乔尔·M.卡伦等：《社会学的意蕴》第8版，张惠强译，中国人民大学出版社2011年版，第194页。
② 郑杭生：《社会学概论新修》（精编版），中国人民大学出版社2009年版，第245页。
③ 吴增基、吴鹏森、苏振芳：《现代社会学》，上海人民出版社2009年版，第325页。

社会结构的不断合理化；而今天人们普遍使用的转型概念，主要是从狭义的角度来界定，即特指社会由传统到现代的转变。概而论之，变迁能够涵盖转型的全部内容，转型则是变迁的特定形式。而且社会转型"常常具有某种社会革命的意味""暗示了某种社会历史的发展方向和价值评价"①，而这些特征是社会变迁所不具备的。因而有学者提出："社会现代化，是指一种由传统社会向现代社会转型的特殊社会变迁过程，是以科学技术进步为先导，以工业化、城市化为主要内容，经济与社会协调发展的社会变迁过程。"②

既然转型被用来概括传统到现代的转变，那么就意味着思想政治教育转型是一个思想政治教育传统因素与现代因素此消彼长的进步的过程。由此来看"思想政治教育现代转型"，似乎就显得有些语义重复。众所周知，人们通常谈论的"现代"概念，包含着时间尺度和价值尺度的双重含义，但是我们认为转型概念所蕴含的由传统向现代的转化，例如农业社会到工业社会、封闭社会到开放社会的转型等，主要突出的是社会制度体制、结构形态的改变而不具有表征特定时间的意义。换言之，作为客观存在的社会现象，思想政治教育转型事实上是普遍存在于人类社会的历史发展过程之中。而我们这里使用的思想政治教育现代转型，一方面强调思想政治教育较之过去发生的转化，同时也表明本书主要考察的是中国现代历史进程之中的思想政治教育转型，而史学界目前大多将1949年中华人民共和国成立以来的历史标定为中国的现代史。

本书第一章回顾了目前思想政治教育现代化研究的基本状况，可以发现思想政治教育现代化研究的共时性分析居多，主要集中于强调思想政治教育观念的更新、先进技术手段的运用、制度体制的改革等。基于此，我们认为不仅要从横向层面建构思想政治教育的现代模式，还应该追溯思想政治教育现代化的发展过程。而历时性地看，所谓的思想政治教育现代化，就是思想政治教育现代转型的过程。在这个意义上可以说，思想政治教育现代化与思想政治教育现代转型是同一的。之所以提出思

---

① 万俊人：《现代性的伦理话语》，黑龙江人民出版社2002年版，第162—163页。
② 吴增基、吴鹏森、苏振芳：《现代社会学》，上海人民出版社2009年版，第338—339页。

想政治教育现代转型，主要意图在于突破现代化理论研究的单向静态思维方式，真正凸显思想政治教育现代化实践的动态性、过程性和曲折性。从更为宏观的层面来看，对于改革开放以来中国社会现代化发展的转型特征，人们无疑已取得相对一致的看法，因而不断涌现出以转型的视角审视中国社会的现代变迁，某种程度上可以说以转型的视角分析中国社会主义现代化建设的实际情况具有更好地契合性。马克思指出："人们在自己生活的社会生产中发生的一定的、必然的、不以他们的意志为转移的关系，即同他们的物质生产力的一定发展阶段相适合的生产关系。这些生产关系的总和构成社会的经济结构，即有法律的和政治的上层建筑竖立其上并有一定的社会意识形态与之相适应的现实基础。"[①] 作为上层建筑的思想政治教育，必然会随着社会结构的现代化转型而发生相应的变化，思想政治教育现代化过程具体表现为思想政治教育转型。因而我们今天谈论的思想政治教育现代化，就是思想政治教育现代转型。

当然，思想政治教育现代化与思想政治教育现代转型也存在一定的区别。就概念反映的现象而言，现代化本身是一个内涵非常丰富的概念，在某种程度上它与转型既有方向的一致性，又远远超出转型所包含的内容；从过程与结果的角度来看，现代化主要是转型的目标和结果，而转型则是实现现代化的过程。可以说，现代化是一个集目标、过程与结果于一体的综合概念，转型更多的是被用来描述现代化过程的基本特征。虽然转型也"需要或实际已然预制了某种社会发展的方向"[②]，但是与现代化的平面叙事相比，转型更具立体感和动态性。需要说明的是，这里的转型并不涉及社会形态亦即社会根本制度的更迭，其发展向度始终立足中国特色社会主义制度的自我完善，以及社会主义现代化建设的持续推进。将中国共产党思想政治教育的实践变迁，作为我们探索和描写思想政治教育转型过程的基轴和主线，进而以此刻画改革开放以来思想政治教育经历转型、不断实现内在超越的历史进程。基于此，本书的思想政治教育现代转型，一方面是鉴于思想政治教育现代化的抽象性，试图以转型的分析路径实现对思想政治教育现代化理解的具体化，尽可能避

---

① 《马克思恩格斯选集》第 2 卷，人民出版社 2012 年版，第 2 页。
② 万俊人：《现代性的伦理话语》，黑龙江人民出版社 2002 年版，第 163 页。

免研究中的泛泛而谈；另一方面以转型的视角动态地再现思想政治教育现代化的发展进程，增强思想政治教育现代化研究的历史纵深度。

第三节　思想政治教育现代化与思想政治教育科学化的关系

20世纪80年代以来，学界在思考思想政治教育的发展趋势时，根据思想政治教育重心的转移以及中国社会的现代化建设，提出思想政治教育科学化与思想政治教育现代化的发展方向，然而不足的地方是没能进一步探讨二者的关系。本书试图从本质维度、历史维度以及内容维度，对思想政治教育科学化与思想政治教育现代化的关系进行初步的探讨。事实上，对于思想政治教育自身而言，思想政治教育现代化的全部理论主张与实践活动，其根本目的必然是促进思想政治教育的科学化。与此同时，在某种意义上讲，学界近年来提出的思想政治教育社会化[①]和思想政治教育生活化[②]等理论命题，实际上也是基于不同的视角，对思想政治教育科学发展路径的多样化阐释。概而论之，思想政治教育领域诸如此类的理论研究和实践探索，其核心思想和主要意图集中到一点，就是要实现思想政治教育的科学发展。当然，思想政治教育科学化与思想政治教育现代化，不论是基本含义、理论层次还是历史背景和问题指向，二者都是有所区别的。因而探讨思想政治教育现代化与思想政治教育科学化的内在关联及其相互区别，是深化思想政治教育现代化研究的一个必要环节。

一　本质维度：思想政治教育现代化遵循思想政治教育科学化的实践逻辑

明确思想政治教育科学化的内涵，是通过分析科学以及科学化的含义开始的。从科学学的观点出发，科学是指系统化、理论化的知识体系，

---

① 平章起：《全面社会化：现代社会思想政治教育新模式》，天津社会科学院出版社2005年版，第3页；蓝江：《思想政治教育社会化研究》，湖北人民出版社2005年版，第1页。
② 胡凯：《思想政治教育生活化研究》，博士学位论文，复旦大学，2007年。

也是创造知识的社会活动,同时还是一种社会建制。① 作为知识体系、社会活动的科学,"是依靠观测和基于观测的推理,试图首先发现关于世界的各种特殊事实,然后发现把各种事实相互联系起来的规律,这种规律(在幸运的情况下)使人们能够预言将来发生的事物"②。可以说,规律性是科学的本质属性。而所谓的科学化,从社会实践的角度来看,是指人们的思想认识与行为活动符合事物发展的客观规律(或科学原理);另外,它"还可以表示一种知识以科学的形态纳入学科系统中的规范发展"③,这是就科学理论的形成和学科建设而言的。由此来看思想政治教育,其科学化自然也包括实践的规律性和理论的科学规范性这两个方面的问题。因而在现实生活中,人们通常所说的思想政治教育科学化,主要是强调思想政治教育的理论认识和实践活动,是否符合事物发展的实际情况及其客观规律。具体来说,"就是指在马克思主义科学理论指导下,运用科学的理念、原则和方法,认识、把握、运用思想政治教育规律,实现思想政治教育最终目的的过程"④。

就其本质而言,思想政治教育科学化,无疑是思想政治教育全部工作的抽象概括和行动指南。因而谈论思想政治教育现代化与思想政治教育科学化的同一性和差异性,都应当在思想政治教育科学化的过程中得到理解和说明。我们这里对于思想政治教育科学化与思想政治教育现代化关系的讨论,主要着眼于思想政治教育的实践工作层面。因此可以说,中国共产党 90 多年来思想政治教育工作取得显著成就的根本原因,就是根据党和国家的中心任务以及社会实践的发展,坚持与时俱进、实事求是,不断实现思想政治教育的科学化。一言以蔽之,思想政治教育科学化,是贯穿于党的思想政治教育发展过程始终的一个根本性问题。如果从更大的范围来看,只要在阶级国家存在的前提下,处于不同历史时期

---

① 吴义生:《论科学》,求实出版社 1989 年版,第 18—25 页。
② [英]罗素:《宗教与科学》,徐奕春、林国夫译,商务印书馆 1982 年版,第 1 页。
③ 武东生:《论思想政治教育的"科学化"——对 30 年来思想政治教育学科建设的初步分析》,载陈占安、钟明华《马克思主义理论学科研究》第 5 辑,高等教育出版社 2011 年版,第 123 页。
④ 平章起、李伟:《思想政治教育科学化探析——基于思想政治教育学科建设的思考》,《思想教育研究》2011 年第 11 期。

与社会形态中的思想政治教育,其合法性和有效性的最终实现,一定程度上都要遵循和依赖于科学化的实践逻辑。

作为人类社会特定阶段的客观存在与世界性的发展潮流,现代化的历史进步性和现实必然性是毋庸置疑的,具体到当代中国的具体场域中,可以发现中国社会的现代化建设更具有实践的正当性和发展的紧迫性。就像邓小平所说:"社会主义现代化建设是我们当前最大的政治,因为它代表着人民的最大的利益、最根本的利益。"[①] 然而在社会主义现代化历史进程中,如何继续发挥思想政治教育"生命线"的作用,直接关系到中国特色社会主义事业的成败。随着党和国家工作重心的战略转移,思想政治教育要想实现"为改革开放和社会主义现代化建设提供强有力的精神动力和思想保证"[②] 的时代任务,就不能不重视革命战争年代思想政治教育传统经验的现代转换问题,以及努力探索在现代社会条件下继续有效开展思想政治教育的新途径。具体而言,主要是强调思想政治教育在适应现代社会环境、承担社会现代化建设使命的同时,还存在着一个自身现代化的任务,即面向现代化与实现现代化的有机统一。

尽管思想政治教育现代化似乎是一种新的提法,会被一些人视为只是概念上的哗众取宠,并无益于思想政治教育的发展。但是在社会发展过程中,科学技术以及人的思想观念和行为方式的现代变革,事实上早已影响着思想政治教育的运行过程及其实践结果。因此,绝对不可以将思想政治教育现代化仅仅看作一个比较时髦却干瘪无物的理论概念。相反,思想政治教育现代化实际上体现出鲜明的实践立场和深刻的理论自觉,主要表现为思想政治教育首先要实现与时俱进,必须紧扣社会主义现代化建设以及社会正处于转型发展的历史处境;其次,思想政治教育更要追求创新超越,重点是通过思想观念的引导促进现代社会人的全面发展,培养合格的建设者和可靠的接班人。换言之,不论是立足社会与人的现代化发展,还是努力培育社会现代公民,思想政治教育现代化的核心和灵魂归根结底都没有脱离这样一个事实,即在社会主义现代化建

---

① 《邓小平文选》第2卷,人民出版社1994年版,第163页。
② 中共中央文献研究室:《十五大以来重要文献选编》(中),人民出版社2001年版,第1039页。

设过程中如何实现思想政治教育的科学发展。完全可以说，思想政治教育现代化并不是什么奇思妙想，其命题的提出、实践的开展以及目标的实现，无一不是深刻地植根于思想政治教育科学化的实践逻辑。

二　历史维度：思想政治教育科学化与思想政治教育现代化的延续性发展

客观上讲，自人类进入文明社会以来，不同时期、任何阶级的思想政治教育都要面临着科学化的问题，党的思想政治教育工作亦不例外。而思想政治教育现代化实践的产生，则是与党和国家的工作中心转移到社会主义现代化建设紧密相连的。因此，就思想政治教育发展历程而言，思想政治教育科学化无疑与思想政治教育现代化具有一定的重合性。而这里所说的历史维度，主要是对党的思想政治教育科学化与思想政治教育现代化进行思想史的考察。

思想政治教育能够成为党的政治优势和优良传统，与我党一贯重视思想政治教育的科学化是分不开的。早在1929年12月，毛泽东在谈到纠正党内主观主义的方法时，指出"主要是教育党员使党员的思想和党内的生活都政治化、科学化"[①]，这里的科学化就是用马克思主义的方法以及通过社会调查研究，掌握当时阶级斗争的实际情况。在强调党员的思想认识应该符合客观实际的同时，1938年毛泽东指出要研究军队的政治工作，即加强理论研究的综合性和系统性以及通俗化。"政治工作的研究有第一等的成绩，其经验之丰富，新创设之多而且好，全世界除了苏联就要算我们了，但缺点在于综合性和系统性的不足。"[②] 1977年邓小平在十届三中全会上提出要完整地准确地理解毛泽东思想，以实事求是的态度对待毛泽东思想，从根本上为"文化大革命"之后继续推进党的思想政治教育的科学发展指明方向。1979年邓小平在《坚持四项基本原则》的讲话中指出，四项基本原则虽然已经"都不是什么新问题，但是这些原则在目前的新形势下却都有新的意义，都需要根据新的丰富的事实做出新的有充分说服力的论证。……这绝不是改头换面地抄袭旧书本所能

[①] 《毛泽东选集》第1卷，人民出版社1991年版，第92页。
[②] 《毛泽东选集》第2卷，人民出版社1991年版，第554页。

完成的工作,而是要费尽革命思想家心血的崇高的创造性的科学工作。"①

面对"全党工作的重点转移到社会主义现代化建设上来以后""必然会出现许许多多新情况、新课题、新矛盾,也必然会在人们的思想上引起各种不同的反映""思想政治工作的作用如何,要不要加强,怎样加强,这是目前大家议论较多的一个问题,也是实际工作中亟待解决的一个问题"②。1979年4月19日《人民日报》社论明确指出"我们共产党人做任何事情,都坚持一条,就是重视思想教育,提高人的觉悟"、"实现工作重点转移,首先要求思想转移"、"思想政治工作绝不是可有可无,而是十分重要,不但不能减弱,而是更要加强"③。正是在这样的思想背景下,80年代初思想理论界掀起了"思想政治工作要科学化"的大讨论。1980年5月27日至6月6日,第一机械工业部与全国机械工会在北京召开思想政治工作会议,第一次明确提出"思想政治工作应成为一门科学"的重要论断。紧接着党中央就各个领域的思想政治工作召开一系列会议,《光明日报》以"思想政治工作要科学化"为题开展讨论,《人民日报》、《解放军报》、《工人日报》、《文汇报》等也分别发表了这方面的文章和报道。④

可以说,"无论是发起讨论的意图,还是在讨论过程中反映的人们的自觉意识,主要解决的问题是在新的历史条件下如何看待党的思想政治工作的地位和意义,尤其是当党和国家的工作重点转到经济建设上以后怎样加强思想政治工作"⑤。进入21世纪,"随着对外开放不断扩大、社会主义市场经济的深入发展,我国社会经济成分、组织形式、就业方式、

---

① 《邓小平文选》第2卷,人民出版社1994年版,第180页。
② 《人民日报》社论:《四化需要强有力的思想政治工作》,转引自李德芳、李辽宁主编《中国共产党思想政治教育史料选编》,武汉大学出版社2009年版,第354—355页。
③ 同上。
④ 荆惠民、戴木才:《改革开放以来思想政治工作大事记》(1978年11月—2006年12月),中国人民大学出版社2007年版,第17页。20世纪80年代初,理论界关于"思想政治工作要科学化"的讨论,最终由《光明日报》社理论部从相关的座谈会和报纸杂志挑选出部分文章,编写了《论思想政治工作科学化》。参见孙友余、钱学森、费孝通等《论思想政治工作科学化》,山西人民出版社1981年版,第15页。
⑤ 武东生:《论思想政治教育的"科学化"——对30年来思想政治教育学科建设的初步分析》,载陈占安、钟明华《马克思主义理论学科研究》第5辑,高等教育出版社2011年版,第125页。

利益关系和分配方式日益多样化，人们思想活动的独立性、选择性、多变性和差异性日益增强"①。因而"面对国际国内的新情况新问题，要真正把一些道理向干部群众讲清楚，不那么容易；干部群众接受的信息很丰富也很庞杂，思想十分活跃，要真正把他们的思想统一起来，也不那么容易"②。为此，"我们的思想政治工作在继承和发扬优良传统的基础上，必须在内容、形式、方式、方法、手段、机制等方面努力进行创新和改进，特别要在增强时代感和加强针对性、实效性、主动性上下功夫"③。总而言之，"伴随马克思主义中国化进程，根据党和国家在一定时期的中心任务以及实际的社会条件，思考并解决对思想政治工作的认识是否符合实际、思想政治教育领域的实践是否遵循了客观规律，就具有常说常新的意义"④。

  历史地看，思想政治教育现代化的提出绝非无中生有，而是与党的思想政治工作面临着新的情况有着直接的关联。1979年邓小平在党的理论工作务虚会议上指出："什么是我国今天最重要的新情况，最重要的新问题呢？当然就是实现四个现代化，或者像我在前面说的，实现中国式的现代化。"⑤ 面对社会主义现代化建设的历史任务，思想政治教育应当"深入研究中国实现四个现代化所遇到的新情况、新问题，并且做出有重大指导意义的答案，这将是我们思想理论工作者对马克思主义的重大贡献，对毛泽东思想旗帜的真正高举"⑥；1980年，教育部、共青团出台的《关于加强高等学校学生思想政治工作的意见》，明确提出"学校的思想政治工作必须紧密结合为'四化'培养人才这个中心来进行"⑦。在社

---

  ① 中共中央文献研究室：《十六大以来重要文献选编》（中），中央文献出版社2006年版，第178页。
  ② 《江泽民文选》第3卷，人民出版社2006年版，第76页。
  ③ 同上书，第86页。
  ④ 武东生：《论思想政治教育的"科学化"——对30年来思想政治教育学科建设的初步分析》，载陈占安、钟明华《马克思主义理论学科研究》第5辑，高等教育出版社2011年版，第123页。
  ⑤ 《邓小平文选》第2卷，人民出版社1994年版，第179页。
  ⑥ 同上。
  ⑦ 教育部社会科学司：《普通高校思想政治理论课文献选编（1949—2008）》，中国人民大学出版社2008年版，第79页。

主义现代化建设过程中，党中央对于思想政治教育的内容方法、理论教材等方面曾做出相关规定，进一步完善丰富思想政治教育现代化的内涵。譬如"编写出几套适应社会主义现代化建设需要的、具有高水平的新教材，是改革马克思主义思想理论课教学的中心环节"①"要改革教学内容和教学方法，认真研究我国社会主义建设和改革中的重大问题，研究当代世界经济、政治的发展，分析批评有影响的错误思潮"②。

1995年，中央宣传部、国家经贸委《关于加强和改进企业思想政治工作的若干意见》指出："建立现代企业制度，发展社会主义市场经济，迫切要求加强和改进企业的思想政治工作""必须按照建立现代企业制度和发展社会主义市场经济的客观需要，及时拓展和充实思想教育的内容""逐步建立与现代企业制度相适应的思想政治工作管理体制和运行机制。"③ 1998年11月，中国职工思想政治工作研究会会长袁宝华在中国职工思想政治工作研究会第10次年会上，第一次比较系统地论述了思想政治工作的现代化问题。他指出："思想政治工作的一项重要任务，是培养'四有'新人，实质上就是要实现人的现代化。人是现代化建设的直接承担者，没有现代化的人，现代化建设就无从谈起。从这个意义上讲，思想政治工作必须在'现代化'上做文章。"④ 1999年4月，思想政治工作研究杂志社邀请部分行业的政研会、企业领导以及专家学者，围绕怎样认识思想政治工作现代化命题、如何深化"走向现代化"等问题展开讨论⑤；同年6月26日至28日，全国政研会在山西太原召开"思想政治工作现代化"专题研讨会，围绕"思想政治工作现代化"是什么、为什么、怎么做三个问题展开热烈讨论。⑥

---

① 教育部社会科学司：《普通高校思想政治理论课文献选编（1949—2008）》，中国人民大学出版社2008年版，第108页。
② 同上书，第123—124页。
③ 中共中央文献研究室：《十四大以来重要文献选编》（中），中央文献出版社2011年版，第547、551页。
④ 袁宝华：《袁宝华文集》第4卷，企业管理出版社2001年版，第421页。
⑤ 丹石：《如何认识？如何深化？——推进思想政治工作现代化座谈会综述》，《思想政治工作研究》1999年第6期。
⑥ 韩慧：《是什么？为什么？怎么做？——"思想政治工作现代化"研讨综述》，《思想政治工作研究》1999年第9期。

可以说，随着全球化进程的加快，世界范围内现代化道路多样性的日益显现，以及社会主义现代化建设的不断深入，我们对于思想政治教育现代化也将形成新的认识。概而论之，梳理思想政治教育科学化与思想政治教育现代化思想发展过程的根本目的，在于明确当前我们谈论思想政治教育现代化，很大程度上需要参考思想政治教育科学化的历史进程。思想政治教育现代化，某种程度上是思想政治教育科学化在现代社会的历史体现。也就是说，思想政治教育现代化是思想政治教育实现科学发展的必然要求和基本趋势。与此同时，思想政治教育现代化又将赋予思想政治教育科学化新的时代内涵。

三　内容维度：思想政治教育现代化与思想政治教育科学化的具体差异性

从本质和历史的维度来看，思想政治教育现代化与思想政治教育科学化有着显著的内在关联。但是，就科学化与现代化的基本含义和主要内容而言，二者各自关注的对象及其实践的具体指向还是有所区别的，由此必然也会造成思想政治教育科学化与思想政治教育现代化具有不同的面相。然而作为近年来思想政治教育领域的前沿和热点问题，关于思想政治教育现代化与思想政治教育科学化的讨论，目前基本上没有发现对二者的不同进行专门的理论分析。因此，探讨思想政治教育科学化与思想政治教育现代化的具体内容及其差别，在某种程度上，对于理解学界的有关争论以及弥补现有研究不足具有一定的现实意义。如果承认科学化即合规律性，那么在这个意义上，我们可以说中国共产党思想政治教育的创立，就意味着党的思想政治教育科学化的开始。当然，这句话成立的前提条件是"把五四运动前后思想政治教育领域内的马克思主义传播视为'党的思想政治教育'的起源和前奏"[①]。但是，一些学者指出："把思想政治教育学作为一门科学来研究和建设还是80年代以来的事，"[②]"重新提出和强调思想政治工作的科学化问题，是在改革开放时期

[①] 刘建军：《中国共产党思想政治教育的理论与实践》，中国人民大学出版社2008年版，第32页。

[②] 郑永廷：《毛泽东思想政治教育的理论与实践》，武汉大学出版社1993年版，第297页。

开始的"①；然而也有人认为"思想政治教育学是 20 世纪 80 年代初开始形成和发展起来的一门科学"，以及"作为一门学科的思想政治教育学是经过最近 20 多年的理论探索和研究才终于形成的"等类似的观点难以成立。② 由此看来，人们对于思想政治教育科学化逻辑起点的认识存在分歧，似乎也是显而易见的。面对这一情况，我们这里对于以上说法的孰是孰非暂且不准备下定结论，而是首先来明确思想政治教育科学化到底包括哪几个方面的内容。

毫无疑问，思想政治教育理论与实践的科学化，总体上构成思想政治教育科学化的主要内容。具体来讲，学界目前关于思想政治教育科学化的研究，基本上是围绕思想政治教育学术研究科学化、人才培养科学化以及教育实践科学化③，或者是思想政治教育学术研究的科学化、思想政治教育人才培养的科学化和思想政治教育实际工作的科学化④来展开的，其他方面的科学化研究都可以归入上述三个维度。其中，思想政治教育学术研究的科学化与思想政治教育学科建设紧密相连，包括思想政治教育知识和学问要具备科学的形态，以及思想政治教育学科的设置和建设；思想政治教育人才培养的科学化，在改革开放以来的主要做法是通过开设思想政治教育专业，设立本科、硕士和博士学位点；而狭义上的思想政治教育科学化，就是指除去思想政治教育科学理论研究和专门人才培养之外的思想政治教育实际工作。根据思想政治教育科学化的三个维度可知，当我们说党的思想政治教育科学化始于党的思想政治工作的创立，其着眼点是指党的思想政治教育理论知识研究和社会实践活动中思想政治教育的实际工作；而近几年理论界使用日益频繁的关于思想政治教育发展的理论话语，如"改革开放以来思想政治教育的科学化发

---

① 许启贤、刘建军：《中国共产党思想政治教育史》，中国人民大学出版社 2004 年第 2 版，第 348 页。

② 武东生：《论思想政治教育的"科学化"——对 30 年来思想政治教育学科建设的初步分析》，载陈占安、钟明华《马克思主义理论学科研究》（第 5 辑），高等教育出版社 2011 年版，第 127 页；武东生：《关于思想政治教育学科建设的思考》，《思想理论教育导刊》2010 年第 9 期。

③ 吴潜涛、徐柏才、阎占定：《高校思想政治教育的理论与实践》，人民出版社 2012 年版，第 4 页。

④ 刘建军：《论思想政治教育的科学化》，《教学与研究》2011 年第 3 期。

展取得了辉煌成绩",实际上主要是针对 20 世纪 80 年代以来"将关于思想政治工作的知识理论纳入到学科系统中、把'思想政治教育'设置为高等院校的一个专业"①而言的。基于这一思路我们可以说,思想政治教育学术研究、人才培养以及教育实践(或实际工作),构成了党的思想政治教育科学化的内容体系,在党的思想政治教育发展过程中也是一个常谈常新的话题。

  依循思想政治教育科学化的发展线索,思想政治教育现代化,无疑可以看作思想政治教育实践领域科学化的内在要求和本质体现,即思想政治教育根本上要符合社会现代化的发展规律。现代化作为思想政治教育发展的背景、条件和基础,也是社会发展到特定阶段的历史产物。较之思想政治教育科学化的本源性和永恒性,思想政治教育现代化在某种意义上具有"后发外生型"的特征,所以思想政治教育现代化研究的探索性,以及研究视角的微观性也就比较明显。总体上来看,目前思想政治教育现代化的研究主线是人的现代化,其中以思想政治教育的方式方法和人的思想观念的现代化分析居多。可以说,人的思想观念的现代化是思想政治教育现代化的出发点和着力点。但是就思想政治教育现代化命题的本意而言,适应社会现代化的发展趋势,以及努力把握现代社会条件下开展思想政治教育的规律,应该是思想政治教育现代化的基本思路。当然,社会的现代化离不开人的现代化,尤其是人的思想观念和思维方式的现代化,人的现代化是社会现代化的必要条件。然而,"人们目前的目光更多地投放到经济增长、技术发展、体制转换等社会层面的现代化,而对人的生存方式转变和文化转型等个体层面的现代化,即人自身的现代化关注不够"②。思想政治教育作为"社会或社会群体用一定的思想观念、政治观点、道德规范,对其成员施加有目的、有计划、有组织的影响,使它们形成符合一定社会一定阶级所需要的思想品德的社会实践活动"③,这里所说的一定的思想观念或观点既包括特定阶级的意识

---

  ① 武东生:《论思想政治教育的"科学化"——对 30 年来思想政治教育学科建设的初步分析》,载陈占安、钟明华《马克思主义理论学科研究》(第 5 辑),高等教育出版社 2011 年版,第 122 页。

  ② 衣俊卿:《现代化与日常生活批判》,人民出版社 2005 年版,第 328 页。

  ③ 陈万柏:《思想政治教育学原理》,中国人民大学出版社 2013 年版,第 4 页。

形态，也必须反映社会的客观存在。

　　因此，社会现代化过程中人的观念现代化以及现代素质的培育，也是思想政治教育发展的题中应有之义。特别是"在当代世界的情况下，个人现代性素质并不是一种奢侈，而是一种必需。它们不是派生于制度现代化过程的边际收益，而是这些制度得以长期成功运转的先决条件。现代人素质在国民之中的广为散布，不是发展过程的附带产物，而是国家发展本身的基本因素"①。与此同时，我们对于人的现代化的理解，一步也不能脱离我国的社会主义现代化建设与改革开放的历史进程。在此过程中，"社会情况发生了复杂而深刻的变化，经济成分和经济利益多样化、社会生活方式多样化、社会组织形式多样化、就业岗位和就业方式多样化日趋明显"②，而这一系列的社会变迁充分表明中国已进入社会转型时期。实际上，社会现代化的过程，就"是一个孕育着各种矛盾和冲突的从传统社会向现代社会的转型时期"③，转型在普遍意义上是社会现代化发展的共同经历。因而社会主义现代化建设过程中的思想政治教育，无疑也应该具有思维和实践转型的自觉性。总之，思想政治教育科学化的内容，基本上能够全面覆盖思想政治教育的理论与实践，而思想政治教育现代化则是重点突出对现代社会人的发展的思想政治教育考察。

　　概而论之，就科学化的字面意思来看，思想政治教育科学化无疑是思想政治教育存在和发展的永恒主题。也就是说，不同历史时期的任何阶级所进行的思想政治教育，客观上都面临着一个是否符合事物发展规律的问题，中国共产党的思想政治教育亦不例外。党的中心任务和工作重心的转移，要求思想政治教育也要发生相应的转变，处于历史转型时期的思想政治教育更需要坚持科学化的发展方向。而这也正是 20 世纪 80 年代初，社会各界广泛参与"思想政治工作要科学化"大讨论的主要原因。随着"全党工作的重点转移到社会主义现代化建设上来以后，思想

---

　　① ［美］阿列克斯·英克尔斯等：《从传统人到现代人——六个发展中国家中的个人变化》，顾昕译，中国人民大学出版社 1992 年版，第 455 页。

　　② 李德芳、李辽宁、杨素稳等：《中国共产党思想政治教育史料选编》，武汉大学出版社 2009 年版，第 575 页。

　　③ 陆学艺、李培林：《中国社会发展报告》，社会科学文献出版社 2007 年版，第 8 页。

政治工作的作用如何，要不要加强，怎样加强"① 的问题，成为转型期思想政治教育亟待解决的根本性问题。改革开放三十多年来，思想政治教育不论是科学研究和队伍建设，还是人才培养以及社会影响，都取得了长足的进步、实现了跨越式的发展。就此而言我们可以说，"要不要加强"思想政治教育的问题得到了比较好的解决，但是对于"怎样加强"思想政治教育，我们至今仍然不能说已经很好地解决了这一问题。而且还可以断言，如何加强和改善思想政治教育的问题将伴随着思想政治教育发展的整个过程。因此也正是在这个意义上我们认为，思想政治教育科学化是一个历久弥新的话题。与此同时，思想政治教育现代化的提出，某种程度上可以看作对"怎样加强"思想政治教育进行尝试性的回答，因而对于思想政治教育现代化命题的形成，我们可以从 20 世纪 80 年代初关于思想政治教育科学化的讨论中得到理解和说明。然而一个不容忽视的事实是，思想政治教育现代化的出场路径、言说话语、基本理念、历史背景以及发展指向，是与中国社会的现代化发展特别是社会主义现代化建设紧密相连，因而思想政治教育现代化的发展过程不是思想政治教育科学化所能够完全涵盖的，二者之间存在着一定的交叉。因此，我们不论是在谈论思想政治教育现代化，还是思想政治教育科学化，都需要建立在对二者的联系和区别有比较清晰的认识的基础之上，不能将二者混为一谈。

第四节 思想政治教育现代化概念的方法论思考

探讨思想政治教育现代化概念的方法论，根本目的在于进一步明确本书对于思想政治教育现代化的理论观点。而理论观点的提出，在很大程度上是来源于对思想政治教育现代化相关研究的批判和反思。基于"传统思想政治教育"概念的广泛使用和由此引发的理论混乱，及其在思想政治教育现代化研究概念范畴当中的重要性，本书在梳理学界有关传统思想政治教育概念使用情况的基础上，提出了思想政治教育现代转型

---

① 《人民日报》社论：《四化需要强有力的思想政治工作》，转引自李德芳、李辽宁主编《中国共产党思想政治教育史料选编》，武汉大学出版社 2009 年版，第 354 页。

研究的方法论。对思想政治教育现代化概念的批判性思考，可以看作进行思想政治教育现代化研究的首要步骤。因为在一定意义上，概念使用和方法论的缺陷直接影响着理论研究的科学性。而现有思想政治教育现代化研究文献的根本性问题，实际上就是研究方法的简单化以及核心概念的泛化和杂乱。基于此，以批判传统思想政治教育概念的使用状况为基点，重在突出对思想政治教育现代化的概念及其方法论的思考，应当是必要而迫切的。

一 思想政治教育现代化概念的方法论批判

尽管笛卡尔式的主客二分思维早已饱受诟病，但传统与现代的二元分立凭借其对事物时空特征的抽象概括，依旧在理论研究中得到较多应用。探讨思想政治教育现代转型，是以纵向考察思想政治教育的发展历程为研究的主轴或红线。回顾已有的研究发现，随着改革开放的推进和"以人为本"理念的提出，关于思想政治教育的历时态分析，大体上都沿用传统与现代的解释框架。由此在思想政治教育话语体系里，传统思想政治教育[1]取得了作为学科基本概念在理论形式上的正当性。但是按照现象学的研究范式，我们首要的任务不是明确断言传统思想政治教育命题的基本含义，而是努力驱除对传统思想政治教育相关概念的种种曲解和遮蔽，这也是批判思想政治教育现代转型研究的前提和基础。

（一）概念的文本整理

学界目前有"传统的思想政治教育"与"传统思想政治教育"两种称谓，但大多数文献使用这两个术语时，并没有给出明确的理论内涵或前提限定，而只是以不言自明的方式散见于文本研究中。总体上讲，人们把"传统思想政治教育"当成了一个自明的概念，不加界说而只管使用。为此，本书拟分别简要梳理学者们从不同层面和视角，对"传统的

---

[1] 通过对中国期刊全文数据库、中国博士学位论文全文数据库、中国优秀硕士学位论文全文数据库、中国重要报纸全文数据库、中国重要会议论文全文数据库的联合检索，发现截止目前，以"传统思想政治教育"为篇名的论文数量为43篇；以"传统思想政治教育"为主题的论文数量为1583篇；以"传统思想政治教育"为关键词的论文数量为255篇。

思想政治教育"与"传统思想政治教育"的有关论述,① 通过具体语境的分析把握二者的一致性和共同特征,进而明晰批判路径。

第一,传统的思想政治教育。通过如下维度梳理"传统的思想政治教育"的特征:

基本特征层面:叶湘虹指出"传统的思想政治教育,由于建立在传统哲学认识论的主客体二分基础之上,教育者和受教育者处于不平等地位,缺乏必要的对话与沟通,不能相互理解从而使师生相隔在两个不同的世界"②。王忠桥教授强调主体性思想政治教育的同时,指出"传统的思想政治教育,教育者常以自我为中心,把自己置于较高的地位,把受教育置于较低的地位,唯'我'意识严重,把受教育者看作征服的'镜化'对象和被利用的工具"③。周中之教授认为:"传统的思想政治教育强调'灌输',重视对青年学生讲授正面的道理。"④ 服务对象层面:许炳才提出"传统的思想政治教育是以马列主义、毛泽东思想理论为武器,对广大干部职工进行教育引导"⑤。郑永廷教授指出:"传统的思想政治教育是战争与革命时代的教育,它要以阶级斗争为纲,以政治为中心,为夺取政权、巩固政权服务。"⑥ 方法运用层面:王庆英在"思想政治教育的一个重要方法—信息方法"中提到当今信息社会,强大的信息流冲击着传统的思想政治教育方法。⑦ 潘玉腾教授在探讨高校教育新方法时指出,"在传统的思想政治教育方法体系下,思想政治教育方法显得空泛而

---

① 鉴于现有相关文献资料之多和概念使用频率之高,这里的概念文本整理主要是通过中国知网和人大复印资料进行搜索,而且也只能是有选择性地摘取部分论述。
② 叶湘虹、李建华:《论思想政治教育中的平等与对话》,《湖南师范大学社会科学学报》2007年第1期。
③ 王忠桥、张宏:《主体性思想政治教育的现代超越》,《思想教育研究》2008年第6期。
④ 周中之:《社会主义核心价值体系融入国民教育全过程初探》,《思想理论教育》2009年第11期。
⑤ 许炳才、武红先:《谈谈传统教育在思想政治工作中的运用》,《江苏农村金融》1991年第4期。
⑥ 郑永廷:《论思想政治教育的发展及其特点》,《思想教育研究》2000年第6期。
⑦ 王庆英:《思想政治教育的一个重要方法——信息方法》,《思想政治课教学》1989年第9期。

单一，沿袭着一种纯而又纯的政治学习和政治活动，追求一些表面的形式"①。刘新庚教授认为"传统的思想政治教育决策方法，主要是依赖决策者（决策个体或决策群体）凭借自身的经验和感觉来进行判断和取舍"②。网络技术层面：韦吉锋教授在界定网络思想政治教育的特征时提出，"传统的思想政治教育一般是单向灌输，而网络思想政治教育活动则具有双向交互性。双向互动是传统思想政治教育和网络思想政治教育的最大区别"③。陈跃教授关于大学生思想政治教育的思考，提出"认真抓好思想政治教育进网络工作，唱响网上主旋律，打好主动仗，彻底改变传统的思想政治教育模式，更新观念和方法"④。

第二，传统思想政治教育。通过以下视角分析学界对"传统思想政治教育"的认识：

历史视角：赵康太教授等人认为中国传统思想政治教育，其时间段是夏商西周到"五四"新文化运动之间。⑤ 宋翎从古代社会条件出发，总结了传统思想政治教育的基本特征，"以培养服从型人格为目标、以修习各种礼仪为基本内容和方法、重视人伦关系教育、以'人性善'思想作为思想政治教育的理论基础、注重教化的方法"⑥。经济视角：张彦在《思想政治教育主体性研究》一书中所使用的传统思想政治教育，"主要是指传统社会即自然经济和计划经济体制下的思想政治教育"⑦。贾海丽认为在经济利益日益多元化的背景下，"要转变传统思想政治教育片面注重政治功能的偏向，必须从单纯注重政治功能向经济功能和政治功能兼

---

① 潘玉腾：《寻求高校教育的新方法体系——对高校间接渗透教育的探讨》，《社会科学》1996年第12期。

② 刘新庚等：《思想政治教育决策量化模型方法刍议》，《中南大学学报》（社会科学版）2005年第4期。

③ 韦吉锋：《对网络思想政治教育界定的立体考察》，《扬州大学学报》（高教研究版）2003年第1期。

④ 陈跃、王毅：《大学生思想政治教育面临的新问题及对策思考》，《西南师范大学学报》（人文社会科学版）2006年第4期。

⑤ 赵康太、李英华：《中国传统思想政治教育理论史》，华中师范大学出版社2006年版，第8页。

⑥ 宋翎：《高校思想政治教育对传统思想政治教育的借鉴与创新》，《高教探索》2008年第4期。

⑦ 张彦：《思想政治教育主体性研究》，广东人民出版社2006年版，第5页。

顾转变"①。发展视角：郭国祥从科学发展的视角审视传统思想政治教育，得出传统思想政治教育具有"价值取向的片面性、教育主体的单一性、教育内容的狭窄性、教育方式缺乏时代感和针对性"②。雷骥认为："传统思想政治教育是特指与计划经济体制相适应，以'灌输'为主要手段，以为执政党和国家的利益以及社会发展服务的工具性目的为唯一目的，以培养无个性的'服从型'的'听话人'为主要特征的思想政治教育。"③ 人的视角：强调以"现实的个人"为思想政治教育研究的出发点，从而发现传统思想政治教育的知识论倾向和现代思想政治教育的生存论取向。④ 王代月认为："传统思想政治教育并非不关心人，相反，正是因为对人力量的信任才有开展思想政治教育的必要性。但是传统思想政治教育把受教育者仅仅当成一个被动接受教育的客体，从而让教育者在教育活动中有着一种高高在上、优先性的地位，不能与受教育者形成良性互动。"⑤ 国防视角：刘玉芳以大学生国防教育为视角，"将以往不包含国防教育的思想政治教育称为传统思想政治教育"⑥。

（二）概念使用的特征

如前所述，在大量的思想政治教育研究文献中"传统的思想政治教育"与"传统思想政治教育"概念术语随处可见，通过文本的整理和归纳，我们总结出"传统思想政治教育"概念术语的使用具有如下基本特征：

首先，是对象指代不一。综上所述，现有文献中的"传统思想政治教育"或"传统的思想政治教育"，至少有以下四种意思：第一，从夏商

---

① 贾海丽：《经济利益多元化背景下思想政治教育功能的转型》，《当代世界与社会主义》2009年第5期。

② 郭国祥：《科学发展观视角下传统思想政治教育创新》，《学校党建与思想教育》2006年第11期。

③ 雷骥：《传统思想政治教育人性基础的哲学反思》，《河南师范大学学报》（哲学社会科学版）2007年第2期。

④ 万光侠等：《思想政治教育的人学基础》，人民出版社2006年版，第38页。

⑤ 王代月：《论思想政治教育传统思维方式的变革——以"现实的个人"化解思想政治教育思维方式的消极因素》，《思想教育研究》2006年第9期。

⑥ 刘玉芳、徐建军：《传统思想政治教育在大学生国防教育中的作用》，《中南大学学报》（社会科学版）2009年第4期。

西周到"五四"新文化运动期间存在的思想政治教育现象;第二,自然经济和计划经济体制下的思想政治教育活动;第三,改革开放之前党的思想政治教育理论与实践;第四,区别于网络思想政治教育的方式方法或运行模式。

其次,是表述笼统含混。第一,将"传统"作为时间概念,以"传统"囊括不同时间段的思想政治教育。尽管人们对传统思想政治教育的具体对象有不同看法,但却都倾向于把某个历史时间段的思想政治教育统称为传统思想政治教育;第二,凸显信息时代背景下互联网技术的革命性作用,认为传统思想政治教育实质上是与网络思想政治教育相对立的;第三,用重视人的主体性作为衡量思想政治教育是否走出传统制约的标志,强调人的主体性增长的社会现实的同时,传统思想政治教育被扣上了压制人的主体需求的帽子。

最后,是内容泛化贬义。文献中的"传统思想政治教育"或"传统的思想政治教育",大都是以不好的、落后的或者是需要被超越的形象出现。尽管很多文献的研究视角并不相同,却都不约而同地选择了贬低矮化传统思想政治教育为理论分析的出发点。第一,随着人的主体性的增强以及人学研究的兴起,传统思想政治教育带有专制色彩,导致人的自觉性和能动性受到压抑;第二,网络技术的成熟以及网民人数的迅猛增长,传统思想政治教育单向灌输、"我说你听、我打你通"的模式难以为继;第三,时代主题、社会生态以及党和国家的工作重心发生转变,传统思想政治教育的沦落,与其过分追求政治导向、强调社会价值、忽视物质鼓励等弊病密切相关。

(三) 概念的批判

如上所述,某种意义上,传统思想政治教育的概念或相关术语是作为批判的对象而出场的。从不同侧面质疑或贬低传统思想政治教育,是诸多研究文献提出其核心观点的惯用手段,然而一些学者也对当前学界盲目批判传统思想政治教育的现象提出了反对意见。譬如原教育部思政司司长徐文良指出:"将高校现行的思想政治教育笼统地称为'传统德育',整体否定。所谓的'传统德育'是未经科学论证、严格界定内涵、极具随意性的概念。一些文章中,完全不看改革开放 20 多年来高校德育的创新和发展,仍然笼统地称为'传统德育',有很大片面性。"① 祖嘉合教授指出:"对中国共产党思想政治教育传统或新中国成立以后的思想政治教育、中国历史中的思想政治教育,一些研究者未经科学论证、未严格界定概念的内涵,就使用了'传统思想政治教育''传统德育'的提法,这种极具随意性的使用或在批判意义上的使用,导致了对中国辉煌的历史文化和中国共产党思想政治教育的光荣传统的贬损与否定。"② 张耀灿教授认为:"不应把改革开放前党的思想政治工作与'左'的失误混为一谈并一概地贬之为'传统思想政治教育',何况'左'的失误还都是我们党自己纠正的。"③ 杨增崒对学界频繁使用的"传统思想政治教育"术语进行了较为深刻的评判。④ 实际上,概念使用的精确性是科学理论研究的基本要求,直接关系到理论研究的科学性和规范性。由于将"传统思想政治教育"等同于落后的思想政治教育,一定程度上导致了思想政治教育理论研究中的"历史虚无主义"倾向。本书这里不准备详陈其危害或弊病,而是试图提出有效避免概念使用误区的理论路径。

第一,明确概念术语使用语境与具体对象是前提。其实,概念术语使用的规范性欠缺,既是目前思想政治教育学界较为普遍的、亟待提升改善的一个问题,同时也是思想政治教育理论研究学术性不强的原因之一。反对批驳传统思想政治教育,当然不是要取消传统思想政治教育的概念称谓,也不是没有原则地为传统思想政治教育辩护,更不可能给传统思想政治教育标定统一的内涵界限。这里只是想表明,在特定的理论研究语境中,只有思维逻辑严谨与指代对象明确的概念术语,才是有效的和可以加以讨论的,因为"很多不加限定的、泛泛地学术对话和批评常常是'风马牛不相及'"⑤。导致"传统思想政治教育"用语的散乱,根本上是源于对"思想政治教育"的多角度理解和缺乏学术概念范畴的

---

① 徐文良:《难忘的历程——高等学校思想政治教育回顾与思考》,吉林人民出版社2008年版,第276—277页。
② 祖嘉合、代玉启:《思想政治教育理论研究中的问题与思考》,《思想理论教育》2010年第9期。
③ 张耀灿:《对"思想政治教育原理"的重新审视》,《学校党建与思想教育》2011年第12期。
④ 杨增崒:《"传统思想政治教育":一个需加以分析的术语》,《探索》2008年第6期。
⑤ 衣俊卿:《现代性的维度》,黑龙江大学出版社、中央编译出版社2011年版,第18页。

情境意识。因为"我们今天使用的'思想政治教育',是一个有着多种意味的概念"①。这里面既有"用来指代关于思想政治教育的系统知识或高等院校培养专门人才的一种科目",也有"实际生活中的思想政治工作"②。如果从不同的角度观察实践活动中的思想政治教育,则又可以形成广义与狭义、泛指与特指等多种意义上的解释。因此,理论研究过程中对"传统思想政治教育"作必要的限定和界定是极其重要的,而这也是今后思想政治教育理论研究中需要注意的地方。

既然确立概念的阈限具有无可争辩的前提意义,那么紧接着我们首先需要明确本书思想政治教育概念的具体含义。一般来说,广义上的思想政治教育指古今中外客观存在的思想政治教育实践活动,但就其本质而言,"作为意识形态领域的一项实践活动,思想政治教育从来就有着具体的、历史的属性和特征,实践领域的思想政治工作总是深深地印刻着时代和国家政党的烙印"③。而且从名与实相统一④的角度以及当前的历史处境看,"通常所谓'思想政治教育',就是指马克思主义的或者说社会主义的思想政治教育"⑤。本书所说的思想政治教育,即中国共产党的思想政治教育理论与实践。其次,本书所说的思想政治教育是指马克思主义理论指导的思想政治教育,因而以传统或现代的视角思考中国共产党的思想政治教育,实际上则只具有历史阶段、基本内容与时代特征的意义而不存在性质的区别。概而论之,如果所谓的思想政治教育理论创

---

① 武东生:《关于思想政治教育学科建设的思考》,《思想理论教育导刊》2010 年第 9 期。
② 武东生:《"思想政治教育"与"公民教育"关系辨析》,《思想理论教育导刊》2013 年第 4 期。
③ 武东生:《在新的历史起点上推进思想政治教育理论创新发展》,《高校理论战线》2009 年第 1 期。
④ 所谓的名与实的统一,主要是讲思想政治教育概念与思想政治教育实践的一致性。当然我们并不是说没有思想政治教育概念,就不能从事思想政治教育实践或者其实质不是思想政治教育,这里只是想强调中国共产党思想政治教育的特殊性。正如马克思和恩格斯在《共产党宣言》的结束语中向全世界庄严宣告:"共产党人不屑于隐瞒自己的观点和意图。"参见《马克思恩格斯选集》第 1 卷,人民出版社 2012 年版,第 435 页。因此"思想政治教育"是中国共产党根据马克思主义的基本原理、总结中国革命和建设中思想政治教育工作的实践经验而提出的概念。参见武东生、余一凡《经典作家关于思想政治教育的思想述要》,《高校理论战线》2008 年第 2 期。
⑤ 武东生:《"思想政治教育"与"公民教育"关系辨析》,《思想理论教育导刊》2013 年第 4 期。

新，仅仅是凭借类似于传统或现代等笼而统之的概念称谓来昭示理论的先进性或创新性，而没有或不愿意真正立足中国社会的深刻变动与思想政治教育的现实处境，提升思想政治教育实践的理论抽象、赋予传统与现代概念以新的内涵，这不能不说是思想政治教育理论贫困的一种表现。

第二，树立实践、历史、辩证的思维方式是关键。概念是"反映客观事物根本属性的思维形式"①，概念术语争论或分歧的背后是认识事物的思维方式的差别。然而"人的思维是否具有客观的真理性，这不是一个理论的问题，而是一个实践的问题。人应该在实践中证明自己思维的真理性，即自己思维的现实性和力量，自己思维的此岸性。关于离开实践的思维的现实性或非现实性的争论，是一个纯粹经院哲学的问题"②。与此同时，对实践活动的把握更无法脱离历史的思维，言下之意即实践不是一个抽象空洞的概念，而是发展着的历史过程，需要进行具体的分析。的确如此，我们这里仅以中国共产党的思想政治教育为例进行说明。作为党的政治优势和优良传统，革命战争年代的思想政治教育与社会主义建设和改革时期的思想政治教育，在许多方面肯定存有很大的不同和差距。但是如果只因后者的历史进步性便将前者贬为全面落后，那么就无法解释中国共产党由革命党到执政党转变的客观事实，因而对传统思想政治教育采取历史的分析路径显得非常重要。正如马克思所讲："每一代都利用以前各代遗留下来的材料、资金和生产力；由于这个缘故，每一代一方面在完全改变了的环境下继续从事所继承的活动，另一方面又通过完全改变了的活动来变更旧的环境。"③ 当然，也需要本着实事求是的态度辩证地看待传统思想政治教育自身的局限性，以及实践过程中存在的问题与不足。可是对于传统思想政治教育的限度和效度的分析，仍然不能忘记或忽略历史与实践思维方式的基础作用。

实践的、历史的、辩证的思维是我们从事社会实践，进行理论研究的基本工具，也是对"旧的研究方法和思维方法，黑格尔称为'形而上

---

① 任超奇：《新华汉语词典》，崇文书局2006年版，第265页。
② 《马克思恩格斯选集》第1卷，人民出版社2012年版，第137—138页。
③ 同上书，第168页。

学的'方法,主要是把事物当作一成不变的东西去研究"①的批判和超越。一些理论文献对传统思想政治教育概念范畴的批判或贬低,一定程度上是受到形而上学方法不自觉的干扰和影响,实质上是理论思维固化、封闭的表现,由此造成的消极后果就是学术研究容易脱离客观实际陷入主观臆想,愈益趋同于马克思所批判的纯粹的"经院哲学"。其实,如同实践的发展和社会的变迁一样,概念的内涵也是一个不断丰富的过程,而人们对于概念的理论认识亦如此。换言之,传统思想政治教育,并不是一个可以任由我们以厚此薄彼的口吻加以评价的固定不变的东西。正如伽达默尔认为,"传统即前人理解的积淀亦即过去遗留下来的价值、规范、原则、经验和知识的总和"②。虽然传统是对过去历史的概括,但它不等于过去也并不会停留在过去,而仍是以不可分割的方式存在于当前现实生活中,即传统始终是我们生活的一部分。可以说,弥合当下转型理论研究的思维断裂,需要深邃的历史意识和自觉的实践立场,这既是我们正确认识和处理传统思想政治教育理论与实践的认识论基础,同时也应当成为思想政治教育现代化研究过程中一以贯之的思维方式。

二 思想政治教育现代转型内涵的辩证分析

思想政治教育的现代转型过程是本书的研究重点和难点,因而认识思想政治教育现代转型就成为研究的首要问题。以转型的视角分析思想政治教育的现代化发展,究竟只是一种理论的想象还是有其深刻的实践基础。或者说,思想政治教育现代转型,是否只是历史外在决定论或目的论③的必然反映。可以断言,学界早期关于思想政治教育现代化或思想政治教育现代转型的基本认知,大多停留在类似于"当代中国社会发展具有社会转型的特征,使得思想政治教育同样获得转型特征"④的层次上,缺乏对思想政治教育现代转型内部因素作用的理论自觉,在一定程

---

① 《马克思恩格斯选集》第4卷,人民出版社2012年版,第251页。
② 乐黛云、叶朗等:《世界诗学大辞典》,春风文艺出版社1993年版,第84页。
③ 这里使用历史决定论并不表明我们持历史非决定论的观点,主要是指线性的、严格的历史决定论,即以单一的方式(线性的或目的性)理解思想政治教育现代转型。
④ 孙其昂:《论思想政治教育的现代转型——基于社会、历史、系统视野的考察》,《思想教育研究》2007年第8期。

度上带有简单线性的倾向。事实上,马克思所说的"历史不过是追求着自己目的的人的活动而已"①,正是对"事情被思辨地扭曲成这样:好像后期历史是前期历史的目的"② 的批判。基于此,本书认为思想政治教育现代转型研究,应该摆脱传统思想政治教育与现代思想政治教育非此即彼的"二元对立",坚持历史决定与实践选择的融合。具体表现为以下三个方面的有机统一。

(一)变革性与延续性的统一

"人类迄今为止最深刻的社会转型(包括精神飞跃和制度更新)发生在从传统农业文明向现代工业文明的转折,即现代化。"③ 毋庸置疑,尽管世界各国的现代化道路不尽相同,但似乎变化却成为现代化过程中唯一不变的东西。中国社会历经百余年的现代化求索,直至今天仍然面临着实现现代化的任务。粗线条的回顾中国现代化的历史进程,其间发生的洋务运动、戊戌变法、辛亥革命、五四运动、新民主主义革命、社会主义建设以及改革开放,无不凸显出现代化过程的变革性。可以说,以上描述只是对思想政治教育现代转型的社会历史背景进行简要的概览,而思想政治教育作为与经济基础相对应的社会上层建筑,其自身的变革性才是本书考察的重点。当然,社会存在的决定性作用是处于第一位的。

由此,思想政治教育现代转型的原初动力,就是基于社会环境或生活实践的变动不居,进而思考主体性存在的思想政治教育已经或即将发生的内在改变。较之革命战争年代或服务于阶级斗争时期的思想政治教育,转型社会中思想政治教育所面对的时代主题、主要任务、思想观念等方面,都可以说是发生了革命性的变化。"在主流意识形态的引领下,中国步入了'文化多元'的年代,文化思想领域的多元化、包容性大大增强,意识形态日益贴近基层群众,与人民群众的日常生活体验相结合,意识形态本身越来越柔性化,其民间化趋向非常明显。"④ 而从微观层面来看,教育对象、教育内容、方式方法以及教育环境都表现出新的特征。

---

① 《马克思恩格斯文集》第 1 卷,人民出版社 2009 年版,第 295 页。
② 《马克思恩格斯选集》第 1 卷,人民出版社 2012 年版,第 168 页。
③ 衣俊卿:《现代化与文化阻滞力》,人民出版社 2005 年版,第 3 页。
④ 唐皇凤:《社会转型进程中的执政党建设:中国经验及其理性审视》,《复旦学报》(社会科学版) 2012 年第 3 期。

实际上，紧扣社会现实与思想政治教育自身剧烈的或渐进的、显著的或潜隐的种种变革，是任何时期思想政治教育产生作用的基本条件。我们在前面开宗明义地指出，思想政治教育现代转型不是在社会形态[①]研究的层次上进行的，而是立足社会主义制度考察思想政治教育的变化发展。可以说，这一限定既是中国社会转型的客观状况使然，也是当下进行转型研究的理论前提。当然，从唯物辩证的观点来看，关注思想政治教育现代转型变革性的同时，必然要寻求其内在的延续性。而所谓思想政治教育现代转型的延续性[②]，主要是从核心价值或本质属性等层面，强调思想政治教育现代转型的内在稳定性。其表现为以下几个方面：

第一，思想政治教育的意识形态属性不会改变。尽管学界从不同维度关照思想政治教育本质形成不同的理解[③]，也有不少学者认为单纯地将思想政治教育本质归入意识形态范畴是不妥的。但"统治阶级的思想在每一时代都是占统治地位的思想"，"占统治地位的思想不过是占统治地位的物质关系在观念上的表现，不过是以思想的形式表现出来的占统治地位的物质关系"[④]。作为统治阶级实施意识形态控制的思想武器，只要阶级社会的存在，思想政治教育的社会主义意识形态属性就不会丧失，而且在当前的形势下，"意识形态工作是党的一项极端重要的工作"[⑤]。第二，思想政治教育的培养目标不会偏离。随着时代的发展以及党和国家工作重心的转移，思想政治教育的目标任务也会相应地发生变化，但是在坚持马克思主义指导的基础上促进人的全面发展的根本目标不能偏离。所谓人的全面发展，就是"人以一种全面的方式，就是说，作为一个完

---

① 这里的社会形态主要是指马克思的"五形态说"，本文所讲的思想政治教育现代转型，不涉及以生产关系的性质为标准的社会形态的划分，但不排斥生产力和技术发展水平意义上的社会形态，其研究目的在于坚持社会主义基本制度，通过描述党的思想政治教育的历史变迁和深刻变化，加速和推进中国社会现代化的进程。

② 孙其昂教授认为思想政治教育现代转型中基本精神不会改变，具体包括思想政治教育的基本属性、核心价值以及加强思想政治教育的目的等不会发生改变。参见孙其昂《思想政治教育学前沿研究》，人民出版社2013年版，第285—286页。

③ 李合亮教授对学界关于思想政治教育本质的认识进行了较为系统的梳理。参见李合亮《思想政治教育探本——关于其起源及本质的研究》，人民出版社2007年版，第15页。

④ 《马克思恩格斯选集》第1卷，人民出版社2012年版，第178页。

⑤ 习近平：《胸怀大局把握大势着眼大事，努力把宣传思想工作做得更好》，《人民日报》2013年8月21日。

整的人，占有自己的全面的本质①"。当然，人的全面发展是一个历史的过程，思想政治教育的培养目标是贯穿于党的革命、建设和改革过程的始终，在不同时期的历史条件下具有不同的时代内涵。第三，强化思想政治教育的功能作用不会消失。思想政治教育作为社会上层建筑的重要组成部分，自身的功能作用是其合法存在的基本依据。如果所谓的思想政治教育现代转型，是以消解思想政治教育的存在基础为代价，那么这样的转型或转变已然没有任何正面意义。然而我们这里也并不是一般地强调思想政治教育功能的永恒性，在某种意义上，思想政治教育现代转型正是增强思想政治教育重要性，或推进思想政治教育功能作用持续发展的实践自觉。

（二）过程性与方向性的统一

虽然思想政治教育现代化更多的是在借用、比附或引申的意义上使用"现代化"一词来探讨思想政治教育的发展问题，但是我们仍然需要实现研究视角的转换，即从思想政治教育内容、方法、理念现代化的平面静态分析，到思想政治教育现代化过程的立体动态考察。其实，本体论意义上的现代化就是"从农业文明向工业文明转变的过程"②，而思想政治教育理论研究与实践发展也必然是以过程的方式得以呈现。思想政治教育现代转型只能被合理地解释为在外界因素的影响作用之下，思想政治教育的自我更新和不断完善的过程。同时更为重要的是，之所以再三强调思想政治教育现代转型的过程性，主要是想还原思想政治教育现代化过程的真实面貌，破除人们对思想政治教育现代化或现代转型的种种"迷思"。因为现代化过程"往往被寄予乐观的期望，或是被赋予过多的功能，或是充满天真的想象，甚至是充满偏执的认知"③，这样就会导致现代化的实际作用及其带来的问题被人为地掩饰或忽略。

与此同时，社会转型在一定程度上确实表征着一个国家或社会的经济、政治、文化，以及人的思想观念和行为方式走向文明进步，"但同样

---

① 《马克思恩格斯文集》第1卷，人民出版社2009年版，第123页。
② 虞和平：《中国现代化历程》第1卷，江苏人民出版社2007年版，第42页。
③ 叶至诚：《现代社会与公民素养》，台北秀威资讯科技股份有限公司2008年版，第17页。

确定的是：社会转型也具有高风险性，尽管世界上在社会转型过程中获得成功的国家为数不少，但遭受挫折、导致失败、出现经济与政治崩溃的国家也较普遍"①。我们将分析的目光投向思想政治教育本身，同样可以发现思想政治教育的发生和发展，也并不表现为绝对的进步。事实上，思想政治教育转型所面临的问题和困难相对于过去可能更为严峻，其过程的曲折性反而应该得到我们的重视。换言之，以近似于朴素的现代化情怀和主观臆断，简单地将思想政治教育结构要素冠之以现代化称谓，思想政治教育现代化最终可能只是人们头脑中的"乌托邦式"的想象。刘小枫在探讨现代现象的复杂性时指出："在思想学术领域，也有一种'现代现象'，即现代幽灵游荡在人文思想和社会理论的言述中，'现代'话语可谓千姿百态。但是，言说'现代'并不必然是一种关于现代现象的知识学建构，它也可能是而且经常是一种非知识性的个体情绪反应。"②为此，我们应该暂且抛开萦绕在内心地对现代化价值追求的理论激情，而代之以深入掘取思想政治教育现代转型过程的丰富性和复杂性。

"实现现代化是当今中国的最大任务，中国共产党正领导全国人民为此而努力奋斗。"③ 现代化既是社会主义事业建设的阶段性目标，也是中国特色社会主义前行的基本方向。历史经验表明，社会主义现代化的目标方向是在建设社会主义事业的过程中逐步明确的，但是中国社会现代化发展的实践过程却表现为"从自给半自给的产品经济社会向有计划的商品经济转型、从农业社会向工业社会转型、从乡村社会向城镇社会转型、从封闭半封闭社会向开放社会的转型、从同质的单一性社会向异质的多样性社会转型、从伦理社会向法理社会转型"④。尽管二元分立的解释模式带有一定的简单性，但是它在某种程度上能够描述和反映中国社会转型的现代走向。就中国实现现代化的历史条件和现实情况来看，社会转型可以说是社会主义现代化建设的必经之路，虽然转型期间出现了局部性的社会失衡、失调以及失序的问题，然而社会转型带来的矛盾冲

---

① 夏东民：《现代化原点结构：冲突与转型》，中国社会科学出版社2008年版，第4页。
② 刘小枫：《现代性社会理论绪论》，上海三联书店1998年版，前言第2页。
③ 虞和平：《中国现代化历程》第1卷，江苏人民出版社2007年版，绪论第1页。
④ 陆学艺、景天魁：《转型中的中国社会》，黑龙江人民出版社1994年版，第32—42页。

突，只能在进一步推进社会主义现代化建设的过程之中得到有效化解。

毫无疑问，实现社会主义现代化是我们当前事业发展的基本方向。作为执政党进行社会控制、管理、建设的"软权力"，思想政治教育的发展必然是要服从和服务于社会主义现代化建设。而思想政治教育现代转型，则是思想政治教育实践发展在现代社会转型时期的具体表现。因此，坚持社会主义现代化发展方向无疑具有实践逻辑上的先在性。与此同时，思想政治教育现代转型的实质是思想政治教育的自我革新，转型过程中也有一个方向性的问题。由此可见，思想政治教育转型向度的选择只能是以增强思想政治教育的适应性、强化思想政治教育的导向性为准则，而不是转向公民教育或别的什么教育。面对社会现代化的发展要求以及当前我国正处于深刻转型时期的客观现实，强调思想政治教育现代转型的自我建构，就是要始终坚持思想政治教育转型的方向性。

（三）外在性与内生性的统一

探讨思想政治教育现代转型的外在诱因与内生动力，主要目的是想明确促使思想政治教育走向现代转型的根源。一般地说，事物得以形成发展的力量来自两个方面，即系统外部环境的影响与系统内部自身的作用。"唯物辩证法认为外因是变化的条件，内因是变化的根据，外因通过内因而起作用。"[1] 源起于英国的工业革命，经过殖民扩张而扩散到北美，在19世纪又波及亚洲国家，最终成为一种世界性的潮流。相对于欧美等国现代化的生长方式，中国的现代化发展带有显著的外在性特征。讨论中国现代化道路的起源问题，确实可以说西方的船坚炮利"充当了历史的不自觉的工具"[2]。如同"1840年的鸦片战争西方列强叩开了古老中国的大门"所描述的一样，中国最早从"中国中心"的美梦中惊醒并感受到现代化的强大力量，从而初步产生现代化意识是源自西方列强的殖民侵略，由此也拉开了中国现代化的序幕，而且"我们长期以来并且直到今天依然面临着实现现代化的根本任务"[3]。

换言之，现代化已成为我们当前社会生活的时代印记和主流话语，

---

[1] 《毛泽东选集》第1卷，人民出版社1991年版，第302页。
[2] 《马克思恩格斯选集》第1卷，人民出版社2012年版，第854页。
[3] 吴晓明、邹诗鹏：《全球化背景下的现代性问题》，重庆出版社2009年版，序言第3页。

但也正如亨廷顿在分析政治现代化时提到："社会和经济的现代化破坏了旧的权威模式，摧毁了传统的政治制度，却不一定会创造出新的权威模式或新的政治制度。但它却一定会由于启发了政治觉悟和扩大了政治参与而产生对新权威和新制度的迫切需求。"①　思想政治教育现代转型，不是一个由社会现代化或社会转型从其历史发端时就内在地规定了的理所当然的现象。社会主义现代化事业或社会转型过程，在思想政治教育现代转型的形成发展过程中，至多只能算作客观存在的历史条件和外部诱因，然而它却向执政党及其思想政治教育工作提出了现代转型的历史要求。我们在前面讨论思想政治教育现代化研究的缺陷时曾指出，许多所谓的思想政治教育现代化，很大程度上只是对政治学与社会学现代化理论的简单模仿或照搬，很少能够体现思想政治教育学理论研究立足于实践基础上的自我创新。而导致研究水平与质量不高的根本原因，是缺乏对思想政治教育现代转型内生性的深刻体验。

"实际上，中国进入现代，虽然离不开西方的刺激和作用，但说到底却是中国发展自己的要求；而凡是被中国人所接受并成功地指导了中国实践的理论，凡是转化为中国现代思想文化的有机要素的理论，固然大多来自于西方或有西方的背景，却必定按照我们自己的文化传统和经验而有了变通与创新。"②　与此同时，坚持以马克思主义理论为指导的思想政治教育，其产生、形成和发展与中国共产党须臾不可分离。中国共产党在近一个世纪的奋斗历程中，实现了从革命党到执政党、从领导新民主主义革命到领导社会主义建设、再到深入推进改革开放和全面建成小康社会的历史转变。因而思想政治教育在不同的历史时期肩负着不同的任务使命，其目标任务、方式方法、内容环境都会相应地发生改变。如果将革命党到执政党的转变以及由此发生的根本性转变，视为思想政治教育自觉转型的开始，那么进入新世纪新阶段面对新的发展形势，作为实现社会主义现代化事业的核心主题和关键变量，增强中国共产党的适应性则显得重要而迫切。

---

①　[美] 塞缪尔·P. 亨廷顿：《变化社会中的政治秩序》，王冠华、刘为等译，上海人民出版社 2008 年版，第 381—382 页。

②　张曙光：《现代性论域及其中国话语》，武汉大学出版社 2010 年版，第 143 页。

由此，思想政治教育也需要不断强化其自我革新能力，进而推进中国共产党的现代化。改革开放以来，主流意识形态通过话语创新、内容更新和功能变迁[①]，从而扩大党的执政基础、拓展意识形态的辐射范围；与此同时，加强和改进思想政治工作一贯得到党中央的高度重视。特别是新时期以来的思想政治教育，正朝着教育与育人、教育与自我教育、政治理论教育与社会实践、解决思想问题与解决实际问题、教育与管理、继承优良传统与改进创新相结合[②]的方向而努力，而且党的十七大、十八大报告连续强调，思想政治工作要更加注重人文关怀和心理疏导。在一定意义上说，以上举措正是思想政治教育现代转型由外部推动迈向自主构建的生动体现。在当前和今后的工作中，努力形成思想政治教育现代转型的价值共识，自觉促进思想政治教育结构功能、政策制度、活动方式以及发展趋势的现代转型，切实关系到执政党的现代化发展以及社会主义现代国家的建设。

[①] 唐皇凤：《增强执政党调适性：中国政治发展的核心战略取向》，《浙江社会科学》2013年第2期。

[②] 李德芳、李辽宁、杨素稳等：《中国共产党思想政治教育史料选编》，武汉大学出版社2009年版，第642页。

第三章

思想政治教育现代化的理论分析

无论是理论的横向面还是实践的纵深度，思想政治教育现代化都具有显著的复杂性、抽象性和"宏大叙事"的特征，但是以特定的研究视角来规定，思想政治教育现代化又必然是具体的、微观的。要实现宏观到微观、抽象到具体的转换，理论建构是一个必不可少的中间环节。思想政治教育作为党的政治优势和优良传统，在新民主主义革命、社会主义建设和改革的过程中发挥了重要作用。面对这样的历史背景和实践语境，如何理解我们今天提出的思想政治教育现代化，首先，要诉诸思想政治教育现代化的历史方位问题。其次，虽然我们借用转型概念来理解并细化对思想政治教育现代化的认识，但还没有从理论层面系统地阐释思想政治教育现代转型的基本内涵。因而选择切入点、划定问题域、明确对象，既是思想政治教育现代化研究的基础性工作，也成为推进思想政治教育现代化研究的前提条件。最后，本书以思想政治教育结构转型的视角阐释思想政治教育现代化，探讨思想政治教育现代化的具体表现。但是本书所说的思想政治教育结构转型，并不仅仅局限于对思想政治教育系统内部要素结构的转型，同时还包括思想政治教育与意识形态的结构转型。

第一节 思想政治教育现代化的历史背景

时至今日，作为客观存在的社会现象，现代化已发展成为一场全球性的社会运动。因而对社会主义现代化包括思想政治教育现代化的理解，不能完全忽视西方现代化历史经验的普遍意义。与此同时，社会主义现代化或思想政治教育现代化的发展路径，又与起源于欧洲的西方现代化存在天壤之别。因此，我们在不遗余力地推进中国社会现代化建设的同时，更要明确建设有中国特色社会主义现代化的现实处境。只有清醒地认识到发展中国家与发达国家现代化的不同逻辑及其内在机理的差别，中国的现代化事业才能走向独立自主与全面发展。由此来看，思想政治教育的现代化发展，首先也要明确其自身的历史定位问题。简言之，从总体上把握思想政治教育现代化的历史根源、逻辑起点、生存境遇以及发展目标，是推进思想政治教育现代化的内在要求。同时还需要明确，所谓的现代思想政治教育，并不仅仅是指进入现代历史时期的思想政治教育，更重要的是突出思想政治教育的目标任务、内容载体、方式方法以及实践模式，随着社会主义现代化实践的深入而不断地具有现代性的特征。某种意义上讲，思想政治教育现代化过程的动态演进，也意味着现代思想政治教育的历史生成。

一 思想政治教育现代化与思想政治教育优良传统的关系

尽管言说现代化，已成为当今国内学界重要的理论思维和研究取向，但是在思考如何推进和实现现代化之前，恐怕还需要回答一个根本性的问题，即现代化与传统的关系，关于思想政治教育现代化的讨论亦是如此。在本书的第二章当中，我们曾分别探讨现代思想政治教育和传统思想政治教育的含义与基本特征。事实上，对于中国共产党的思想政治教育而言，本书所说的传统思想政治教育，主要是指革命战争年代的思想政治教育。传统与现代的区别，则来自党的思想政治教育在不同历史阶段的差异，现代思想政治教育与作为党的优良传统的思想政治教育的关系，实际上也可以看作思想政治教育现代化与思想政治教育优良传统的关系。简言之，把握二者的基本关系，是确立思想政治教育现代化历史定位的首要步骤和内在要求，同时还直接关系到思想政治教育能否在新的历史条件下，继续保持其"生命线"的地位和政治优势的作用。

（一）思想政治教育的优良传统是思想政治教育现代化的基础资源

"从哪里来"和"要到哪里去"的问题，贯穿于思想政治教育现代化发展过程的始终。强调思想政治教育的现代化发展趋势，丝毫不能忘记或忽视思想政治教育的优良传统。所谓党的思想政治教育的优良传统，是指在中国革命、建设和改革的过程中,"思想政治教育的历史经验得到不断的积累和总结,在实践中又不断有所发现,有所创造,从而逐渐确立了一整套有中国特色的思想政治教育理论、方针、原则、内容、方法以及作风和制度"①。由此看来,思想政治教育的优良传统并不是一个面向过去、绝对静止的概念,它也会随着实践的发展而不断丰富。但是相对于思想政治教育现代化的内在旨趣,思想政治教育的优良传统还是有其特定的历史坐标和具体内容。我们这里所说的思想政治教育优良传统,主要是强调在阶级斗争和革命战争年代以及社会主义建设初期,党的思想政治教育所形成的宝贵经验。有学者提出在当下这个深刻而广泛变革的时代,思想政治教育理论研究应当"返本开新"。所谓的"返本",就是要回到鲜活的社会实践、马克思主义经典著作、相关学科的研究成果以及思想政治教育的核心基础理论问题上来②,从中获取思想政治教育理论创新的现实可能性。我们进一步认为,在立足上述几个重要方面的基础上,思想政治教育的任何创新,也不能完全忽视或割裂与党的思想政治教育优良传统的内在关联。然而令人遗憾的是,目前思想政治教育研究中一些所谓的理论创新,却都不约而同地将思想政治教育的历史经验或传统做法,笼统地视为落后或过时的东西而加以批判。

其实,"我们与过去的关系通常并不是与它保持距离或摆脱它。恰恰相反,我们总是处在传统之中,而且处于其中并不是把它客观化,就是说,我们并不把传统所说的视为非我的、异己的东西"③。以动态发展的眼光来看,思想政治教育优良传统、思想政治教育现代化或者是与时俱进的思想政治教育,都是党的思想政治教育实践在中国社会不同历史时期的客观存在和具体表现,二者之间有一个前后联结的时间关系和目标宗旨的继承关系。党的思想政治教育在历史发展过程中形成的,譬如坚持马克思主义指导、围绕党的中心任务以及一切从实际出发等优良传统,不会随着时间和实践的改变而失去其原有的地位和效用。相反,不论是何种意义上的发展或创新,都离不开思想政治教育优良传统的支持。否

---

① 张耀灿:《中国共产党思想政治教育史论》,高等教育出版社2006年版,第1页。
② 沈壮海:《返本开新:思政研究的创新路径》,《中国教育报》2009年8月25日。
③ 张隆溪:《走出文化的封闭圈》,香港商务印书馆2000年版,第36页。

则的话，所谓的思想政治教育创新，很可能就会变成无源之水、无本之木的理论幻想。简单地说，思想政治教育现代化就是通过对传统思想政治教育的改造和创新，使其不断适应现代社会的发展要求。当然，改造不等于弃之不用或另起炉灶，而是一个继承基础上的创新发展。如果没有了对思想政治教育优良传统的继承，就无所谓思想政治教育的改造和创新，也不会有思想政治教育现代化的实践要求。

（二）思想政治教育现代化是思想政治教育优良传统的时代任务

我们必须辩证地看待传统思想政治教育。毋庸置疑，"我们党在长期的革命和建设实践中，积累了丰富的思想政治工作经验，这是我们的宝贵精神财富，要紧密结合新形势加以继承和发扬。同时必须看到，在改革开放和发展社会主义市场经济条件下，思想政治工作的环境、任务、内容、渠道和对象都发生了很大变化。如果不能适应这种变化，只是简单地重复过去的老方式、老办法，就难以收到好的效果，甚至适得其反"[1]。基于此，如果我们以静态的目光看待思想政治教育或者思想政治教育的优良传统，那么思想政治教育最终也必然会失去其自身的生命力和活力。事实上，与时俱进是思想政治教育的内在属性和固有品格，问题的关键在于明确特定时期思想政治教育所面对的形势和任务。邓小平同志在1979年党的理论工作务虚会议上指出："什么是我国今天最重要的新情况，最重要的新问题呢？当然就是实现四个现代化，或者像我在前面说的，实现中国式的现代化。我们已经说过，深入研究中国实现四个现代化所遇到的新情况、新问题，并且做出有重大指导意义的答案，这将是我们思想理论工作者对马克思主义的重大贡献，对毛泽东思想旗帜的真正高举。"[2] 在21世纪的今天，尽管社会建设的任务由四个现代化已发展到中国特色社会主义现代化，但是我们仍然行进在现代化建设的道路上，而社会主义现代化也就成为当前思想政治教育的工作重心。

社会主义现代化的形势和任务，客观上要求思想政治教育优良传统的现代化。即"思想政治教育优良传统在不断充实完善自身内容的同时，

---

[1] 中共中央文献研究室：《十五大以来重要文献选编》（中），中央文献出版社2011年版，第199页。

[2] 《邓小平文选》第2卷，人民出版社1994年版，第179页。

不断探索新的表现方法、表现手段和表现形式"①。因而也可以说，思想政治教育现代化是一个实践命题。党和国家工作中心转移到经济建设上来以后，历史地形成的优良传统很可能会出现"水土不服"或"不知所措"的现象。譬如在全球化和市场经济的作用下，如何坚持马克思主义指导，以及围绕党的中心任务进行思想政治教育，就成为思想政治教育必须思考和解决的问题，而这也是思想政治教育现代化所要实现的基本目标。归根结底，思想政治教育现代化是党的思想政治教育在社会主义现代化建设过程中的历史任务和自我革新，将思想政治教育现代化视为党的政治优势和优良传统持续发展的过程，而不能够完全从与传统思想政治教育相对立的意义上来理解。

（三）思想政治教育现代化过程中的路径依赖与改革创新

如前所述，思想政治教育的优良传统与思想政治教育的现代化趋势，客观上都是思想政治教育实践的历史性存在。只有以实践的思维方式，将二者内在统一于思想政治教育的历史发展变迁过程之中，才能避免出现非此即彼或二元对立的理解。理论上讲，党和国家工作中心的转移，也必然要求思想政治教育理论内容与实践方式的变革，思想政治教育现代化应当是思想政治教育优良传统的当代形态，体现着现代社会条件下思想政治教育的发展方向；然而从实践的角度来看，面对教育对象的新变化或社会环境的新情况，思想政治教育实践活动的开展，往往会出现不自觉地沿用或回到过去所熟悉的经验和方法，也就是我们通常所说的路径依赖。

当然，路径依赖与继承传统还是有着严格的区别的，前者更多地突出过去思想政治教育活动的习惯性力量，而后者主要是强调继承发扬过去思想政治教育中好的做法。然而，"每一个新的历史时期的开始，当面临着每一个新的战略任务时，党的思想政治教育都会在某种程度上面临着重新开始的情形，在新的任务和要求面前，过去形成的工作经验不能直接地使用了，必须做出重大的改变，因此许多方面的思想政治工作必

---

① 张耀灿：《中国共产党思想政治教育史论》，高等教育出版社2006年版，第394页。

须重新开始"①。由此我们可以看到，思想政治教育优良传统既为思想政治教育的创新提供了基础条件，同时又在某种程度上制约着思想政治教育的发展。由此来看，路径依赖与改革创新共存于思想政治教育现代化实践活动中，同时思想政治教育现代化也是一个继承优良传统，不断克服路径依赖惯性，形成新的实践模式的开放的发展过程。

二 社会主义现代化道路的确立与现代思想政治教育的出场

正如本书一再强调的观点，我们并不是一般地探讨思想政治教育现代化，而主要是根据党的思想政治教育在革命、建设和改革过程中所发生的历史变迁，进一步探索新形势下思想政治教育的科学发展之路。这也是今天人们言说思想政治教育话语、开展思想政治教育活动的基本前提和价值旨归。当然，我们并不是要将中国共产党对中国现代化的历史贡献，以及在其领导下的社会主义现代化事业，从中国现代化的历史进程中人为地剥离。相反，作为当今中国的时代任务和实践语境的社会主义现代化，实际上仍然是"发轫于19世纪中期的洋务运动的中国现代化进程的继续"②。但是，如果对人类社会客观存在的、带有阶级特征的思想政治教育现象不加严格的限定，那么围绕思想政治教育现代化的一切讨论，亦将同人们对现代化的认识一样的混乱。类似于"以19世纪中叶（1840—1860年）为起点的中国现代化，缘何在近一个半世纪的1978年思想政治教育领域才发生现代现象"③的疑问，显然在某种程度上就是缺乏理论前提的后果。事实上，我们在前面早已明确指出，从来没有抽象的思想政治教育，无论在何种层面上理解思想政治教育，今天我们所说的"思想政治教育"，就是指具有马克思主义属性的思想政治教育，而不是什么别的阶级或政党的思想政治教育。

目前关于思想政治教育现代化历史起点的探讨，即标定传统思想政

---

① 许启贤、刘建军：《中国共产党思想政治教育史》，中国人民大学出版社2004年版，第482—483页。

② 俞可平：《现代化和全球化双重变奏下的中国文化发展逻辑》，《学术月刊》2006年第4期。

③ 闫立超、刘基：《现代思想政治教育的"现代"之辨》，《学校党建与思想教育》2011年第9期。

治教育与现代思想政治教育的分界线,学界基本上是依据中国共产党思想政治教育的理论基础(或指导思想),"现代"在中国社会语境下的时间维度和性质维度,以及中国共产党的时代任务由革命战争到经济建设的转换,分别形成了马克思主义在中国的传播[1]、中华人民共和国的成立尤其是改革开放以来的历史阶段[2],以及1978年党的十一届三中全会以来以及向未来发展的时间[3]三种看法。既然我们讨论的是中国共产党的思想政治教育现代化,那么代表和反映无产阶级意志、服从和服务于党或国家工作中心的思想政治教育,在其实现自身的现代化之前必然存在着一个前提性的条件,即现代化是否已成为党和国家工作的中心任务,这是我们探讨思想政治教育现代化历史起点首先需要明确的问题。如果对于一个尚不具备实现现代化基本前提的国家和政党,却奢谈体现其阶级意志的思想政治教育的现代化,很大程度上只能是一种形而上的理论想象或逻辑推演。尽管诞生于中国近代史上的中国共产党,在某种意义上可以看作现代化的产物。然而"现代化在开始时只是近代中国社会变动诸流向中的一个不十分明确的流向,它与革命化的过程交错难分,革命抗阻了半边缘化的加深,为现代化扫清了道路,但革命化并不等同于现代化"[4]。因此,在完成新民主主义革命以及夺取全国政权之前,现代化基本上还没有提上中国共产党的历史日程。因而对于现代思想政治教育肇始于马克思主义在中国传播的观点,本书是持否定的态度。

一般来说,"现代化必须具备四个基本前提:一是独立的国家、二是有效的政权、三是现代的制度、四是合理的战略"[5]。由此观之,中国的现代化包含着双重的使命,即贯穿于中国近现代历史过程中的民族独立和国家富强。完全可以说,面对西方列强的入侵和封建帝国的解体,没有民族的独立、国家的统一和稳定的政权这些根本性的先决条件,中国

---

[1] 闫立超、刘基:《现代思想政治教育的"现代"之辨》,《学校党建与思想教育》2011年第9期。

[2] 张国启、王秀敏:《现代思想政治教育发展研究》,黑龙江人民出版社2008年版,第14页。

[3] 郑永廷:《现代思想道德教育理论与方法》,广东高等教育出版社2000年版,第3页。

[4] 汪熙、魏斐德:《中国现代化问题——一个多方位的历史探索》,复旦大学出版社1994年版,第18—19页。

[5] 林尚立:《中国共产党与国家建设》,天津人民出版社2009年版,第31页。

的现代化理想终归是南柯一梦。自19世纪中叶的洋务运动算起，中国追寻现代化的脚步已走过160多年的历史。在将近200年的现代化进程中，其间既有被动接受现代化到主动追求现代化的思想转变，也经历了盲目照搬西方经验到自觉建构本土特色的实践变革。但是，始于19世纪中后期满清政府救亡图存背景下的现代化探索，以及20世纪初期中华民国的成立以及资产阶级短暂的现代化实践，最终都没有从根本上解决好现代化的前提性问题，彼时的中国仍然处于现代化的前夜。而在中国共产党的领导下，经过新民主主义革命和社会主义改造，成立了中华人民共和国建立了社会主义基本制度，由此也拉开了中国现代历史的序幕。在这个意义上我们认为，"中国现代化发展的有效实践是从新中国成立之后开始的"①。换言之，坚持中国共产党的领导，社会主义国家和制度的建立以及中国特色社会主义现代化道路的开辟，在中国近现代历史上第一次真正地使现代化的实现拥有了坚实的基础，同时也明确了中国经济社会以及政治文化的发展方向。基于此，思想政治教育现代化的形成背景、基本特征及其实践路径，都能够在社会主义特别是中国特色社会主义现代化的基本框架之内得到说明，并接受其宏观的指导和内在的规定。思想政治教育作为党的政治优势与优良传统以及经济工作和其他一切工作的生命线，思想政治教育的现代化趋势不仅是中国共产党自身转型发展的本质体现，也为推进社会主义现代化提供强有力的思想保证和精神动力。因此，探讨思想政治教育现代化的历史起点，必然要从社会主义现代化道路或社会主义现代化建设事业的基础的确立来理解。

三 中国现代化的当代特征与现代思想政治教育的实践境遇

思想政治教育现代化的历史定位由两个步骤组成，在初步确定思想政治教育现代化的历史起点之后，接下来便是深度扫描思想政治教育现代化的实践处境。其实，在某种意义上讲，扭转人们观念层面对于思想政治教育现代化的错误认识，譬如仅仅将思想政治教育现代化视为概念的生搬硬套或简单移植，唯一有效的途径就是诉诸中国现代化的实践土壤，从中找寻其生长和发育的现实依据。本书认为，思想政治教育现代

---

① 林尚立：《中国共产党与国家建设》，天津人民出版社2009年版，第33页。

化实质上是中国社会现代化的产物,尽管我们在历史时序上大体将新中国的成立视为思想政治教育现代化的起点,但这并不意味着思想政治教育现代化的实践空间,同前现代社会的现代化探索是完全断裂的,实际上二者之间仍然有着相当的内在关联性,社会主义现代化建设在总体上也是属于中国现代化历史的范畴。因此,强调思想政治教育现代化的社会主义立场,绝对不能无视中国社会现代化历史发展的连续性。中国现代化历史地形成的特定社会条件及其基本面貌,既是推动社会主义现代化建设始终无法回避的客观存在,也是思想政治教育现代化发展的现实基础和实践坐标。选择社会主义现代化道路,从根本上解决了中国现代化发展方向的问题,但它不是将中国现代化的历史积淀推倒重来,而是在此基础上进行新的建构。因而对中国社会现代化发展特征以及现实图景的本质把握,恰恰是明确思想政治教育现代化历史定位的基本要求,且在一定程度上能够决定思想政治教育现代化的价值判断和历史走向。本书主要是从中国社会现代化发展格局的历史错位,以及现代化发展内容的非均衡性这两个方面,来探讨思想政治教育现代化的实践坐标。

马克思在《资本论》的序言中,从世界历史的角度论证经济规律的客观必然性时指出:"工业较发达的国家向工业较不发达的国家所显示的,只是后者未来的景象。"[1] 当然,对于发展中国家的现代化道路与发达国家是否完全一致,这又是另外一个问题,在这里还不是我们讨论的重点。但是,马克思的论断却暗含着这样一个事实,即"现今的世界格局是现代化与前现代化并存的局面:一方面是业已完成现代化进程的发达工业国家,另一方面则是众多的正处于由传统农业文明向现代工业文明转型的现代化进程之中的不发达的或发展中国家"[2]。众所周知,与西方发达国家的现代化相比,中国现代化的起步相对较晚,呈现出显著的后发型特征。因而"中国的现代化与西方发达国家的现代化之间有一个十分大的时代落差,我们不是在西方工业文明方兴未艾之际实现由传统农业文明向现代工业文明转型的现代化,而是在西方工业文明已经高度发达,以至于出现某种弊端和危机,并开始向后工业文明过渡之时才开

---

[1] 《马克思恩格斯选集》第2卷,人民出版社2012年版,第82页。
[2] 衣俊卿:《现代化与日常生活批判》,人民出版社2005年版,第292页。

始向工业文明过渡,才开始实现以市场经济为基础的现代化"①。中外现代化差距的客观存在,某种意义上也能够体现出思想政治教育现代化特定的发展阶段。与此同时,随着历史向世界历史的转变以及中国改革开放的深入推进,本来是按照历史纵向发展依次演进与更替的前现代、现代与后现代社会文明,在日益开放的中国社会里却转化为共时态的存在。也就是说,当前在"华夏大地上,既存在着相当于原始部落的近似于刀耕火种式的生产方式,存在着初步工业化和机械化的生产方式,同时也存在着像上海、北京那样的大城市现代化大生产,伴随着高度的信息化,滋生着越来越浓重的烙有中国印迹的后现代现象"②。更为重要的是,"我们经历的是从农业社会到工业社会、从传统社会到现代社会的双重转型。当中国用几十年时间走过发达国家两三百年才走完的路,也把各种本应在不同发展阶段出现的问题,集中在了同一时空。更大的挑战,来自这种世所罕见的双转型,与全球化、信息化、民主化浪潮的相互叠加"③。这种历史的错位带给中国的则是无比复杂的社会结构。

  我们这里之所以着力描绘当今中国社会现代化发展的现实图景,主要是想表明,在中国现代化进程中同时出现的、原本分属于不同历史时期的文化精神,"从不同角度冲撞、挤压、困扰着中国民众",而且"这些不同文明时代的基本文化精神在历史演进中都表现出某些方面的不可替代的价值,又都展示出内在的某种缺陷和弊端,这就使得刚刚步入现代化进程中的中国民众难以抉择,无所适从,体验着价值取向、文化观念和发展尺度上的巨大冲突"④。特别是自改革开放以来,在某种意义上可以说,"改革开放30年,同时也是社会价值观念快速世俗化的过程。在这个过程中,传统的社会主义价值观受到了剧烈的冲击,社会主流价

---

  ① 衣俊卿:《现代化与文化阻滞力》,人民出版社2005年版,第323页。
  ② 陆贵山:《陆贵山论集》文艺理论卷,中国人民大学出版社2011年版,第1034—1035页。
  ③ 任仲平:《转变,现代化历程的关键性突破——从十六大到十八大》(下),《人民日报》2012年11月7日。
  ④ 衣俊卿:《现代化与文化阻滞力》,人民出版社2005年版,第323页。

值观的重塑成为凝聚社会认同的迫切要求"①。另一方面,从现代社会人的精神生活的角度来说,"世俗化或'素被尊崇的观念和见解都被消除'的重要结果有两个,一是行为动机的物质化,二是终极价值的多样化"②。总而言之,当前社会结构的失衡以及人的精神世界的内在紧张与行为方式的失范等现象,已成为社会现代化发展的内在隐忧,而这些问题的出现又从根本上影响着社会主义主流意识形态建设和社会主义现代化事业的发展。因而在新的形势下上述问题的产生,对于在阶级斗争和革命战争年代取得"生命线"地位的思想政治教育似乎是一个巨大的考验,而这也正是导致思想政治教育现代转型的主要原因。如同法国社会心理学家古斯塔夫·勒庞所说:"某些观念的爆发并付诸行动,有时看起来显得十分突然。然而这只是一种表面结果,在它背后肯定能够找到一种延续良久的准备性力量。"③ 这种准备性力量的形成,同时也是与中国社会现代化的发展过程的非均衡性相联系的。"非均衡是一种实际存在的状态"④,其中既包括现代化过程的断裂,也指现代化内容的不同步。

四 社会主义现代化的全面发展与思想政治教育现代化的目标

思想政治教育现代化的历史方位的确立是一个动态的过程,既需要回眸过去,继承思想政治教育优良传统;又要立足当下,紧扣思想政治教育现代处境;更要展望未来,树立思想政治教育现代化目标。而思想政治教育现代化的目标,根本上体现着思想政治教育现代化的发展方向。众所周知,思想政治教育是一项目的性非常明确的社会实践活动,思想政治教育目标在一定程度上决定着思想政治教育所要达到的结果。如前所述,探讨思想政治教育现代化发展,始终不能离开社会主义现代化建设的历史进程。思想政治教育现代化的历史形成和现实处境,同社会主义现代化紧密相连、同步发展;而思想政治教育现代化目标的设定,更需要围绕社会主义现代化的实践进度。某种意义上讲,考察思想政治教

---

① 李友梅等:《中国社会生活的变迁》,中国大百科全书出版社2008年版,第425页。
② 童世骏:《中西对话中的现代性问题》,学林出版社2010年版,第315页。
③ [法]古斯塔夫·勒庞:《乌合之众:大众心理研究》,冯克利译,中央编译出版社2005年版,第62页。
④ 谢庆奎、佟福玲:《政治改革与政府转型》,社会科学文献出版社2009年版,第4页。

育现代化的历史背景，其中所说的"历史"，实际上就是强调当前我们进行的社会主义现代化建设事业对思想政治教育现代化的内在规定性。恩格斯指出："我们只能在我们时代的条件下去认识，而且这些条件达到什么程度，我们才能认识到什么程度。"① 因此，思想政治教育现代化目标的确立，首先是与社会现代化的总体发展进程相适应的。

"当今时代最有代表性的音符乃是现代化，而在当今世界正在谱写一曲曲现代化的辉煌篇章时，'人'也逐渐成为现代化这一最强音符中的最强音，在从第一次现代化到第二次现代化的进程中，人类文明的主题也进入到一个从'物'到'人'的转换阶段。"② 因而现代社会条件下思想政治教育目标的确立，需要瞄准现实社会生活中人的变化及其现代化发展趋势。当然，人的现代化不是一个抽象理论思辨的问题，而是与社会其他层面的现代化内在统一于现代社会的发展过程之中。与此同时，社会的变革以及思想政治教育的转型，都是以人的发展为核心的。社会主义现代化的全面发展，实质上也是人的不断进步的过程。表面上看，思想政治教育现代化是要适应现代社会的诸多变化，而本质上是人的现代化发展制约和体现着思想政治教育现代化。思想政治教育的与时俱进也好、改革创新也罢，皆是根据社会主义现代化过程中人的思想观念和行为方式的历史变迁而进行的。离开现代社会实践中人的具体存在及其发展状况，思想政治教育现代化只能是一个干瘪的理论标签，不会带来任何积极的实践效应。毫无疑问，实现社会主义现代化，在思想政治教育现代化的目标体系中占据主要地位，但是思想政治教育现代化实践正是通过引导或改造人的思想观念，进而为社会现代化建设提供思想保证和精神动力。具体来看，现实生活中人的思想观念或价值理想是否符合现代社会发展要求，是衡量思想政治教育现代化的有效标准。而思想政治教育现代化目标的最终实现，则主要表现为人的现代思想素质的形成。当然，人的现代思想素质也是一个具体的、历史的概念，不存在脱离特定的社会经济、政治和文化环境的抽象的人。我们这里所说的人的现代

---

① 《马克思恩格斯选集》第 3 卷，人民出版社 2012 年版，第 933 页。
② 曹清燕：《思想政治教育目的研究：基于马克思主义人学视角》，中国社会科学出版社 2011 年版，第 8 页。

素质，是与中国特色社会主义现代化建设紧密相连的。

　　社会主义现代化的全面发展，将是当前和今后中国现代化建设努力的方向和目标，同时也内在地规定着思想政治教育的发展道路和价值取向。然而这也并不是说，实现思想政治教育现代化，就意味着思想政治教育意识形态功能的虚化。相反，如何在现代化过程中更好地巩固马克思主义理论的指导地位、弘扬社会主义核心价值体系、提升主流意识形态的社会认同程度，则是思想政治教育现代化的题中之意。更为重要的是，关注人的现代化发展与意识形态的时代变迁，都属于思想政治教育现代化的实践范围，也是推动思想政治教育现代化的基本着眼点。某种意义上讲，思想政治教育现代化的历史形成、现实处境以及根本目标，归根结底都要落脚到思想政治教育现代化的实现途径上。思想政治教育现代化的目标指向，很大程度上已经为思想政治教育现代化的具体实施提供了方向性的指导。

第二节　思想政治教育现代化的研究视域

　　行文至此，关于思想政治教育现代转型的分析坐标和研究对象似乎还未得到明确。所谓转型的坐标，即思想政治教育转型研究的视野或框架，它直接关系到思想政治教育转型的"意义域"。因为"在目前的国内文献中，'转型'一词已屡见不鲜，但往往是在各种各样的'意义'上去界定它的"[①]。为此，确定思想政治教育现代转型的坐标，就具有明确理论内涵、统一问题指向的基础作用。与此同时，鉴于思想政治教育现代转型过程的周期长、牵涉面广的特征，我们对这一现象的分析和把握只能经由特定的研究视角或对象。质言之，基本坐标的明晰，决定了思想政治教育现代转型研究的科学性而非日常经验的直观感受。尽管在当前国内外现代化理论体系中，"传统—现代"的分析框架日渐式微，而本书之所以仍然沿用这一理论范式，根本上还是取决于中国社会主义现代化建设的基本国情。毋庸置疑，理论框架的运用必须要遵循理论联系实际的基本准则。现代化建设进程中社会全方位转型的历史定位及其理论判

[①] 陆学艺、景天魁：《转型中的中国社会》，黑龙江人民出版社1994年版，第3页。

断，规定了思想政治教育现代化研究的理论方向，因而"传统—现代"的范式仍然具有实践的合理性。传统与现代的框架仅仅为思想政治教育现代化提供宏观的分析思路，如果对此缺乏必要的限定和规约，思想政治教育现代化研究很可能流于空泛甚至是走入歧途。立足中国特色社会主义实践、坚守思想政治教育转型底线以及强化思想政治教育的现代属性，成为思想政治教育现代化研究的基本落脚点。

一 思想政治教育现代转型的分析框架

科学研究区别于感性经验认识的一个主要原因，即我们的观察和思考通常需要明确其固定的视域范围或参照坐标，而这也正是研究活动具备科学性的必要条件。回到本书的研究主题来看，人们在谈论思想政治教育转型问题时，基于日常生活的直观感受和理性认识，能够直接发现当前思想政治教育的各种转变。例如，面对信息时代与网络技术的发展，思想政治教育的形态由现实性存在到虚实并存的转变，以及新媒体载体与网络手段的运用；面对人的自主意识的增强与当前中国社会的动态变迁，思想政治教育的目标内容、实施过程及其运行环境与过去相比，更加注重思想政治教育的人文关怀、教育者与受教育者的双向互动，以及思想政治教育系统自身的开放性；面对时代主题的更替与党的地位角色的转变，思想政治教育的任务功能也由阶级革命年代的政治动员为主，转向经济建设时期的社会治理，等等。以上情况表明，"转型"一词并不具有指代对象的唯一性，当然，这与"转型"概念本身侧重于过程而非实体的描述有关。因此为本书的"转型"概念选定恰当的理论分析坐标，便具有了前提意义。而且我们架构的理论坐标，必须能够涵括思想政治教育转型过程的变化特征，即多层次性和复杂性。

坐标即研究视野或框架，其主要作用是为理论分析提供"一种历史性的大视野，并不具有历史记述的意义，也并不意味着在任何情况下都必须采取某种固定的时间跨度"[①]。因而对于社会事物或现象的分析，可以使用不同的坐标，但是任何坐标的选择和设定，都需要充分考虑与研究内容的契合性。一直以来，由于传统与现代的分析框架，受到国内外

---

① 陆学艺、景天魁：《转型中的中国社会》，黑龙江人民出版社1994年版，第3—4页。

现代化或社会转型研究的广泛推崇，特别是中国社会转型与现代化实践过程表现出的对立或断裂性，某种意义上更是彰显了传统与现代二元预设的现实解释力，因而本书的思想政治教育现代转型，同样也将纳入传统与现代的坐标范围内进行研究。当然，我们也不是没有看到传统与现代概念引发的理论混乱，后面将会进一步明确概念使用的语义边界，尽可能避免引起更多的无谓困扰，这里重点分析传统与现代的理论坐标对于阐释思想政治教育转型的适切性。同时需要说明的是，目前学界关于思想政治教育现代化的理论建构，基本上是以传统与现代的分析框架为主流。本书也曾专门探讨现代思想政治教育与传统思想政治教育的概念范畴，但前面所做的理论工作，主要是对当下思想政治教育现代化研究思路的一种反思和交代，并没有通过历史与学理统一的方式实现思想政治教育转型研究坐标的自我确证。

虽然传统与现代的分析框架曾经得到学界较多青睐，但也不应该一般地将其看作研究社会变迁过程的最优选择。事实上，关于中国改革开放以来社会运行的理论考察，学界目前流行的有国家与社会、传统与现代、制度与生活等几种分析模式，而且以上模式也并不是截然对立、相互排斥的。因此，在这里不可以空洞地谈论任何一种框架模式的优越性或内在缺陷，而只能根据具体的研究内容择其善而用之。本书的思想政治教育转型研究，是围绕中国共产党思想政治教育现代化这一主题来展开的，也就是说，我们研究的主要目的是尝试性地对中国共产党思想政治教育的伟大实践，进行提纲挈领式的总结和概括。党的思想政治教育历经革命、建设和改革的不同时期，在努力推进中国现代化的历史进程中面临着转型的要求，而且这一趋势仍在继续，因而对于转型过程的科学把握，需要纵横结合且具有高度统摄性的理论视野。国家与社会的分析框架比较注重在宏观层面阐释力量格局转换，难以切入中观与微观社会实践，难以观察到扎根于日常生活中的观念、行为所具有的丰富内涵[1]。

由此可知，"这种分析框架更适合于处理相对宏观的现象，对于那些

---

[1] 李友梅、孙立平、沈原等：《当代中国社会分层：理论与实证》，社会科学文献出版社2006年版，第155—175页。

细微的、复杂多变的事实,并不具有优势,反而会在某种程度上简化了社会实践的复杂性"①。本书意图揭示在中国共产党的历史与现代化建设过程中,思想政治教育转型的历史足迹、实践动力以及基本面向等中观与微观层面的发展变化。但我们也要看到,新中国成立以来社会现代化进程中国家与社会关系的嬗变,对于思想政治教育转型研究具有重要的参考价值。与此同时,正是逐步认识到国家与社会解释模式带来的理论困境,近年来不少研究者将社会变迁过程的研究重心从宏观层面下移至中观的制度与生活层面,在制度与生活的持续互动过程中,深入观察在过去30年来中国社会的快速变迁过程中,制度对生活的渗透和生活对制度的创造性影响。②众所周知,由传统与现代搭建的理论视野是相当广阔的。"在20世纪的中国社会、文化语境中,传统与现代的关系,实质上也就是古与今、中与西的关系。"③广义上讲,过去与现在、东方与西方、中国与外国的种种差别,似乎都能够在传统与现代的坐标体系中找到归属;狭义上看,技术的先进与落后、制度的专制或民主以及文化的保守与激进,好像也可以完全归入传统与现代的关系范畴。可以说,观念层面的传统与现代是多重维度的存在,同样也是宏观与微观的辩证统一。而本书以传统—现代框架诠释思想政治教育的转型,正是基于传统与现代关系的多维性及其宏观与微观的密不可分。

其实,不论是何种解释框架,无一不是基于社会运行过程的理论抽象,而且也只是对现实存在的局部认识和有限呈现。强调社会变迁研究视野的综合性是非常必要的,当然综合也并不意味着对多种理论框架的杂糅。就思想政治教育而言,思想政治教育转型研究与国家—社会的分析框架肯定不是完全吻合的,但也不能将其从制度—生活的理论视野中彻底剥离。思想政治教育转型应该是以传统与现代的解释框架为核心,同时兼顾融合国家—社会、制度—生活的分析模式。本书认为,传统与现代的话语虽然存在着本体论和方法论的区别,却不同于欧美现代化理

---

① 李友梅、黄晓春、张虎祥:《从弥散到秩序:"制度与生活"视野下的中国社会变迁(1921—2011)》,中国大百科全书出版社2011年版,第3—4页。

② 李友梅等:《中国社会生活的变迁》,中国大百科全书出版社2008年版,第6页。

③ 党圣元:《在传统与现代之间》,《中国文化研究》2002年第1期。

论中传统与现代的截然对立。"在我们看来，传统与现代并不是非此即彼的二分状态，它们两者是一体相连、互为表达、彼此推进的：没有现代也就无所谓传统，传统揭示了现代的另一种面相。"① 事实上，"传统构成了现代开拓和成长的因素，构成了现代的资源"，"现代、现代人通过利用、改造、发明传统来为当代服务"②，而且"现代正是由于不断与传统的对比，显示出自己是现代"③。更为重要的是，传统的发明和现代的成长是积极与消极、连续与间断共存的矛盾统一体，而这也是本书研究的基本前提。质言之，"现代的成长与传统的被发明"④ 命题的提出，既能够矫正理论上的"虚无主义"和"保守主义"倾向，也可规避社会实践的盲目性。实际上从前文对传统思想政治教育概念的梳理和批判，就可以窥见我们继续沿用传统与现代理论坐标的真实意图。一方面是出于对部分研究成果简单草率的研究思路与学术态度的纠偏和清算，更主要的是由于传统与现代承载的现代性所表现出来的人为性特征⑤，同本书研究的基本假设即思想政治教育现代化的自我建构，具有内在一致性。

虽然本书对于思想政治教育发展的实践关照，仅止步于中国共产党思想政治教育在革命、建设和改革时期的历史过程，但是中国共产党独特的发展历程及其肩负的任务使命，反而却需要我们更加全面地把握思想政治教育的发展趋势和基本走向。中国共产党90多年的奋斗史，也是党的思想政治教育的发展史。伴随着中国共产党的成立、成长、成熟和壮大，以及新民主主义革命的胜利、社会主义改造的完成与改革开放的

---

① 郑杭生：《现代性过程中的传统和现代》，《学术研究》2007年第11期。
② 郑杭生：《论"传统"的现代性变迁——一种社会学视野》，《学习与实践》2012年第1期。
③ 郑杭生：《现代性过程中的传统和现代》，《学术研究》2007年第11期。
④ 这一观点由中国人民大学郑杭生教授提出，从社会学的视角旨在辩证动态地认识和看待传统与现代的关系，所谓现代的成长，是指社会不断从传统走向现代、走向更加现代和更新现代的变迁过程；所谓传统的被发明，是指社会在从传统走向现代、走向更加现代和更新现代的变迁过程中又不断产生自己相应的传统、新传统和更新的传统。参见郑杭生《论现代的成长和传统的被发明》，《天津社会科学》2008年第3期。
⑤ 杨敏认为作为社会事实和现实过程的现代性，仅有进步和解放的价值取向还不够，还必须有使这一价值得以实现的策略和方案。所谓现代性中的人为性，是指现代性是一项巨型的人为规划及实施过程。参见杨敏《社会行动的意义效应：社会转型加速期现代性特征研究》，中国人民大学出版社2005年版，第39页。

深入推进，虽然思想政治教育在绝大多数历史时期内稳定地充当着"生命线"的角色，发挥党的政治优势的作用，但是以历史总体的眼光审视思想政治教育的发展过程，其转型的特点也是显而易见的。可以说，本书探讨的思想政治教育现代化或思想政治教育转型，不管是就逻辑还是现实而言，本来就具有明确的历史阶段性。因而传统与现代的坐标架构，也必然要扣住思想政治教育自身的发展脉络。如前所述，结合本书研究语境进一步厘清传统与现代的概念含义，同样是思想政治教育转型研究的题中之意。

二 思想政治教育现代转型的内在要求

思想政治教育现代转型的内在要求，其根本目的一方面在于展示本书所持的立场和观点，其次在承接思想政治教育转型坐标的基础上，更好地体现思想政治教育现代转型研究的问题意识和现实归属。进一步讲，思想政治教育现代转型的内在要求，就其作用而言，可以看作对思想政治教育现代转型命题的具体和深化，同时也能够预防思想政治教育现代化研究流于空泛、脱离实际。

（一）坚守思想政治教育基本立场

自不待言，思想政治教育现代转型，其根本旨趣是以求新图变的方式提升思想政治教育的实际效果。然而如果以为思想政治教育转型就是用西方的"公民教育"来替代"思想政治教育"，或者是由"思想政治教育"转向"公民教育"，则很显然是对思想政治教育转型的误解，一定程度上模糊了二者的本质不同，当然这也有悖于我们努力推进思想政治教育改革创新的初衷。但是，"在加强和改进思想政治教育的讨论中，一种所谓应当用'中性'的'公民教育'替代有强烈意识形态性的'思想政治教育'的说法，在近来颇显'新'意、还引起了一些学者的某种共鸣"[1]。譬如，苗伟伦认为："公民教育理论与实践在西方国家已经趋于成熟，而在我国则相对滞后，这已经影响并制约着社会主义现代化进程。在高校引入'公民''公民意识'和'公民教育'概念，既是对高校思

---

[1] 武东生：《"思想政治教育"与"公民教育"关系辨析》，《思想理论教育导刊》2013年第4期。

想政治教育的完善与创新,也是思想政治教育顺应时代发展的重要历史转型。"① 朱蕾认为:"我国目前正处于社会发展的转型时期,市场经济、民主政治和市民社会的发展对传统高校思想政治教育提出了新要求。面对现代社会的困境和挑战,传统思想政治教育需要从教育目标、价值取向及教育方式等方面进行改革和创新,其发展方向就是培养具有独立、自主、民主、平等精神的现代公民,公民教育成为传统高校思想政治教育改革的必然走向。"② 潘运军等人认为:"随着市场经济的确立,公民社会逐渐兴起,我国社会结构已经发生了巨大变化,社会要求教育实践活动培养自主、理性的现代公民,传统思想政治教育以灌输单一政治意识形态为取向,其合法性受到挑战,而公民教育则应该是新时代背景下我国思想政治教育转型的方向。"③ 彭世武认为:"我国正处于由传统社会向现代社会转型的历史时期,现代社会需要实施现代公民教育以培养现代公民。高校传统思想政治教育不仅不能适应培养现代公民的需要,而且本身也处于一种困境之中,实现向公民教育转型成为一种现实需要。"④ 可以说,"替代论"背后的潜台词是随着市场经济的发展与公民社会的兴起,人的主体意识的觉醒与当前思想政治教育的低效和无为形成巨大的反差,而这也成为公民教育取而代之的主要原因。根据本书的研究主题,对于市场经济的发展与人的主体性的成长能否必然导致公民教育取代思想政治教育,我们这里暂时不予计较。但是公民教育是否就是思想政治教育现代转型的根本方向,却需要特别加以说明。

目前理论界流行的公民教育,大体上有广义和狭义之分。一般来说,所谓"公民教育",就是指"国家为培养青少年的公民意识而实施的教育"⑤,具体地讲是指"国家或社会根据有关的法律和要求,培养其所属成员具有忠诚地履行公民权利和义务的品格与能力等的教育"⑥。党的十

---

① 苗伟伦:《公民教育——高校思想政治教育的历史转型》,《浙江海洋学院学报》(人文科学版)2004年第1期。
② 朱蕾、张攀攀:《公民教育走向:高校思想政治教育的现代反思》,《文教资料》2011年第33期。
③ 潘运军、陶然:《公民教育:思想政治教育转型的指向》,《前沿》2012年第21期。
④ 彭世武:《论高校传统思想政治教育向公民教育转型》,《理论观察》2013年第4期。
⑤ 夏征农、陈至立:《辞海》,上海辞书出版社2009年版,第720页。
⑥ 顾明远:《教育大辞典》增订合编本,上海教育出版社1998年版,第448页。

七大报告和《国家中长期教育改革和发展规划纲要》（2010—2020年）明确提出的"加强公民意识教育"，以及当前人们呼吁的加强现代社会的公民教育，都是从广义的意义上来讲的。就此而言，任何形式的公民教育都不是去"意识形态化"的教育活动。因而借口诞生于革命战争年代担负政治动员的思想政治教育已不适应社会发展要求，亟待转向以培育现代公民意识、公民观念的公民教育，无疑只是一些人的主观意愿。因为不论思想政治教育进行怎样的转型，只要在阶级和国家存在的前提下，思想政治教育的意识形态属性是不会消亡的，而且也不存在脱离特定社会制度的公民意识和公民观念。幻想用貌似"中性"的西方公民教育取代意识形态色彩鲜明的思想政治教育，以降低或减少人们对于政治宣传、阶级教化的对立情绪，改善现实生活中思想政治教育的失语状况，其出发点是好的，却不具备实践的科学性和可行性，甚至还有可能落入西方意识形态话语殖民的陷阱。作为中西方政治社会化的手段和途径，公民教育与思想政治教育本质上都具有强烈的意识形态性，根本区别在于二者的指导思想和阶级属性不同[1]。因此，与其说通过思想政治教育转型以学习和借鉴西方公民教育，毋宁说要防止打着思想政治教育转型的幌子，为境内外敌对势力实施"和平演变"战略大开方便之门。

诚然，公民教育不独是西方的专利，社会主义中国也可进行公民教育。"当下中国作为一个现代法治国家，凡具有中华人民共和国国籍者，都是中国的公民，因此，中国公民作为被教育者所接受的培养公民意识的教育，就是当代中国的'公民教育'。"[2] 在当代中国语境下，思想政治教育与社会主义公民教育之间存在着怎样的关系也需要我们进行辨析。通过追溯中国共产党公民教育的历史可以看到，"公民教育最早是作为中国共产党思想政治工作的需要，特别是革命、战争年代，公民教育是从属于党的思想政治工作的，其思想政治教育的意义重于公民教育的意义。

---

[1] 徐锋和叶方兴等人对于思想政治教育与西方的公民教育的异同进行了辨识。参见徐锋、余一凡《中国思想政治教育与西方国家公民教育差异比较》，《学校党建与思想教育》2013年第8期；叶方兴、孙其昂：《公民教育能否代替思想政治教育——思想政治教育社会学的分析视角》，《探索》2011年第1期。

[2] 武东生：《"思想政治教育"与"公民教育"关系辨析》，《思想理论教育导刊》2013年第4期。

而在中国共产党上升为区域或者执掌全国政权的权力意志的行使者时，其思想政治教育更多是从属于公民教育的意义的，是其公民教育理论与实践体系中的一个重要组成部分"①。由此可知，坚持马克思主义理论的指导与大力宣传社会主义核心价值，是思想政治教育和社会主义公民教育的共同思想前提。但是在新中国成立以后的社会主义现代化建设过程中，公民教育的内涵与外延显然要比思想政治教育更加宽泛。因而学界有人指出思想政治教育向公民教育转型是不妥当的②，其结果不但会消解思想政治教育的特定功能，也可能虚化公民教育的基础作用。本书认为社会主义公民教育与思想政治教育，是同属于马克思主义思想教育体系中不同层次的实践活动，虽然中国的社会主义公民教育与西方的公民教育相比还处于探索阶段，但公民教育的内容、目标、特征、手段，对于思想政治教育都有重要的参考作用。所以，不论是进行理论研究还是社会实践都不可将二者混为一谈，而应当努力找寻二者的互补之处，在推进现代化建设的同时发挥各自的最大功效。可以说，倡言公民教育就是思想政治教育转型的最终归宿，在理论与实践上都有越俎代庖的嫌疑。基于此，牢固树立思想政治教育的本位意识，则理应贯穿于思想政治教育现代转型过程的始终。

（二）立足中国特色社会主义实践

回顾中外现代化历史，无论是西方现代化理论流派中形形色色的二元预设，还是中国现代化过程中的"体用"之争、"自由派"与"保守派"的冲突，一定程度上都没有溢出由传统与现代关系主导的逻辑框架。而且囿于西方现代化的示范作用和样本效应，传统与现代的分析路径裹挟着深刻的"西方中心论"意识，这也是传统与现代的简单二分，以及"西化"取向受到学界一致指责的主要原因。尽管"由传统和现代（性）构成的坐标系旨在为'转型'研究提供一种历史的视野，通过建立现实与历史的联系而增强对经验研究做理论分析的透视力"③，但是现实与历史的联系必定是处于特定的时空背景下，具有鲜明的民族特色和制度区

---

① 王振国：《中国共产党公民教育理论与实践》，郑州大学出版社2005年版，第20页。
② 王智慧：《论公民教育与思想政治教育的关系》，《思想理论教育》2011年第15期。
③ 陆学艺、景天魁：《转型中的中国社会》，黑龙江人民出版社1994年版，第7页。

别。当前我们谈论的思想政治教育转型,其历史任务和现实目标的实践指向,直接与中国特色社会主义现代化相勾连,因而传统与现代的理论坐标肯定不能背弃这一轴线。当然,强调传统与现代坐标的中国印记,并不表示我们的理论思考是建基于狭隘的民族主义情感。其实类似于"传统"或"现代"这样的话语,本身并不具有专有性或意识形态属性,只因西方发达国家现代化的领先地位而成为其进行自我标榜的理论工具。相反,秉持中国特色社会主义现代化的实践立场,某种意义上是对西方现代化模式的补充和人类文明的增益。

我们曾在第二章明确指出,本书所说的社会转型与思想政治教育转型不涉及社会根本制度的改变,言下之意即并没有离开中国社会主义现代化范畴谈论转型。然而当前理论与实践中关于转型的言说却是五花八门、鱼龙混杂,不少理论研究虽然言必称转型,但也未必真正明确转型应有的发展向度,某些转型方案的理论指向甚至与我们正在进行的社会实践南辕北辙。转型研究的兴起和风靡固然源于社会实践发展的需要,但是如果不顾具体的历史背景与社会现实以及基本国情,一味地将转型奉为化解利益冲突、疏通思想困惑、重建社会秩序的圭臬,其实是对转型最大的误解。采用不同的标准可以划分出不同的转型形态,但是高度集中的计划经济向社会主义市场经济的转型、传统农业社会向现代工业社会的转型、封闭的礼俗社会向相对开放的公民社会的转型,却在当前的中国社会成为大多数人的共识。当前中国经济、政治、文化以及社会的全方位转型,以及由此生发出来的制度体制、执政方式、思维观念等五花八门的转型,似乎更是给人以一种转型即代表进步和未来的错觉。然而理论研究表面上的繁华喧嚣终究无法代替现实实践的坎坷前行,身处"转型热"的潮流中能够保持冷静且理性的姿态,愈发显得弥足珍贵。

"转型"又可译作"转化"(transformation),原本是生物学概念,用以形容物种的变异过程,即"微生物细胞之间以'裸露的'脱氧核糖核酸形式转移遗传物质的过程"①,后来经"西方社会学家借用此概念来描述社会结构具有进化的意义的转换和性变"②。因此目前学界广泛使用的

---

① 《简明不列颠百科全书》第 9 册,中国大百科全书出版社 1986 年版,第 544 页。
② 张雷、程林胜等:《转型与稳定》,学林出版社 1999 年版,第 9 页。

转型概念,主要是指"结构、体制等方面的转变、改革"①,同时还有"转变类型"②或"转变生产类型"③之说。转型的过程既有局部的转化,也有整体性的转变;转型的结果主要有"常道未死、新质叠加"、彻底的颠覆过去与辩证地扬弃等几种类型。总之,"描述事物由低级阶段向高级阶段在发展方式上转换变化"④,突出事物发展过程的动态性和进步性,是当前众多学人热衷于转型研究的主要着力点。当然,思想政治教育现代转型也不可能超脱中国社会转型的现实处境,但是对于在转型的根本方向和发展道路上的含糊其辞或不言自明,却是我们极力反对的。不可否认,许多研究主要是从狭义的角度分析中国的社会转型,即理论关注的重点在改革开放以来中国社会结构的变化,但是这也同样涉及中国转型的未来走向。揭示中国社会生活的深刻转型是非常必要的,譬如将我国社会生活的转型概括为:"从自给半自给的产品经济社会向有计划的商品经济社会转化;从农业社会向工业社会转化;从乡村社会向城镇社会转化;从封闭半封闭社会向开放社会转化;从同质的单一性社会向异质的多样性社会转化;从伦理型社会向法理型社会转化。"⑤ 在强调社会全面转型的同时,更要明确中国特色社会主义实践立场之于当前语境下多样化转型研究的统摄作用,思想政治教育现代转型研究亦不例外。

(三)增强思想政治教育现代属性

虽然"在时序发展进入世纪交接之际,当代世界同时呈现了包括'前现代'(或言'传统')、'现代'与'后现代'三种思维形式与价值体系纷然并立与杂糅交错的现象"⑥,但是我们正在做的事情和所要实现的目标还是现代化。可以说,在中国共产党的领导下努力推进社会主义现代化建设,已取得最为广泛的社会认同。与此同时,随着现代化实践的深化,人们逐步认识到现代性发展的两面性,亦即"现代化是一个创

---

① 韩明安:《新语词大词典》,黑龙江人民出版社1991年版,第649页。
② 于根元:《现代汉语新词词典》,北京语言学院出版社1994年版,第933页。
③ 于根元:《现代汉语新词语词典》,中国青年出版社1994年版,第1179页。
④ 李宏斌、钟瑞添:《中国当代社会转型的内容、特点及应然趋向》,《科学社会主义》2013年第4期。
⑤ 陆学艺、李培林:《中国社会发展报告》,社会科学文献出版社2007年版,第8页。
⑥ 张国圣:《改革开放后之中共官方意识形态:衰退与重构》,博士学位论文,台湾大学,1998年。

举与毁灭并举的过程,它以人的错位和痛苦的高昂代价换来新的机会和新的前景"①,特别是发展中国家的现代化道路愈益显现出崎岖曲折的特征。总体上讲,现代化过程的复杂性和艰巨性非比寻常,甚至连西方理论界也出现了"现代化尚未结束"与"后现代已经来临"的尖锐对立。但是对于广大的发展中国家来说,在现代化远未完结的前提下,将要经历缓慢艰苦的过程则是确定无疑的事情,而这也正是我们今天探讨现代化的现实基础。

尽管如此,众多发展中国家仍旧为实现现代化而努力奋斗,其根源在于现代化对于人类社会发展巨大的推动作用,也就是马克思所说的"资产阶级在它的不到一百年的阶级统治中所创造的生产力,比过去一切世代创造的全部生产力还要多,还要大"②,由此"产生了以往人类历史上任何一个时代都不能想象的工业和科学的力量"③。可以说,即使是社会主义优越性的最终体现,归根结底也离不开现代生产的物质支撑。而"现代化是一个总体性进程,它必然涉及人和社会各个主要方面的变化。从大的方面着眼,可以把统一的现代化进程粗略地和相对地划分为两大层面:一是以经济起飞、技术发展、体制完善等为主要内涵的社会层面的现代化;一是以文化转型、素质提高、生存方式和行为方式转变为主要内涵的人自身的现代化"④。正是基于现代化的历史进步性,我们提出并探讨思想政治教育现代化的实践命题,进而以思想政治教育现代转型的视角,来理解思想政治教育现代化的历史进程。就思想政治教育自身而言,思想政治教育现代转型所要实现的基本目标,就是要促进思想政治教育系统结构的现代化。简言之,即不断增强思想政治教育的现代属性。

探讨现代化就无法避开现代性的羁绊和纠缠,之所以这么说,很大程度上是因为目前由现代性所造成的理论混乱已超出人们对它的认识。当然,现代性也并不是不可知的。本书在第二章已较为详细地列举了当

---

① [美] C.E.布莱克:《现代化的动力》,段小光译,四川人民出版社1988年版,第37页。
② 《马克思恩格斯选集》第1卷,人民出版社2012年版,第405页。
③ 同上书,第775页。
④ 衣俊卿:《现代化与日常生活批判》,人民出版社2005年版,第260页。

前国内外关于现代性的诸多认识，虽然表面上看关于现代性的林林总总的概念界说似乎只是一家之言，其实从总体上来看却有助于我们对现代性的本质把握。"'现代性'是一个多重性质的复合体，它既有光明、美丽的一面，又有黑暗、丑陋的一面。它既给人民带来幸福，又给人们造成痛苦，既给人们带来希望，又给人们带来失望。而且，它的这两个方面是内在相连、不可分割的。"[1] 作为现代社会的客观存在和重要表征，思想政治教育也必然会遭遇现代性，我们通常讲思想政治教育面临着机遇与挑战并存的时代境遇，某种意义上便可以看作现代性在思想政治教育领域的体现。

与思想政治教育现代化的逻辑导向相一致，强调思想政治教育的现代属性，一方面是想促进中国共产党执政逻辑的调整和转换，不断增强思想政治教育与现代社会的契合性、协同性，重点突出思想政治教育系统要素与运作方式的与时俱进，这也是当前提升思想政治教育实效性的基本保证；另一方面重在反映思想政治教育对现代社会，特别是现代人的思想观念的内在超越。唯有如此，思想政治教育才能够担负起为社会主义现代化提供精神支持、引领思想潮流的责任。更为重要的是，我们所理解的思想政治教育现代性的最终生成，是在努力克服现代性带来的干扰和破坏[2]的基础上得以实现的，螺旋式上升或波浪式前进是其发展过程的显著特征。现代性的全球扩张及其自身的二律背反，构成思想政治教育现代化过程的基本图景，而且现代性的负面效应将以自发的方式作用于思想政治教育现代化过程始终，但是现代性所具有的先进性或进步性却绝不会自动赋予思想政治教育。所以，积极推动思想政治教育现代属性的主动建构之路，应当成为思想政治教育现代转型的自觉追求。

---

[1] 谢立中：《当代中国社会变迁导论》，河北大学出版社2000年版，第168页。

[2] 河海大学孙其昂教授以社会风险理论审视思想政治教育现代性存在的问题，提出主题定位的困境、教育内容稳定性被解构、权威机制的转型、娱乐化方式成为主导方式、信任的危机、社会原子化、社会碎片化和碎裂化。参见孙其昂《思想政治教育学前沿研究》，人民出版社2013年版，第243—247页。

第三节　思想政治教育现代化的结构转型

如果说思想政治教育现代转型是思想政治教育现代化的实践具体，那么思想政治教育结构的现代转型，则可以看作思想政治教育现代转型的理论具体，一定程度上还可以缩减实践命题过于宏大宽泛而造成理论空洞的风险。但是，即使是从结构转型的角度理解思想政治教育现代化，仍然会面临着思想政治教育系统要素认识不统一的诘难。有鉴于此，以宏观—中观—微观的研究路径，考察思想政治教育与意识形态、思想政治教育教育者与教育对象以及思想政治教育教育者系统内部的结构变迁，某种意义上既能够再现思想政治教育结构转型的基本图景，实际上也是规避理论争鸣、深化研究主题的权宜之计。目前学界对中国社会转型进行了多角度的研究[①]。同样，关于思想政治教育现代转型的认识也存在不同看法，既有侧重于思想政治教育系统要素的微观分析，也不乏思想政治教育运行模式的抽象概括。本书认为，作为系统存在物，思想政治教育转型实际上是思想政治教育结构的转型[②]。所谓思想政治教育结构，就是指"构成思想政治教育系统的各个要素之间相互联系、相互作用的方式"[③]，思想政治教育结构"包括外部结构和内部结构两部分"[④]。从结构变迁的角度理解思想政治教育由传统走向现代的转型过程，是本书阐明思想政治教育现代转型的基本思路。不必讳言，在现代化理论体系中，结构分析算不上什么新奇的视角。帕森斯的"AGIL功能体系模型"[⑤]与阿尔蒙

[①] 以社会学为例，社会学家们运用了社会类型的过渡、社会运行、制度变迁等不同的研究视角，以社会类型、社会结构、社会体制和制度、社会分层等作为具体的切入点，对中国社会转型给予了界定。参见杨敏《社会行动的意义效应——社会转型加速期现代性特征研究》，中国人民大学出版社2005年版，第26页。

[②] 河海大学孙其昂教授从结构的视角分析思想政治教育转型，提出思想政治教育现代转型不仅仅是发展变化，而是结构性的转变。参见孙其昂《思想政治教育学前沿研究》，人民出版社2013年版，第262页。

[③] 张耀灿：《思想政治教育学前沿》，人民出版社2006年版，第144页。

[④] 孙其昂：《思想政治教育学前沿研究》，人民出版社2013年版，第264页。

[⑤] [美]塔尔科特·帕森斯：《社会行动的结构》，张明德、夏遇南等译，译林出版社2008年版，第698页。

德的"比较政治体系"① 曾经风靡一时,而且在国内社会学②与政治学③领域也多有应用。

尽管结构功能主义自身存在缺陷,但是面对社会变迁以及政治转型,结构分析方法并没有完全失去其理论效用。19世纪法国社会学家涂尔干说过:"对社会结构的分析是理解一切社会现象的出发点。"④ 因而,思想政治教育现代转型的结构视角,在其现实性上,对于我们以整体动态的方式把握思想政治教育转型过程不无裨益。当然,主张以结构为基本分析单位研究思想政治教育现代转型,并非是对思想政治教育实践活动中人的主观遮蔽,因为社会结构或思想政治教育结构实际上正是人们行动的结果。就像马克思所说:"以一定的方式进行生产活动的一定的个人,发生一定的社会关系和政治关系。经验的观察在任何情况下都应当根据经验来揭示社会结构和政治结构同生产的联系,而不应当带有任何神秘和思辨的色彩。社会结构和国家总是从一定的个人的生活过程中产生的。"⑤ 一直以来,在思想政治教育基本原理的理论体系中,思想政治教育结构的研究相对薄弱。由于缺乏普遍公认的标准,学界对于思想政治教育系统的构成要素,存在着"三要素说""四要素说""五要素说"与"六要素说"的分歧⑥,当前则更多地将注意力聚焦于思想政治教育主客体关系⑦,以及思

---

① [美]加布里埃尔·A.阿尔蒙德、拉塞尔·J.多尔顿、小G.宾厄姆·鲍威尔等:《当代比较政治学:世界视野》,杨红伟、吴新叶等译,上海人民出版社2010年第8版、更新版,第35页。[美]加布里埃尔·A.阿尔蒙德、小G.宾厄姆·鲍威尔:《比较政治学——体系、过程和政策》,曹沛霖、郑世平等译,东方出版社2007年版,第18页。

② 郑杭生、李强、李路路:《当代中国社会结构和社会关系研究》,首都师范大学出版社1997年版,第30—155页;陆学艺、景天魁:《转型中的中国社会》,黑龙江人民出版社1994年版,第98—210页。

③ 王智:《当代中国政治结构变迁——以执政党为中心的政党—政府—社会》,中国社会科学出版社2010年版,第205页;于建嵘:《岳村政治:转型期中国乡村政治结构的变迁》,商务印书馆出版2001年版,第349页。

④ 参见陆学艺《社会建设论》,社会科学文献出版社2012年版,第153页。

⑤ 《马克思恩格斯文集》第1卷,人民出版社2009年版,第523—524页。

⑥ 张耀灿:《思想政治教育学前沿》,人民出版社2006年版,第126—128页。

⑦ 罗洪铁:《研究思想政治教育主客体的必要性及二者的关系》,《思想政治教育研究》2012年第2期;刘书林、高永:《思想政治教育的对象及其主客体关系》,《思想理论教育导刊》2013年第1期;顾钰民:《思想政治教育"双主体说"评析》,《教学与研究》2013年第8期。

想政治教育过程要素①的争论；至于思想政治教育具体结构的研究，主要有思想政治教育过程结构②、思想政治教育内容结构③、思想政治教育价值结构④以及人的思想品德结构⑤等方面。与此同时，立足时代变迁带来的新气息和新面貌，不少思想政治教育现代化研究文献分别对思想政治教育目标、内容、方法及载体的现代特征作了经验性的概述。诸如此类的探讨和争鸣，往往都是从特定的侧面着眼，但也说明了思想政治教育结构的某些特征，因而不应该排斥它们对于思想政治教育结构研究的价值。概而论之，当前思想政治教育结构研究多以系统要素内部结构的纵向分析为主，而对要素与要素之间的相互关联及其功能特征的横向研究比较少。为此，思想政治教育现代转型研究将重点关注思想政治教育结构关系的动态演变，拟从宏观的系统与系统之间的关系结构（思想政治教育与意识形态），中观的系统要素与要素之间的关系结构（思想政治教育者与教育对象），以及微观的系统要素内部的关系结构（思想政治教育者）的维度，挖掘思想政治教育结构变迁的时代特质，进而以此追寻思想政治教育转型的现代路向。

一 思想政治教育系统要素结构的转型：多样化

由于缺乏普遍公认的标准，学界对思想政治教育系统构成要素的看法是不确定的甚至是相互抵牾。分析思想政治教育要素结构的分化，首要的便是确立思想政治教育系统要素，以及区分思想政治教育系统与环境的边界。与此同时，在思想政治教育系统要素的问题上，当前存有异

---

① 罗洪铁：《思想政治教育过程的构成要素再探》，《学校党建与思想教育》2011年第8期；张耀灿、刘伟：《论教育环境是思想政治教育过程的要素》，《江汉论坛》2006年第5期；张耀灿、徐志远：《关于思想政治教育过程中的主客体关系问题》，《学校党建与思想教育》2003年第4期。

② 陈秉公：《思想政治教育学原理》，高等教育出版社2006年版，第124页；陈义平：《思想政治教育学原理》，安徽大学出版社2008年版，第215页。

③ 熊建生：《思想政治教育内容结构论》，中国社会科学出版社2012年版，第148—240页。

④ 项久雨：《思想政治教育价值论》，中国社会科学出版社2003年版，第195页。

⑤ 刘书林、陈立思：《青年思想政治教育学原理》，中国青年出版社1999年版，第75页；张耀灿、陈万柏：《思想政治教育学原理》，高等教育出版社2001年版，第81页。

议的主要是思想政治教育过程与思想政治教育环境能否纳入系统要素之中，除此之外对于思想政治教育主体、客体、目标、内容、载体、方法，作为思想政治教育系统的基本要素已得到学界较为一致的认同。基于此，本书认为在思想政治教育实践过程中，对以上要素结构分化现象的共性的提炼，很大程度上已然能够反映思想政治教育要素结构分化的基本样式。故此处探讨思想政治教育要素结构的分化，并不打算分门别类地举证思想政治教育系统要素结构的分化内容，而主要是对思想政治教育要素结构的分化特征及其趋势进行概括总结，以此来反推思想政治教育现代转型的路径与发展方向。事实上，从理论层面再现思想政治教育要素结构的分化景象，关键是要将思想政治教育要素结构的变化根植于社会发展进程之中，通过历时性与共时性相结合的方式，比对不同历史条件下思想政治教育系统要素内部结构的动态生成及其转化。换言之，思想政治教育要素结构分化的落脚点在于结构而非要素，要素内部结构的分化状况直接决定着系统功能的转型态势。

  这里所说的系统要素内部结构，是相对于系统要素之间的结构以及系统与环境而言的，其自身的存在是更为微观的系统结构。转型与分化既是当前中国社会发展的重要表象和主要特征，也是社会主义现代化建设过程的基本环节。由此可知，思想政治教育转型的同时也伴随着思想政治教育的分化。思想政治教育现代化，就是思想政治教育结构由传统的静态稳定向现代的动态平衡的转型过程。孙其昂指出："社会现代化过程中社会转型引起思想政治教育结构转型与分化，思想政治教育分化已客观存在，"[①] 并且从思想政治教育部门增加、分工多样、角色分化以及形成新的格局和趋势进行论证，对本书研究思想政治教育结构分化具有一定的借鉴意义。本书进一步认为，思想政治教育分化就是思想政治教育结构的转型与分化。以结构的视角观察思想政治教育现代转型，必然要探求思想政治教育结构的分化，其具体内容包括思想政治教育要素结构的分化和系统功能的转型。阿尔蒙德在描述结构的分化特征时指出："许多现代的社会结构都具有结构高度分化的特征，结构内出现的每个角

[①] 孙其昂：《论思想政治教育的分化与学科定位》，《思想教育研究》2013 年第 6 期。

色都是专门从事不同的任务的。"① 辩证地看，思想政治教育结构的分化，一方面极大地促进了思想政治教育角色功能的专门化，有利于提升思想政治教育的社会功效，也在一定程度上标志着思想政治教育科学化水平的不断提高；但同时还会导致思想政治教育效用的离散化和碎片化，最终冲淡思想政治教育凝聚力的同时也矮化了思想政治教育应有的地位，影响思想政治教育对社会生态的有效覆盖。我们在这里对思想政治教育结构分化不作价值评判，而是重点讨论思想政治教育结构分化和功能转型的外在表现。

二 思想政治教育与意识形态的结构转型：平衡态

自法国哲学家托拉西提出"意识形态"概念之后，不论是科学的意识形态还是虚假的意识形态，它都已逐渐成为现代人进行社会科学研究和日常政治生活的关键词。"对于中国而言，'意识形态'在社会主义革命、建设和改革发展的运动进程中，从来就是一个关系党和国家全局的重大理论和实践问题。"② 而思想政治教育作为党的政治优势和优良传统，在中国社会主义的发展历史进程中同样意义非凡。考察思想政治教育与意识形态关系结构的历史变迁，既是社会转型过程中加强思想政治教育与意识形态建设的内在要求，一定程度上也有助于我们准确把握思想政治教育和意识形态教育的区别与关联。这里所说的意识形态即社会主义主流的思想体系或价值信念，具体表现为马克思主义及其中国化的理论成果。

从思想政治教育与意识形态关系的角度看，中国共产党思想政治教育的发展历史，伴随着思想政治教育与意识形态关系的变迁过程，只有将二者关系的变化轨迹放置到历史的视野中才能看得比较清楚。新民主主义革命时期，敌我矛盾和阶级斗争异常尖锐，夺取政权成为党的中心任务和最高使命，思想政治教育的实践主题基本上是以服从和服务于意

---

① [美] 加布里埃尔·A. 阿尔蒙德、小 G. 宾厄姆·鲍威尔：《比较政治学——体系、过程和政策》，曹沛霖、郑世平、公婷等译，东方出版社 2007 年版，第 62 页。

② 余一凡：《从马克思到列宁："社会主义意识形态"的确立》，人民出版社 2012 年版，前言第 3 页。

识形态建设为主，这无疑是必要而合理的。但是在新民主主义革命和社会主义改造完成之后，思想政治教育的工作重心也要进行相应的转变。然而令人遗憾的是，"以阶级斗争为纲""无产阶级专政下继续革命的理论"的指导思想却一度占据了社会生活和理论研究的主导地位。"在意识形态领域进行的革命几乎集中了全社会的注意力和资源，而忽视了其他领域的发展和作用；用政治冲击一切，替代一切，几乎成为一种最高时尚，而忽视了社会和人们赖以存在和发展的物质条件。"[①] 同时，"在文艺理论方面，本来可以自由讨论的观点都被当作资产阶级或修正主义的文艺思想加以批判。这种批判还渐渐蔓延到哲学、经济学、历史学等意识形态的各个领域里"[②]。至此，泛意识形态化思潮达到顶峰，"政治挂帅"的年代思想政治教育也因此而背负"恶名"。

1978年党的十一届三中全会召开，随着拨乱反正工作的全面展开、经济建设基本路线的确立以及改革开放的推进，作为实施意识形态领导控制的主要渠道和根本手段，思想政治教育在牢固树立社会主义意识形态导向的基础上，更加注重服务社会建设和促进人的自由发展，体现了意识形态性与科学性的高度统一。但是仍需要注意的是，自从20世纪80年代末开始，在社会主义市场经济体制建立、苏联解体与全球交往格局形成的背景下，"意识形态终结论"再度勃兴，思想文化领域中诸如"历史的终结"[③]"文明的冲突"[④] 以及"普世价值"[⑤] 与"宪政民主"[⑥] 等形形色色的思潮纷纷粉墨登场，其消解马克思主义意识形态指导地位的意图昭然若揭。邓小平针对1989年的"政治风波"指出："十年来我们的最大失误是在教育方面，对青年的政治思想教育抓得不够，教育发展不

[①] 郑永廷、叶启绩、郭文亮等：《社会主义意识形态研究》，中山大学出版社1999年版，序言第2页。

[②] 俞吾金：《意识形态论》，人民出版社2009年修订版，第311页。

[③] [美]弗朗西斯·福山：《历史的终结及最后之人》，黄胜强、许铭原译，中国社会科学出版社2003年版，第325页。

[④] [美]塞缪尔·亨廷顿：《文明的冲突与世界秩序的重建》，周琪等译，新华出版社2010年修订版，第161页。

[⑤] 杜光：《普世价值：一个时代性的重大课题》，《炎黄春秋》2009年第1期。

[⑥] 张千帆：《宪政民主应成为基本共识》，《炎黄春秋》2012年第6期。

够。"① "十年最大的失误是教育,这里我主要是讲思想政治教育,不单纯是对学校、青年学生,是泛指对人民的教育。"② 为此,只要在国家和阶级存在的前提下,对于思想政治教育领域内"去意识形态化"思潮的任何新动向,我们都应当有所察觉并始终保持高度警惕。

由此看出,在社会主义现代化实践中,我们既有过"唯意识形态论"的沉痛教训,同时还时刻面临着反马克思主义思潮的侵袭和颠覆,乃至丧失执政合法性的风险。可以说,廓清思想政治教育与意识形态的内在联系及其区别,是发挥各自作用以及实现协调发展的基本前提,而对于二者关系的揭示则是一个去伪存真、逐步深化的过程。粗略回顾思想政治教育的历史进程可以发现,思想政治教育与意识形态之间的关系主要有以下三种情况:第一,思想政治教育依附或等同于意识形态。即"意识形态的性质决定思想政治教育的性质、意识形态教育就是思想政治教育、加强意识形态建设就是加强思想政治教育"③;第二,思想政治教育与意识形态的辩证统一。毫无疑问,"思想政治教育具有意识形态性,但它远非意识形态的全部"④。意识形态教育虽然是思想政治教育的根本使命,但思想政治教育除此之外还肩负其他方面的任务。因而一方面要旗帜鲜明地强调思想政治教育的阶级性或政治性,同时又"在思想政治教育的意识形态功能和非意识形态功能之间要保持适度的张力"⑤;第三,思想政治教育与意识形态的疏离。主要集中体现在一些思想政治教育学术研究背后的"价值无涉"理念,或者是实践领域中以公民教育取代思想政治教育的不良倾向。譬如,"在学科的科学化建设过程中,现代知识论的建构方法和价值取向受到青睐,思想政治教育学科的意识形态性逐

---

① 《邓小平文选》第 3 卷,人民出版社 1993 年版,第 287 页。
② 同上书,第 306 页。
③ 许华:《关于意识形态与思想政治教育关系必须澄清的几个问题》,《教育与现代化》2010 年第 2 期。
④ 吴潜涛、徐柏才、阎占定:《高校思想政治教育的理论与实践》,人民出版社 2012 年版,第 4 页。
⑤ 李辽宁:《当代中国思想政治教育意识形态功能研究》,武汉大学出版社 2006 年版,第 25 页。

渐被弱化和淡化"[①]。

根据思想政治教育与意识形态的结合状态，上述关于二者关系的三种情况又可归纳为结构的平衡与失衡。毫无疑问，思想政治教育领域内意识形态的泛化和淡化都是二者关系失衡的体现，其危害性自不待言；同时，这里所说的平衡也不是固定不变的，而是强调思想政治教育在维护社会主义意识形态的基础上，努力推动人的全面发展与坚持马克思主义指导的相得益彰。所谓思想政治教育与意识形态关系结构的转型，就是指二者之间的关系由失衡到平衡的动态转变。概而论之，思想政治教育与意识形态关系结构的转型，与党和国家的战略方针密切相关，具有深刻的历史意义和现实根据。"每一个新的历史时期的开始，当面临着每一个新的战略任务时，党的思想政治教育都会在某种程度上面临着重新开始的情形，在新的任务和要求面前，过去形成的工作经验不能直接地使用了，必须做出重大的改变，因此许多方面的思想政治工作必须重新开始。"[②] 鉴于思想政治教育与意识形态在党和国家工作格局中的极端重要性，必须妥善处理二者的关系。在当代中国，虽然作为指导思想的马克思主义理论兼具意识形态性与科学性，从根本上为我们正确理解思想政治教育与意识形态的关系指明方向，但是泛意识形态化和去意识形态化的暗潮涌动一再警示我们，对于思想政治教育与意识形态的问题既不能走僵化封闭的老路和改旗易帜的邪路，也要防止和避免矫枉过正。

三 思想政治教育者与教育对象[③]的结构转型：交互性

以结构的视角分析思想政治教育系统要素的现代化转型，首先要解决的问题便是确定思想政治教育系统要素的基本构成，以及区分思想政治教育系统与环境的边界。然而考虑到学界对思想政治教育系统构成要

[①] 王习胜：《论思想政治教育学科建设中的意识形态问题》，《思想理论教育》2011年第3期。

[②] 许启贤：《中国共产党思想政治教育史》，中国人民大学出版社1999年版，第530页。

[③] 事实上，学界目前对于思想政治教育者与教育对象的研究，基本上是围绕思想政治教育主体和客体进行的。一些学者不赞同借用哲学领域的主客体范畴研究思想政治教育者与教育对象的关系，而大多学者则认为不应该把哲学上的主客体概念及其关系简单搬用到思想政治教育学领域，但并不反对思想政治教育主客体概念的使用。本书所说的思想政治教育主客体就是指思想政治教育者与教育对象。

素的理论纷争，如何厘定思想政治教育系统要素却成为本书研究的一个难题。为了不致陷入思想政治教育系统要素争论的困境而影响本书研究主题的推进，故这里选取思想政治教育者与受教育者作为思想政治教育系统要素结构转型的研究对象。因为无论以什么样的标准或界限来概括思想政治教育系统要素，都不可能将思想政治教育者与教育对象排除在思想政治教育系统要素之外。从理论的中观和微观层面再现思想政治教育系统要素结构的转型状况，关键是要将思想政治教育要素结构的变化根植于社会发展进程之中，通过历时性与共时性相结合的方式，比对不同历史条件下思想政治教育系统要素结构的动态生成及其嬗变。换言之，思想政治教育现代化的结构转型其落脚点在于要素之间的关系结构而非某个要素本身，因而通过思想政治教育者与教育对象结构转型的考察，很大程度上已然能够反映思想政治教育系统要素结构转型的基本样式。

自从1987年首次提出思想政治教育主体和客体①的概念以来，关于思想政治教育主体与客体关系的研究获得了学界同仁的持续关注。借用哲学的主客体范畴意图拓展思想政治教育的理论视野和实践范围，具有一定的合理性。历经20多年时间的发展，思想政治教育主客体理论日益丰富和完善。概观20世纪80年代后期以来的思想政治教育研究文献，主客体范畴在很大程度上已经融入思想政治教育学科理论的话语体系之中。正如有的学者指出："思想政治教育主客体是整个思想政治教育活动系统中的基本构成要素，二者的关系是该活动系统中最为重要的关系。"②"思想政治教育主体与客体的关系是思想政治教育诸要素中最基本的关系。这一关系决定着思想政治教育的根本目的和性质，决定着思想政治教育诸要素其他关系的产生和发展。"③ 但是对于思想政治教育主客体关系的探讨，主要还是围绕思想政治教育者与教育对象来进行的。表面上看，人们一般所讲的思想政治教育主客体，就是指思想政治教育过程中的教育者与教育对象，二者的基本关系及其概念内涵理应是清楚而明确的。

---

① 金鉴康：《思想政治教育学》，水利电力出版社1987年版，第48页。
② 罗洪铁、周琪、王斌等：《思想政治教育学学科理论体系演变研究》，中国社会科学出版社2012年版，第28页。
③ 张耀灿、郑永廷、吴潜涛等：《现代思想政治教育学》，人民出版社2006年版，第244页。

但是，就目前思想政治教育主客体关系的研究现状而言，学界对于二者关系的理论概括实际上一直没有达成共识。

某种意义上讲，关于思想政治教育主客体关系的理论分歧，根本上是源于随着时代的发展，人们面对思想政治教育主客体关系的历史性变化形成了不同的认识。而导致思想政治教育主客体关系结构发生变动的客观条件或基本因素，主要表现为思想政治教育客体方面增加了主体性、主体方面增加了客体性。即"思想政治教育的对象作为客体方面，不再是绝对的客体，在教育的某些环节上显示出主动性，甚至对原来意义的主体产生'反哺'作用；同时，教育的主体在一定的环节上也不再是绝对的主导、执行和实施教育，也出现了继续受教育，甚至接受教育对象的教育的现象。这就是在思想政治教育的过程中，主客体之间的关系出现了互动转化的现象"[①]。因而，不论是思想政治教育过程中的"单一主体说""双主体说"[②]"多主体说""主体间性说"[③]，还是"主导性主体和主体性客体说"[④]以及"施教主体（教化主体）和受教主体（对象主体）说"[⑤]，都是建立在试图概括思想政治教育主客体关系结构变动的基础上而形成的。简言之，思想政治教育主客体关系结构的历史嬗变与当代特征成为学者们共同关注的焦点，而这也是造成一直以来人们对思想政治教育教育主客体关系认识多样化的根本原因。

诚然，当转型成为一个社会取得发展的必经阶段，那么物的因素和人的因素的改变则是其实现发展的条件和基础，因而思想政治教育系统的构成要素自然也会相应地发生变化。譬如教育对象的自觉能动性大大提升，教育者加强自我学习的必要性也显得更加迫切。但是，当前强调思想政治教育客体的主体性与思想政治教育主体的客体性，并不表示过去的思想政治教育客体缺乏主体性或者说其主体性遭到人为忽略，也不

---

① 刘书林、高永：《思想政治教育的对象及其主客体关系》，《思想理论教育导刊》2013年第1期。
② 张耀灿、郑永廷、吴潜涛等：《现代思想政治教育学》，人民出版社2006年版，第268页。
③ 张耀灿等：《思想政治教育学前沿》，人民出版社2006年版，第342页。
④ 罗洪铁：《思想政治教育专题研究》，中央文献出版社2007年版，第107页。
⑤ 孙其昂：《思想政治教育学前沿研究》，人民出版社2013年版，第161页。

意味着思想政治教育者不存在继续接受教育的必要性。本书认为，思想政治教育主客体关系的探讨和研究不是一个纯粹形而上学的问题，在不同的历史时期和社会处境，需要对二者的关系进行历史的、发展的、辩证的分析。毫无疑问，较之前现代社会，人的主体性的提出是现实的需要、历史的补偿和理论发展的逻辑必然[①]，思想政治教育主客体关系由比较强调教育者的主导性与教育对象的从属性，到相对重视教育对象的主体性，倡导教育者与教育对象的双向互动和平等交流，凸显出在新的历史条件下思想政治教育主客体关系的新态势。特别是近年来在"以人为本"科学理念的指引下，关于思想政治教育主体间性[②]和思想政治教育交往理论[③]的探讨显得颇为热烈，很大程度上也能够反映出思想政治教育理论研究与人的主体性增强的客观事实的紧密联系，以及理论界对于思想政治教育主客体关系探索的不懈努力。

可以说，现代社会的发展、科学技术的创新与人的主观能动性的增强，不断要求我们重新打量社会转型过程中思想政治教育主客体关系的演变趋势。一方面，改革开放以来，"建立和发展社会主义市场经济、推进社会主义现代化建设的实践，把主体和主体性问题提到了前所未有的高度，作为实践主体、认识主体、价值主体和历史主体的人的主体性建设问题，比以往任何时候都更紧迫和更突出"[④]。同时，信息社会现代网络虚拟技术的兴起和广泛应用，一定程度上加剧了思想政治教育者与教育对象在网络媒介手段运用、信息资源占有等方面的不对称，因而给予思想政治教育主客体关系以新的省察势在必行。实际上，有关思想政治教育主客体关系的争鸣和探讨，在一定意义上表征着人们对思想政治教育主客体结构转型的理论尝试。另一方面，提出思想政治教育主客体关系结构的转型，正是建立在思想政治教育者与教育对象的客观变化[⑤]的基

[①] 袁贵仁：《主体性与人的主体性》，《河北学刊》1988 年第 3 期。
[②] 苏令银：《主体间性思想政治教育研究》，上海三联书店 2012 年版，第 158—225 页。
[③] 闫艳：《交往视域中的思想政治教育》，人民出版社 2011 年版，第 81—149 页。
[④] 郑永廷等：《人的现代化理论与实践》，人民出版社 2006 年版，第 242 页。
[⑤] 至于有的论者提出受教育者在进行自我教育的时候会成为教育主体，顾钰民教授认为这个问题已经不属于我们探讨的思想政治教育社会实践活动范畴，没有讨论的意义。本书亦赞同这一观点。参见顾钰民《思想政治教育"双主体说"评析》，《教学与研究》2013 年第 8 期。

础之上，而不是要消解思想政治教育者与教育对象的本质属性及其在实践活动中的基本定位，否则思想政治教育现代转型也就没有研讨的必要了。"不能因为思想政治教育主体带有了一定的'客体性'，或者思想政治教育客体带有了一定的'主体性'，就颠倒原有的相互关系，把原来的主体称作客体，把原来的客体称作主体，或者将它们的相互关系做出其他改变。"[①] 我们所说的思想政治教育主客体结构的转型，只是就思想政治教育主客体及其关系出现的新情况进行客观描述，而且所谓的教育者的"客体性"与教育对象的"主体性"变化，事实上也仅仅是思想政治教育过程中的局部现象。可以说，无论怎么强调思想政治教育主客体之间的民主平等、双向互动以及相互转化的关系，都不可能也无法从根本上改变在思想政治教育实践活动中，教育者的主导性与受教育者接受教育的必要性。

四 思想政治教育者系统要素的结构转型：专业化

所谓的思想政治教育者，即"依据一定社会或阶级的要求，对思想政治教育对象的思想品德施加教育影响的个体或群体。简言之，思想政治教育者就是思想政治教育活动的发动者、组织者和实施者"[②]。以系统的观点来看，思想政治教育者也是一个复杂的系统结构。因而对于思想政治教育者系统内部结构的考察，又将面临与确立思想政治教育系统要素同样的问题。所以这里需要说明的是，我们分析思想政治教育结构转型的主要目的，就是想要从微观层面清楚地展现思想政治教育系统及其要素结构的变迁轨迹，进而更好地把握思想政治教育的发展方向。然而如果陷入没有穷尽地探讨思想政治教育系统的要素构成，反之则可能会由于系统要素体系划分的庞大而淹没研究的最初设想。因此，在本书研究过程中，我们不可能也无必要一味地停留在对思想政治教育次级要素系统的无限追究。其实，从事物的存在数量来看，思想政治教育者有个

---

① 刘书林、高永：《思想政治教育的对象及其主客体关系》，《思想理论教育导刊》2013 年第 1 期。

② 陈万柏、张耀灿：《思想政治教育学原理》，高等教育出版社 2007 年版，第 149—150 页。

体与群体之分，通过分析个体思想政治教育者（领导者、教师、家长、思想政治教育工作者等①）与群体思想政治教育者（各种思想政治教育组织、团体、机构等②）内部结构的动态变化，便在一定程度上能够反映思想政治教育者系统内部的结构转型。就广义而言，但凡承担发动、组织与实施思想政治教育的个人、单位或部门，一定意义上都可以称为思想政治教育者。但是为了便于较为具体地掌握思想政治教育者的结构转型，我们这里特别把思想政治教育者限定为专门从事思想政治教育的人员和机构。

以历时态的角度来看，思想政治教育者的产生是一个从角色一体化到分工多样化的发展过程。党的阶段性目标任务以及思想政治教育理论与实践的发展状况，一定程度上决定着思想政治教育者系统结构的存在样式及其时代特征和功能。如果将革命—建设—改革作为考察思想政治教育者系统内部结构转型的历史主线，显而易见的是，革命战争年代，"由于阶级斗争、革命战争、民族民主革命是中心任务，'一切为了前线胜利'，思想政治教育是围绕着阶级斗争、军事斗争、政治斗争不断发展的"③。因而思想政治教育者主要是由党中央及各级宣传部门、广大党员干部和政治工作人员构成，以理论宣传和政治动员为主要职责；新中国成立后特别是改革开放以来，面对从阶级斗争到社会建设的历史性转折，继续发扬党的思想政治工作的优良传统，加强和改进党的思想政治工作成为现实需要，而"思想政治工作要科学化"口号的提出，则为新时期进一步推动思想政治教育的发展确立了基本方向。

1983年中央制定的《国营企业职工思想政治工作纲要（试行）》文件，提出建设一支革命化、年轻化、知识化、专业化的企业思想政治工作干部队伍，并要求有条件的大专院校增设政治工作专业或政治工作干部进修班④，由此拉开了思想政治教育专业人才培养的序幕。20多年间思想政治教育实现了由部分高校开设大专、本科和第二学士学位班，到建

---

① 骆郁廷：《思想政治教育原理与方法》，高等教育出版社2010年版，第80页。
② 同上。
③ 张耀灿：《中国共产党思想政治教育史论》，高等教育出版社2006年版，第5页。
④ 中共中央文献研究室：《十二大以来重要文献选编》（上），人民出版社1986年版，第379—381页。

立完整的本科、硕士、博士、博士后培养体系的跨越式发展。就思想政治教育者而言，其结果是极大地提升了思想政治教育工作者的专业素养，为各条战线开展思想政治教育工作输送了大量的专业人才。可以预见的是，随着思想政治教育实践的深入发展以及学科建设的逐步成熟，思想政治教育者系统结构的专业化趋势将愈发显著。当然，强调思想政治教育者的专业化转型，并不意味着新中国成立前思想政治教育者专业性的匮乏。尽管"十年动乱"时期严重地"败坏了党的思想政治教育的名誉，损害了党的思想政治教育工作者的形象"①，但是也不能以此来否定改革开放之后思想政治教育者在专业化道路上所取得的成绩。可以说，思想政治教育者作为一个历史性的概念，其形成和发展很大程度上会受到社会历史条件和党的工作任务的制约，因而不能脱离特定的时代环境抽象地谈论思想政治教育者系统结构的转型。

从共时态的角度来看，当前思想政治教育者系统结构转型的基本特征主要有以下两个方面：第一，思想政治教育者系统外部要素的多样化。思想政治教育工作是中国共产党自身存在和发展的重要组成部分，党的角色地位与工作重心以及社会环境的改变，必然会极大地拓展思想政治教育的实践领域，同时也促使思想政治教育系统内部要素结构进行相应的调整和更新。从思想政治教育者表面上呈现出的变化特征而言，在社会不同行业领域内（如学校、企业、农村、军队、社区等），个体思想政治教育者和诸多专业性的思想政治教育机构在数量上的扩增无疑是最为显著的，而处于不同领域内的思想政治教育实践活动，又内在地要求多样化的实践主体（这里仅指思想政治教育者）与之相适应。所谓思想政治教育者系统要素的多样化，即在全社会范围内参与或从事思想政治教育活动的机构和个体数量上的增加，并伴有新的职能部门出现。与此同时，思想政治教育者系统结构的转型导致思想政治教育者形成多样化的存在，进一步提出思想政治教育者系统要素整合的客观要求，即形成齐抓共管的工作格局。毛泽东在谈到加强思想政治工作时曾指出："思想政治工作，各个部门都要负责任。共产党应该管，青年团应该管，政府主

---

① 刘建军：《中国共产党思想政治教育的理论与实践》，中国人民大学出版社2008年版，第240页。

管部门应该管,学校的校长教师更应该管。"① 某种意义上讲,思想政治教育者系统要素的多样化转型,是思想政治教育者走向专业化的基础。

第二,思想政治教育者系统内部要素的专门化。阿尔蒙德在描述结构的分化特征时指出:"许多现代的社会结构都具有结构高度分化的特征,结构内出现的每个角色都是专门从事不同的任务的。"② 面对日益庞杂的教育对象和宽广的实践领域,思想政治教育者系统要素结构的分化,既是思想政治教育发挥"生命线"作用的根本保障,同时还是思想政治教育走向科学发展的前提和基础。"在思想政治教育系统内部,已经出现从事专门思想政治教育研究的科研机构及其研究工作者、专门从事思想政治教育教学的教学人员、专门从事思想政治教育工作的专职政工干部、专门从事思想政治教育学术组织及编辑的编审人员等。"③ 简言之,思想政治教育者系统要素结构的转型,主要表现为思想政治教育者系统要素的多样化与专门化,二者的有机统一推动着思想政治教育者的专业化发展。当然,我们这里所说的机构增加、职能专门化和分工多样化,其根本的目的和任务都是以进一步发挥思想政治教育的功能为核心的。

---

① 《毛泽东文集》第 7 卷,人民出版社 1999 年版,第 226 页。
② [美] 加布里埃尔·A. 阿尔蒙德,小 G. 宾厄姆·鲍威尔:《比较政治学——体系、过程和政策》,曹沛霖、郑世平、公婷等译,东方出版社 2007 年版,第 62 页。
③ 孙其昂:《论思想政治教育的分化与学科定位》,《思想教育研究》2013 年第 6 期。

第四章

思想政治教育现代化的实践动力

考察社会现代化的实践动力，实际上是从现代化实践的本源出发剖析现代化得以发生和发展的基本要素。国内外有关现代化的理论争论和实践探索，本质上都包含着对现代化动因的思考。当然，鉴于具体条件以及研究立场和视角的差异，关于现代化动力的理论认识及其分析路径也是不同的。通过人们对现代社会发展普遍规律的认识可知，马克思认为社会发展的基本矛盾构成社会现代化的根本动力，而韦伯则将近代以来西方资本主义社会的发展，归功于资本主义精神或"西方文化独特的理性主义"[①]。具体到特定的语境下，现代化动力的活动主体、历史资源、运行过程以及主要内容等更是千差万别。事实上，现代化作为世界范围内客观存在的实践活动，是共性与个性的统一，而其背后的推动力量也必然遵循这一基本逻辑。所谓现代化的动力，"说到底是指人类在进入了现代社会的历史进步过程中，社会发展的因果性链条上各种顺应社会发展规律的促进性因素的总和"[②]。思想政治教育现代化的动力来源，不仅同思想政治教育自身的发展有着直接的关联，而且在很大程度上还受到人的现代化需求和中国共产党实现现代化的外在推动。因此，本书依据辩证唯物主义和历史唯物主义的基本观点，拟从中国共产党由革命党到执政党的转型、思想政治教育的发展以及人的现代化的客观需要等方面，深度阐释思想政治教育现代化的实践动力。

[①] [德]马克斯·韦伯：《新教伦理与资本主义精神》，马奇炎、陈婧译，北京大学出版社 2012 年版，第 16 页。

[②] 周直：《纵论当代中国现代化动力》，南京大学出版社 2007 年版，第 8—9 页。

第一节　思想政治教育现代化的动力之一：
革命党到执政党转型

  政党转型是国内外现代化理论研究的前沿和热点问题。作为社会现代化的产物，政党是在现代化的历史进程中孕育而生的。现代化在催生政党的同时也离不开政党的参与运作，特别是发展中国家的现代化事业，主要是由强有力的政党力量来领导和推动的。就中国的现代化而言，"中国共产党和政府是中国现代化的直接启动者和积极推进者"[①]，中国走上现代化道路的前提条件和历史基础，与中国共产党的成立、成长与成熟须臾不可分离。当然，能够引领社会现代化的政党，其自身首先也要实现现代化。因而所谓中国共产党的现代化，"就是适应执政党建设的一般规律和发展趋势，按照社会现代化的目标和程式要求，进一步提高党的主体素质和改革党的领导体制、执政方式、运作机制，努力实现党的队伍素质时代化、党内生活民主化和执政方式法制化的过程"[②]。

  一般来讲，政党政治活动合法性的获取渠道比较多样化。但是在世界经济全球化、中华民族走向伟大复兴、中国共产党实现长期执政以及人的主体性显著增强的历史背景下，对于形势变迁的及时把握和调适，无疑是中国共产党安身立命、继续保持先进性的必然要求。因而所谓的政党现代化，本质上就是政党面对时代的发展以及执政或参政任务的需要而对自身进行的改革。具体到中国社会现代化的历史实践中，中国共产党"已经从领导人民为夺取全国政权而奋斗的党，成为领导人民掌握全国政权并长期执政的党；已经从受到外部封锁和实行计划经济条件下领导国家建设的党，成为对外开放和发展社会主义市场经济条件下领导国家建设的党"[③]。而中国共产党现代化的实质，就是由革命党向执政党的转型。而这也就意味着在新民主主义革命期间，党的思想政治教育所

---

  ① 施雪华：《政治现代化比较研究》，武汉大学出版社2006年版，第128页。
  ② 马国钧：《中国共产党现代化建设论要》，中共中央党校出版社2007年版，第49—50页。
  ③ 中共中央文献研究室：《十六大以来重要文献选编》（上），中央文献出版社2005年版，第9页。

形成的历史经验和基本做法,需要在社会主义现代化建设过程中实现内在的转化创新。需要明确指出的是,这里(包括后面思想政治教育思维方式现代转型的本质部分),所说的革命党向执政党的转型,其全部着眼点仅仅在于强调在社会主义现代化建设过程中,中国共产党的阶段性任务、角色地位以及工作方式手段的转换对于思想政治教育的方法论意义,而并不意味着中国共产党的革命精神、革命属性的改变,也不是要否定中国共产党通过暴力革命夺取国家政权的历史正当性,更不表示中国共产党已背离或放弃共产主义理想。[①]

思想政治教育作为党的政治优势和优良传统,始终以服从和服务于党的中心工作为根本宗旨。随着中国共产党由革命党向执政党转型,思想政治教育现代化的问题也必然要提上日程。理论上讲,中国共产党的角色转型过程与思想政治教育现代化应当具有实践的同步性和方向的一致性,而且中国共产党执政地位和角色的生成客观上规定和引导着思想政治教育的现代化发展方向。然而实践却表明,中国共产党转型与思想政治教育现代化并不表现为齐头并进的发展,同时也不是一蹴而就的。相反,二者各自的变化是一个历史的、长期的和渐进的发展过程。执政地位的获得仅仅是中国共产党转型的开始,同时也只是思想政治教育走向现代化的基本前提。虽然由于国内外社会形势变化的复杂情形,以及中国共产党执政初期对社会主义建设认识的相对不足,反而一度使中国共产党在转型过程出现失误、遭受挫折。但是马克思主义指导下的无产阶级政党由革命党到执政党的转变,则事实上充当了思想政治教育现代化的政治驱动力。这里仅从意识形态宣传活动的角度来看,革命战争期间的思想政治教育主要以瓦解、推翻旧秩序的合法性为切入点,而成为执政党以后党的思想政治教育却需要不断地强化和巩固社会主义政权的正当性和权威性。可以说,中国共产党的发展主线实现了从"阶级斗争为纲"到"经济建设为中心"的结构性转变,而现代化正是思想政治教育适应这一形势的必然之举。

---

① 有学者从无产阶级政党革命精神和革命属性的角度,对革命党到执政党转型的理论观点进行了批判。参见王桐《正确理解从"革命党向执政党"的转变》,《中华魂》2012年第23期;石冀平:《执政党与革命党之辨》,《马克思主义研究》2012年第4期。

一 现代化是中国共产党实现发展的必然选择

众所周知，政党与现代社会紧密相关。我们基本上可以说没有社会现代化就不会产生政党，现代化孵化政党，政党是现代化的历史产物；但是基于不同国家现代化的特殊发展历程，政党与现代化的关系又表现出相当的特殊性。譬如"在广大发展中国家，一方面，政党受国际环境的影响而产生，从这个角度讲，政党也是世界性的现代化进程的结果；但另一方面，这些国家本身的现代化进程却远远落后于西方国家，有的甚至还未开始。在这种条件下，实际上不是现代化促进了政党的产生，而是先产生了政党，尔后由政党担负起发动和推进现代化的任务"[1]。美国学者阿普特在分析作为现代化工具的政党时指出："政党在所有当代社会的现代化竞争中如此重要，以至于不同社会所走的现代化道路往往是由政党所决定的"[2]。当然，这一论断主要是描述不发达国家的现代化及其政党之间的关联。从中国现代化的发展历程来看，自洋务运动始到新中国成立近百年来的上下求索和曲折前行，始终未能真正使中国走上现代化的康庄大道，而在中国共产党的领导下，广大人民正在努力建设有中国特色的社会主义现代化事业，却为中华民族的伟大复兴确立方向、奠定基础。简言之，"160多年当中，被外力拖入现代世界的这个古老民族，经历了千辛万苦，去探索强国富民之路。在几代人艰苦探索的基础上，我们终于明确了'建设富强民主文明和谐的社会主义现代化国家'的奋斗目标，终于形成了与此目标相应的科学发展战略"[3]。社会主义现代化所取得的成绩与中国共产党的领导不可分离，而且实现现代化也将成为中国社会持续发展以及中国共产党长期执政的主要目标和重要保证。

中国共产党带领中国人民之所以走上社会主义现代化的道路，"之所以会采取'社会主义'的制度形式，正是源于它的后发外生性质（及其

---

[1] 王长江：《政党现代化论》，江苏人民出版社2004年版，第22页。
[2] ［美］戴维·E.阿普特：《现代化的政治》，陈尧译，上海人民出版社2011年版，第136页。
[3] 童世骏：《中西对话中的现代性问题》，学林出版社2010年版，第417页。

所遭遇的内外矛盾）所产生的对一个强有力的国家政权的需要"[1]。亨廷顿认为在处于现代化之中的国家里，显然"首要的问题不是自由，而是建立一个合法的公共秩序。人当然可以有秩序而无自由，但不能有自由而无秩序"[2]。传统农业社会自给自足的小农生产方式，极大地阻碍了资本主义萌芽在中国的成长壮大，而中国的资产阶级囿于自身的局限性和软弱性，也无力担负起推动中国社会现代化的历史重任；西方帝国主义列强疯狂的殖民侵略和掠夺，以及由帝国主义、封建地主和官僚资本组成的国民党政府的独裁统治，使得近代中国陷入半殖民地半封建社会，尚不具备顺利实现现代化的基本条件。"五四"运动标志着中国无产阶级开始正式登上历史的舞台，并逐渐成为中国革命的领导力量。新民主主义革命的胜利宣告社会主义新中国的诞生，为中国的现代化发展创设统一稳定的社会环境。邓小平同志曾说过："中国的问题，压倒一切的是需要稳定。没有稳定的环境，什么都搞不成，已经取得的成果也会失掉。"[3]更为重要的是，中国共产党执政地位和社会主义基本制度的确立，开启了不同于西方资本主义国家的、具有中国特色的社会主义现代化道路。当然我们这里并非盲目地排斥西方的现代化经验，事实上西方现代化的优先发展，一方面"提供了现代化的先例及宝贵经验，另一方面又显示了它的有限性、欠缺性和危险性"[4]。鉴于中国进入现代化的时间晚、起点低，把建设"中国式"或者是能够体现"中国特色"的现代化，作为克服资本主义现代化弊病、体现社会主义制度优越性的基本任务和主要手段，有其深刻的历史必然性。

确定了社会主义现代化发展的目标任务之后，中国共产党自身是否具备领导社会现代化的能力或素质，在某种意义上就成为决定社会主义现代化建设事业成败的关键性要素。"政党作为人们进行政治参与的工具，因人们对它要求的变化而完善自身。所以，政党的变革和现代化，

---

[1] 谢立中：《当代中国社会变迁导论》，河北大学出版社2000年版，第65页。
[2] [美]塞缪尔·P.亨廷顿：《变化社会中的政治秩序》，王冠华、刘为等译，上海人民出版社2008年版，第7页。
[3] 《邓小平文选》第2卷，人民出版社1994年版，第284页。
[4] 高宣扬：《西方现代性的悖论与危机——纪念卢梭诞辰300周年》，《人民论坛·学术前沿》2012年第4期。

首先是在强大外力的推动下发生的。毫无疑问,在所有这些外力之中,社会发展是推动政党变革和政党现代化的最根本动力。"① 从现代化的视角来看,中国共产党由革命党到执政党的角色任务转换,以及由此而带来的政党政治体系的结构性变动,构成中国共产党现代化的主要内容。而社会主要矛盾的阶段性变化直接推动着社会的发展和政党的转型,促使中国共产党走向现代化的社会主要矛盾的基本内容,由新中国成立前的"中华民族要求实现现代化和各种阻碍中华民族现代化的势力之间的矛盾"②,已经转变为广大人民群众日益增长的物质文化需求同落后的社会生产之间的矛盾。强调中国共产党的现代化,归根结底就是在"全面建成小康社会、推进社会主义现代化、实现中华民族伟大复兴"③的历史征程中,不断巩固党的领导地位、探索党的执政规律,努力使党的路线方针政策始终走在时代的前列。究其本质而言,中国共产党自身的现代化实际上就是中国共产党在新形势下的转型过程,但是我们所说的"政党转型,不是局部微调,不是形式主义躁动,而应该是在执政理念、执政方式、组织结构等方面进行全面、协调的战略性变化。中国共产党的转型,既是历史的必然,人民的需要,也是党完善自身必经的历程"④。

"党的思想政治教育是整个党的事业的一部分,是党在一定时期的整个工作系统的一个方面,它的成败荣辱与党的事业紧密相关。尤其是党的思想政治教育的方向和重点是与党的基本路线和中心任务相一致的。"⑤中国共产党90多年的发展历程表明,在不同的历史时期面对不同的工作任务,党的思想政治教育进行经常性的调整和改变是显而易见的。因此,中国共产党从革命党到执政党的角色转换,对于思想政治教育而言,也只能被理解为一次更为宏大和复杂的战略性转折,而且思想政治教育在某些方面很可能将是全新的开始。毋庸置疑,随着党的中心任务和工作

---

① 王长江:《政党现代化论》,江苏人民出版社2004年版,第98页。
② 吴鹏森:《社会学与现代化发展难题》,上海人民出版社2007年版,第384页。
③ 胡锦涛:《坚定不移沿着中国特色社会主义道路前进 为全面建成小康社会而奋斗》,《人民日报》2012年11月18日第1版。
④ 人民论坛问卷调查中心:《新形势下中国共产党的转型 自我革新与自我超越——基于350位专家和2600位党政干部的书面问卷调查分析》,《人民论坛》2013年第24期。
⑤ 许启贤、刘建军:《中国共产党思想政治教育史》,中国人民大学出版社2004年第2版,第478页。

重心的战略性转移,思想政治教育能否随之进行相应的调节或改变,在很大程度上已成为制约思想政治教育持续发展的关键环节。然而在具体实践中,由于革命战争年代思想政治教育成功经验所形成的路径依赖,导致新的历史条件下思想政治教育实效性不强的现象,更加佐证了思想政治教育与时俱进、创新发展的重要性。概而论之,通过暴力革命的方式领导阶级斗争、夺取国家政权,是新民主主义革命时期中国共产党的奋斗目标,党的思想政治教育实践活动在此期间主要承担着传播马克思主义理论、宣传社会主义远大理想、引领无产阶级革命方向等任务。而中国共产党历史地位的变迁以及社会主义现代化建设目标任务的确立,则为思想政治教育的现代化转型奠定了实践基础和发展方向。

二 意识形态转型视野下思想政治教育现代化

在长期的革命斗争中,中国共产党一直将政治工作视为革命军队建设的生命线。1938年抗日战争期间周恩来同志关于革命军队的政治工作时曾谈道:"以革命主义为基础的革命政治工作是一切革命军队的生命线和灵魂。"[1] 新中国成立后毛泽东同志明确指出:"政治工作是一切经济工作的生命线。在社会经济制度发生根本变革的时期,尤其是这样。"[2] 党的十一届六中全会通过的《关于建国以来党的若干历史问题的决议》,进一步充分肯定了毛泽东同志关于"思想政治工作是经济工作和其他一切工作的生命线"[3] 的科学论断。江泽民同志在总结党的思想政治工作的历史经验时提出:"党的思想政治工作,是经济工作和其他一切工作的生命线,是团结全党全国各族人民实现党和国家各项任务的中心环节,是我们党和社会主义国家的重要政治优势。"[4] 胡锦涛同志立足改革开放面临的新形势,强调"高度重视宣传思想工作,是党在长期革命、建设、改革实践中形成的优良传统,也是中国特色社会主义的一大优势"[5]。习近

---

[1] 《周恩来选集》上卷,人民出版社1980年版,第93页。
[2] 《毛泽东文集》第6卷,人民出版社1999年版,第449页。
[3] 中共中央文献研究室:《〈关于建国以来党的若干历史问题的决议〉注释本》,人民出版社1983年版,第53页。
[4] 《江泽民文选》第3卷,人民出版社2006年版,第74页。
[5] 胡锦涛:《在全国宣传思想工作会议上的讲话》,《人民日报》2008年1月22日第1版。

平同志在全国宣传思想工作会议上指出："经济建设是党的中心工作，意识形态工作是党的一项极端重要的工作。"① 由此可以说，思想政治教育是中国共产党取得新民主主义革命胜利、建立社会主义新中国、开辟中国特色社会主义现代化道路的重要法宝，而强有力的思想政治教育也是中国共产党长期执政的基本保障。

特定时空下的意识形态是一种复杂多维的客观存在，我们这里所说的意识形态转型，主要是指中国共产党的意识形态。从党的事业的壮大以及中国社会不断前进的角度来看，思想政治教育之所以能够在中国共产党的转型过程中继续保持生命线地位、彰显自身的政治优势，根本上是取决于中国共产党意识形态建设的需要。因为"大凡成功的意识形态必须是灵活的，以便能得到新的团体的忠诚拥护，或者作为外在条件变化的结果而得到旧的团体的忠诚拥护"②。进一步本书可以得出这样的结论，即思想政治教育现代化的提出，实际上也是中国共产党意识形态转型的内在要求。中国共产党的转型是一项系统复杂的工程，其对思想政治教育现代化的推动作用是多重维度的。但是，作为古今中外统治阶级用以巩固政权和治国理政的有效手段，中国共产党意识形态的转型，必然会促使执政党用来"实施意识形态控制力"③ 的思想政治教育的转型。而且思想政治教育转型在中国共产党意识形态由革命到治理的变迁过程中，其发展方向就是实现思想政治教育的现代化。基于以上思考，本书拟从中国共产党意识形态转型的视角分析思想政治教育现代化的动力来源。

（一）中国共产党的转型与意识形态变迁

在探讨中国共产党的转型以及意识形态变迁之前，首先需要简略地交代政党与意识形态的关系，特别是就二者的亲和性进行说明。事实上，政党与意识形态是紧密相连的，意识形态是政党的观念基础、政治灵魂

---

① 习近平：《胸怀大局把握大势着眼大事，努力把宣传思想工作做得更好》，《人民日报》2013年8月21日第1版。

② ［美］道格拉斯·C.诺思：《经济史中的结构与变迁》，陈郁等译，上海三联书店、上海人民出版社1994年版，第58页。

③ 李合亮：《思想政治教育探本——关于其源起及本质的研究》，人民出版社2007年版，第126页。

和理论旗帜。特定的意识形态是一个政党得以形成的观念前提，往往是先有意识形态，然后才会出现政党。没有意识形态的政党基本上就会失去发展的方向和动力，甚至还会导致政党的解散。而且政党之间的意识形态差异，也是区别不同政党的主要标志；与此同时，意识形态还是政党获得合法性的重要途径。哈贝马斯在谈论政治制度的合法性时指出："任何一种政治系统，如果它不抓合法性，那么，它就不可能永久地保持住群众（对它所持有的）忠诚心，这也就是说，就无法永久地保持住它的成员们紧紧地跟随它前进。"[①] 一般而言，政党的合法性，就是指政党的政治权威能够在一定范围内得到社会成员的赞同和拥护。政党的合法性是一个政党安身立命之本，任何政党要想长久地存在下去，就要不断地为提升政党的合法性而努力。而意识形态的思想教化、价值引导和社会整合功能，则有助于提高广大民众对政党意识形态的认同程度，进而维护政党政治权威的合法性和政治秩序的稳定性。当然，"要使意识形态成为达到自己目标的有效工具，政党必须不断完善意识形态，并根据变化的情况，适时地对意识形态进行调整"[②]。坚持以马克思主义理论为指导的中国共产党，自从其诞生之日起就高度重视党的意识形态工作。90年来中国共产党的奋斗历程表明，随着党的中心任务和历史方位的根本性转变，马克思主义的历史地位以及党的意识形态的基本功能都发生了很大的变化。主要表现为以下几个方面：

第一，马克思主义在中国社会意识形态领域的地位由从属走向主导。新民主主义革命时期，中国共产党把马克思主义的普遍真理与中国革命的具体实践相结合，强调马克思主义理论对革命斗争的指导作用，同时对马克思主义理论的宣传教育工作也有着相当的自觉。而且在整个社会意识形态范围内，马克思主义是同封建文化保守主义、资产阶级自由主义以及社会改良主义等形形色色的社会思潮，在压制与反击、争论与斗争的过程中战胜各种反马克思主义和非马克思主义，进而得以广泛传播与深入发展的。但是由于中国共产党没有掌握国家意识形态机器，马克

---

① [德] 尤尔根·哈贝马斯：《重建历史唯物主义》，郭官义译，社会科学文献出版社2000年版，第264页。

② 王长江：《政党现代化论》，江苏人民出版社2004年版，第213页。

思主义理论在当时的社会实践中"还主要是我们党和军队的指导思想"①，并未占据社会意识形态的主导地位。而中华人民共和国的成立和社会主义制度的建立，为社会主义意识形态主导地位的形成奠定阶级基础、提供政治条件，标志着马克思主义成为占统治地位的指导思想。就像马克思所说："统治阶级的思想在每一时代都是占统治地位的思想。这就是说，一个阶级是社会上占统治地位的物质力量，同时也是社会上占统治地位的精神力量。"②

第二，中国共产党意识形态的基本功能从革命走向治理。20世纪初，中国社会面临的主要问题是西方帝国主义的殖民压迫，以及国内"统治阶级的解体和整个政治制度的崩溃"③，因而民族的独立和国家的统一以及重建政治制度与社会秩序，无可置疑地成为中国社会顺利进入现代化发展轨道的基本前提。但是当时社会的历史条件决定了这一前提的真正实现，首先有赖于能够代表历史前进的根本方向、具备广泛的群众基础和先进意识形态的政党的出现。诞生于半殖民地半封建社会的中国共产党，在马克思主义理论的指导下，领导广大人民群众推翻官僚资产阶级的反动统治，建立起无产阶级专政的人民政权，而阶级革命无疑也成为新中国成立以前中国共产党意识形态的全部主题。但是"随着'革命型意识形态'的正向功能发挥结束，革命所具有的正当性便逐渐消失，代之以'治理'的意识形态"④，便将构成中国共产党领导人民建设社会主义现代化的核心思想。当然，党的意识形态从革命到治理的转变不是一个顺其自然的过程，而是有着相当的复杂性。事实上，"文化大革命"的历史错误某种程度上就是革命逻辑的惯性使然。自20世纪70年代末开始，随着改革开放战略措施的深入推进与社会主义市场经济体制的逐步完善，党的意识形态的结构功能在遵循马克思主义理论指导和推动社会

---

① 郑永廷、叶启绩、郭文亮等：《社会主义意识形态发展研究》，人民出版社2002年版，第109—110页。
② 《马克思恩格斯选集》第1卷，人民出版社2012年版，第178页。
③ 邹谠：《二十世纪中国政治：从宏观历史和微观行动的角度看》，牛津大学出版社1994年版，第54页。
④ 谢思文：《从革命到治理：1949—1978年中国意识形态转型研究》，上海社会科学院，博士学位论文，2011年，第2页。

主义现代化建设的根本原则之下，不断实现由革命到管理再到治理的全面转型。

（二）思想政治教育现代化的意识形态根源

中国共产党从革命党到执政党的变化，之所以能够促使思想政治教育发生现代化的转型，其根本原因就在于中国共产党的意识形态经历了一个从革命到治理的过程。我们这里有必要再一次强调本节所说的意识形态，主要是指中国共产党在不同历史时期的思想观念和价值追求，不包括社会转型时期思想文化领域同时存在的多种意识形态。当然，中国共产党的意识形态绝不是独立于其他社会意识形态之外。相反，在社会转型时期二者之间却有着相当频繁的交流交融交锋。这里所说的思想政治教育现代化的意识形态根源，主要包含以下两层意思：

第一，历史地看，现代化在某种意义上就是中国共产党建设社会主义的意识形态。如果我们将意识形态理解为集中反映一个政党的价值信念或目标追求，那么现代化事实上已成为中国共产党的意识形态，只不过中国共产党是选择通过领导人民进行社会主义建设和改革开放的道路实现中国的现代化。美国学者雷迅马在分析美国的现代化战略时指出："现代化理论不仅仅是一种社会科学上的学说。现代化也是一种意识形态，一个概念框架，这个框架中融汇了美国人对美国社会的性质以及对美国改变世界的特定部分——即那些在物质和文化上都被认为有缺陷的地区——的能力的一组共同的假设"；而且"作为一种意识形态，现代化的确反映了一种世界观，而正是在这种世界观之下，美国的战略需求和政治选择才能够被表达、被评估、被理解"[①]。由此可见，现代化实际上是美国实施全球霸权统治的有效手段和途径。反观1840年以来现代化在中国的发展境遇可知，正是在中国共产党的领导下"新民主主义革命的胜利，社会主义基本制度的建立，为当代中国一切发展进步奠定了根本政治前提和制度基础"[②]，才满足了中国走向现代化的客观条件。新中国

[①] ［美］雷迅马：《作为意识形态的现代化——社会科学与美国对第三世界政策》，牛可译，中央编译出版社2003年版，第8—9、13页。

[②] 中共中央党史研究室：《中国共产党历史·第二卷》（1949—1978）上册，中共党史出版社2011年版，第3页。

成立后中国社会的现代化发展，相继经历了"工业化强国""四个现代化"以及"中国特色社会主义现代化"的阶段性过程，中国共产党人对现代化的执着追求和不懈探索，贯穿于社会主义初级阶段党和国家的事业发展的始终。因此完全可以说，实现社会主义现代化成为中国共产党领导下的社会主义国家的主流意识形态。

第二，具体来讲，中国共产党的意识形态转型直接奠定了思想政治教育现代化的观念基础。究其本质而言，"思想政治教育这一社会实践活动，就是一定的阶级或政治集团，为实现一定的政治目标，有目的地对人们施加意识形态影响，以期转变人们的思想，进而指导人们行动的社会行为"①，它具有强烈的意识形态色彩和价值导向作用。概而论之，意识形态是思想政治教育目标内容的核心成分，思想政治教育则是传播意识形态的重要途径或基本方式。马克思主义的唯物辩证法认为，内容决定形式，形式体现内容。"执政党意识形态的转型，直接引起了全部社会意识形态的深刻转型，"② 同时也带来思想政治教育目标内容、方式方法和任务功能等的新发展。以思想观念或理论体系存在的"意识形态并非必然是静止的：新的形势要求人们重新解释需求、强调新目标"③。某种意义上中国共产党意识形态的变动和调整，是中国共产党及其思想政治教育持续获得合法性的内在要求。如同 1920 年列宁在全俄苏维埃第八次代表大会上指出的："目前政治形势的全部关键，就是我们正处在转折时期即过渡时期，正处在有着某些曲折的、从战争转向经济建设的时期，"④ 因而"现在我们应该注意把全部宣传鼓动工作从为政治和军事服务转到经济建设的轨道上来"⑤。新民主主义革命到社会主义建设，既是中国共产党的意识形态从革命转向治理的现实基础，也是思想政治教育实现现代化的时代契机。面对革命党到执政党的角色转型以及地位转换，"坚持主导、尊重差异、包容多样、寻求共识"，成为中国共产党新形势下意识

---

① 陆庆壬：《思想政治教育学原理》，复旦大学出版社 1986 年版，第 4 页。
② 刘少杰：《当代中国意识形态变迁》，中央编译出版社 2012 年版，第 229 页。
③ [美] 罗伯特·A. 达尔、布鲁斯·斯泰恩布里克纳：《现代政治分析》，吴勇译，中国人民大学出版社 2012 年第 6 版，第 81 页。
④ 《列宁全集》第 40 卷，人民出版社 1986 年版，第 138 页。
⑤ 同上书，第 141 页。

形态宣传工作的基本方针。执政党意识形态的价值目标、实践功能、传播方式、整合手段等方面都发生了崭新的变化，而中国共产党意识形态这一系列深刻的变动，直接充当了思想政治教育现代化发展的基本动力。

第二节 思想政治教育现代化的动力之二：思想政治教育的发展

和平与发展是当今时代的主题，从发展的角度思考和回答现实问题也得到了人们的普遍重视。一般所说的发展主要有两层含义，既用来指代事物由小到大、由简单到复杂、由低级到高级的变化，也表示组织、规模等的扩大[1]；马克思主义视域中的发展，主要是指"事物从一种质态转变为另一种质态，或从一种运动形式中产生另一种运动形式的过程，特别是指人类所处的现实世界中从低级向高级、从无序向有序、从简单向复杂的上升运动"[2]。唯物辩证法关于发展的基本原理，是我们评判事物发展的指导思想与基本准则。近30年来，学界关于思想政治教育发展趋势的探讨已取得较为显著的成绩。其中大多表现为对思想政治教育发展趋势的宏观考察，如思想政治教育的现代化、人本化、网络化、综合化等[3]；但也不乏从系统的要素结构出发剖析思想政治教育的发展趋势，如思想政治教育主体的社会化、结构的开放性、功能的多样化等。[4] 而且随着社会实践的深入，思想政治教育的发展必然会出现更多的新趋势。

同思想政治教育现代化类似，思想政治教育发展亦是一个相当宽泛的概念。它似乎可以用来表征思想政治教育的一切进步性的变化，因而可以说思想政治教育发展的内容是非常丰富的。当然，强调思想政治教

---

[1] 中国社会科学院语言研究所词典编辑室：《现代汉语词典》，商务印书馆2002年版，第340页。

[2] 肖前：《马克思主义哲学原理》上册，中国人民大学出版社1993年版，第151页。

[3] 吴潜涛、刘建军：《新时期思想政治教育史论》，安徽人民出版社2004年版，第260—266页；张耀灿、郑永廷、吴潜涛等：《现代思想政治教育学》，人民出版社2006年版，第457—464页。

[4] 杨威：《思想政治教育发生论》，中国社会科学出版社2009年版，第296—306页。

育的发展绝对不能忽视社会和人的发展,实际上一旦离开社会与人的发展的客观需要,思想政治教育便不可避免地出现僵化教条、低效萎缩,最终还可能会走上"精神万能"和"政治挂帅"的邪路。但是本节既无法关照庞大的思想政治教育发展内容,也不准备重点阐述思想政治教育发展的某一方面,其主要着眼点在于以纵向的思维逻辑粗线条地描述中国共产党的思想政治教育的历史演进过程,进而揭示思想政治教育现代化发展的现实必然性。换句话说,实现现代化不单是现代社会人的现代化发展的外在要求,同样也是思想政治教育实践的自觉选择。而且在某种程度上,社会主义现代化建设过程中思想政治教育自身存在的诉求,客观上构成思想政治教育现代化的根本动力。

一 思想政治教育发展与思想政治教育现代化

如前所述,思想政治教育发展与思想政治教育现代化基本上都属于宏大而抽象的概念。关于二者关系的认识,郑永廷教授在《思想政治教育发展的哲学思考》一文中指出:"所谓思想政治教育发展,就是传统思想政治教育的观念、内容、方式、体制、模式等各个方面适应现代社会发展和人的发展需要,并促进社会发展和人的发展的改革、转变,就是实现思想政治教育现代化。"同时还进一步指出:"思想政治教育发展,本质是实现思想政治教育现代化,它同思想政治教育现代化应是同一概念。"[①] 然而按照本书的理解,思想政治教育发展无疑要经历思想政治教育现代化的过程,思想政治教育现代化构成思想政治教育发展的阶段性目标。与此同时,思想政治教育现代化的产生也不是空穴来风,思想政治教育发展为思想政治教育现代化提供历史基础。换言之,只有在特定的时空背景下,思想政治教育发展才能等同于思想政治教育现代化。

(一) 思想政治教育发展:思想政治教育现代化的历史基础

毋庸置疑,任何意义上的发展都是继承性与创新性、历时性与共时性的有机统一,同时也是一个革故鼎新和与时俱进的实践过程。当然,我们也只能通过具体的、历史的和实践的思维方式把握事物的生成及其发展过程。亚里士多德就寻找事物起因的方法曾经指出:"不论在任何领

---

① 《郑永廷文集》,中山大学出版社2013年版,第243—244页。

域,如果我们从事物的根源,并沿着其生长历程来考察,就能获得准确的结论。"① 因此,谈论中国共产党思想政治教育的发展,首先应当从发生学的视角回顾党的思想政治教育的历史源流。总体上来看,90多年来思想政治教育紧密联系党的中心工作和社会发展实际,取得了辉煌的成就、实现了跨越式的发展,而且"宣传工作""政治工作""思想政治工作"以及"思想政治教育"等概念称谓,也是由马克思主义者所创设,但是我们却不能想当然地认为思想政治教育是在马克思主义产生之后出现的,或者说只有马克思主义政党才会有思想政治教育。众所周知,自从人类进入阶级社会以后,思想政治教育就成为统治者实施阶级统治的思想工具。无产阶级思想政治教育的形成和发展,实际上也是以借鉴古今中外的思想政治教育理论与实践为基本前提的。尽管中国共产党的思想政治教育与其他社会形态下的阶级教化有着本质的不同,然而就人类社会客观存在的思想政治教育实践活动而言,我们仍然可以将前者看作对后者的继承发展和内在超越。

其次,思想政治教育的发展具有显著的阶段性特征。革命战争年代,党的思想政治教育工作是党的革命事业的重要组成部分。也就是说,思想政治教育的发展初期是以阶级斗争和夺取政权为主,因而在整个新民主主义革命过程中,思想政治教育围绕党的中心工作形成了一整套相应的理论、原则和方法,为中国共产党最终实现革命胜利、建立国家政权发挥了重要的作用。这一历史时期思想政治教育的优良传统以及基本经验,在思想政治教育实践过程中表现为思想政治教育现代化的历史资源和现实基础。短暂的社会主义改造完成以后,中国社会进入社会主义建设时期,实现社会主义现代化成为党和国家的中心任务。虽然期间发生了"文化大革命"的历史逆流和错误影响,但是从整体上来看,思想政治教育发展的主题是服从和服务于社会主义现代化建设。我们仅将1949年新中国的成立,作为分析思想政治教育发展的重要节点,便可看到思想政治教育在不同历史时期的发展特征。如果依据思想政治教育的实践进行详细的区分,那么思想政治教育发展的阶段性特征将会更为显著。

---

① [古希腊]亚里士多德:《政治学》,高书文译,中国社会科学出版社2009年版,第4页。

因此，将思想政治教育发展理解为思想政治教育现代化，很大程度上会造成对思想政治教育发展的简单化和片面化。而思想政治教育现代化，实际上也无法全面地反映和体现思想政治教育发展的整体性与复杂性。

（二）思想政治教育现代化：思想政治教育发展的必经阶段

本书认为思想政治教育现代化首先是一个转型的过程，因而我们将思想政治教育现代化定义为思想政治教育传统到现代的转型发展。这里所谓的思想政治教育传统或传统思想政治教育，就是指在革命战争时期思想政治教育行之有效的思想理论和实践模式；现代思想政治教育主要是指具备了现代性的思想政治教育。而关于传统思想政治教育与现代思想政治教育的内在联系，本书第二章已进行专门的探讨，故此处不再赘述。但需要指出的是，转型与发展都包含着事物形态的改变或质的跃迁，因而思想政治教育现代化与一般意义上的思想政治教育转型，还是有着本质的不同。因为思想政治教育现代化不仅强调思想政治教育要适时地促进转型，更重要的是提出思想政治教育转型的现代化发展方向。概而论之，思想政治教育现代化是与特定的社会发展阶段，以及思想政治教育的本质属性相联系的。坚持社会主义性质或马克思主义立场，是思想政治教育现代化的基本规定，而不断适应和满足社会主义现代化建设的需要，则是思想政治教育现代化的全部追求。而且更为重要的是，思想政治教育现代化是以社会主义现代化建设为历史前提的，也就是说只有进入社会主义现代化建设时期，思想政治教育现代化才能提上日程，超越时代发展需要的理论或实践都很可能只是一种"乌托邦"式的幻想。如同"中国只有首先实行革命化，然后才能实现现代化"① 的理论判断所反映的基本事实，思想政治教育现代化也需要相应的历史基础。

然而思想政治教育发展是一个高度抽象的概念和过程，它的内涵发展及其外延拓展在不同的历史阶段和社会环境下具有一定的差异性，而且我们对于思想政治教育发展的认识和理解也是一个不断发展的历史过程。思想政治教育发展的本质特征，决定了思想政治教育发展是一个面向未来的开放性话题。然而，思想政治教育发展的前瞻性和超越性，并

---

① ［美］伊斯雷尔·爱泼斯坦：《中国现代化的先驱》，孟胜德译，中国和平出版社1987年版，第4页。

不代表我们无法言说思想政治教育发展。相反，仅就思想政治教育自身的发展而言，思想政治教育发展总是表现为思想政治教育目标内容、方法载体、观念手段、学科建设等的与时俱进。当然，所谓思想政治教育的与时俱进，在社会主义现代化建设过程中主要是积极协调、适应现代社会条件下人的生活环境以及生存方式的客观变化，归根结底就是要实现思想政治教育的现代化。这也就是说，思想政治教育现代化是思想政治教育在当代中国社会发展过程的必经之路。而且可以预见的是，鉴于中国的基本国情以及社会主义初级阶段的历史定位，思想政治教育现代化将是一个不断面对新的时代挑战、逐步生成新的形态的长期发展过程。思想政治教育只有在推进社会主义现代化发展的过程中实现自身的现代化，才能使思想政治教育达到新的发展高度和境界。

二 思想政治教育矛盾与思想政治教育现代化

矛盾是事物发展的动力和源泉。"事物发展的根本原因，不是在事物的外部而是在事物的内部，在于事物内部的矛盾性。任何事物内部都有这种矛盾性，因此引起了事物的运动和发展。"[①] 思想政治教育矛盾主要包括思想政治教育基本矛盾和思想政治教育过程的基本矛盾，"思想政治教育的基本矛盾是一定社会对人们思想政治教育规范要求与人们实际的思想政治素质之间的矛盾，思想政治教育过程的基本矛盾是教育者所掌握的一定社会的思想政治规范要求与受教育者的思想政治素质之间的矛盾"[②]。而且目前学界在这个问题上达成了比较一致的认识，就是强调应当明确区分这两组基本概念。当然我们也要看到二者之间的本质联系，即思想政治教育过程的基本矛盾从属于思想政治教育的基本矛盾，是思想政治教育基本矛盾的具体化。思想政治教育矛盾推动思想政治教育发展，思想政治教育现代化的发展动力，实质上也是思想政治教育矛盾运动的结果。因此，我们这里将重点探讨引发思想政治教育走向现代化的基本矛盾，而不准备分析思想政治教育现代化运行过程的基本矛盾。

---

① 《毛泽东选集》第1卷，人民出版社1991年版，第301页。
② 罗洪铁、周琪、王斌等：《思想政治教育学学科理论体系演变研究》，中国社会科学出版社2012年版，第170页。

（一）思想政治教育基本矛盾的现代化解读

如前所述，思想政治教育的基本矛盾就是一定的阶级或社会，对人的思想政治素质的客观要求与社会成员实际状态之间的矛盾，而且思想政治教育的基本矛盾贯穿于思想政治教育发展过程的始终。正是基于思想政治教育基本矛盾的客观存在，思想政治教育的发展才能获得不竭的动力。同时从发展的角度来看，阶级或社会的思想政治要求与人们的思想政治状况，都会随着时代的变迁而发生变化。因而在不同的历史时期面对不同的发展境遇，思想政治教育的基本矛盾也将具有不同的实践内容。当历史的车轮驶入现代社会，在某种意义上思想政治教育的基本矛盾，就表现为"社会的现代化发展要求与人的现代化实际水平的矛盾"[①]。毋庸置疑，现代化发展是不以人的意志为转移的历史趋势和世界潮流。据中国科学院中国现代化研究中心发布的调查数据显示，在"2007年，国内31个省级地区已有17个已经完成或基本实现了第一次现代化"[②]。所谓的"第一次现代化"，就是指"从农业时代向工业时代、农业社会向工业社会、农业经济向工业经济、农业文明向工业文明的转变过程和深刻变化"[③]。

由此可知，较之西方资本主义发达国家，虽然中国在现代化的道路上仍然属于后来者，但是至少现代性或现代化的基因早已渗入中国社会的实践土壤，并内在规定着百余年来中国社会历史发展的基本方向。与此同时，中国自改革开放以来的现代化历程，似乎还显现出比西方现代化更为复杂的社会景象。犹如狄更斯在描述法国大革命时所说："那是最美好的时代，那是最糟糕的时代；那是智慧的年头，那是愚昧的年头；那是信仰的时期，那是怀疑的时期；那是光明的季节，那是黑暗的季节；那是希望的春天，那是失望的冬天；我们拥有一切，我们一无所有；我们全都在直奔天堂，我们全都在直奔相反的方向。"[④] 可以说，中国社会现代化过程中的历史错位与现实反差，很大程度上是中国走向现代化以

---

① 郑永廷等：《人的现代化理论与实践》，人民出版社2006年版，第186页。
② 中国现代化战略课题研究组等：《中国现代化报告2009——文化现代化研究》，北京大学出版社2009年版，第302页。
③ 何传启：《东方复兴：现代化的三条道路》，商务印书馆2003年版，第109页。
④ ［英］查尔斯·狄更斯：《双城记》，孙法理译，译林出版社2012年版，第3页。

及现代人成长的必然经历。思想政治教育发展与社会现代化的发展趋势具有高度的一致性和契合性。

与此同时，现代化过程中人的思想观念以及能力素质，在整体上还是与实现社会现代化的基本要求存在较大差距。当然，这一情况的产生有其深刻的历史根源。马克思认为："物质生活的生产方式制约着整个社会生活、政治生活和精神生活的过程。不是人们的意识决定人们的存在，相反，是人们的社会存在决定人们的意识。"① 尽管新中国成立以来特别是改革开放30多年来，"市场经济的快速发展，中国的社会生产力水平空前提高，经济体制也发生了深刻变动"②，当前社会的科学技术、民主法治以及文化道德的发展水平已达到前所未有的地步，人的思想启蒙和文明程度都取得了历史性的进步。然而"在空前广泛、深入的社会巨变中，大量的无序状态与有序状态共存，到处泛滥的失范、失衡现象与规范化、均衡化现象共生，常常令人为之头晕目眩"③，却也是我们现时无法回避的客观事实。面对这样的形势，转型时期社会成员的思想观念和行为方式因而也带有显著的矛盾性和复杂性。仅就当前人的思想观念现状来看，由传统与现代的杂糅、落后与先进的交织以及神圣与世俗的纠缠等多重现象，编织成现代社会人的精神生活的基本图景，同时也是现代化条件下思想政治教育与人的思想观念之间的矛盾张力的实践基础。思想政治教育现代化，实质上就是思想政治教育基本矛盾在现代社会的内在表现。

（二）现代化视域下主流价值观的逆向构建

黄力之教授依据价值观生成的基本路径，提出社会主流价值观构建具有逆向性特征的观点。④ 本书在此基础上进一步认为，主流价值观或主流意识形态的逆向建构，也是思想政治教育基本矛盾得以形成的内在机理。根据价值观念在社会思想领域占据的地位及其自身的影响力，我们可以简单地将价值观分为主流价值观和非主流价值观。其中非主流价值

---

① 《马克思恩格斯选集》第2卷，人民出版社2012年版，第2页。
② 刘少杰：《当代中国意识形态变迁》，中央编译出版社2012年版，第272页。
③ 姜义华：《现代性：中国重撰》，北京师范大学出版社2008年版，第266页。
④ 黄力之：《论社会主流价值观构建的逆向性特征》，《上海行政学院学报》2012年第6期。

观在基本取向上又可分为与主流价值观是否存在对抗性的本质差别。一般而言，主流价值观主要反映的是统治阶级的思想，因为"统治阶级的思想在每一时代都是占统治地位的思想"①。而且主流价值观的根本诉求，在于改造和引导社会成员多样化的价值观念使其与统治阶级的价值观保持相对一致，至少不存在严重的分歧或冲突。但是，一个众所周知的事实就是人人都拥有价值观，"价值就是事物对于人、更确切地说，是客体对于主体的'意义'"②，因此价值观必然因主体的不同而存在差异，而统治阶级的价值观只是众多价值观念群当中的一部分。统治阶级的思想之所以成为主流价值观，则是源于"支配着物质生产资料的阶级，同时也支配着精神生产资料"③。作为统治阶级宣扬本阶级价值观念的基本手段，思想政治教育的基本矛盾也可以理解为主流价值观与非主流价值观的对立统一。在这个意义上可以说，思想政治教育的发展过程实际上就是社会主流价值观逆向建构的过程。

辩证唯物主义认为，思想观念乃至整个意识形态的变化是建立在经济社会结构深刻变动的基础之上的。"中国社会在价值信念、道德观念、社会思潮等方面的变化，已经充分说明中国社会意识形态正在发生空前的变化"④，虽然社会主流价值观建构的逆向性特征并不会因之而发生改变，但是在社会主义现代化建设过程中，主流价值观面临的客观环境和基本要求却有着根本的不同。我们这里仅以计划经济向市场经济的体制转型为例，传统计划经济时代囿于单纯的计划经济体制，人的主体性受到束缚和压制，思想意识和价值观念具有相当的封闭性和保守性，在社会整个思想领域执政党的价值观念取得了绝对的话语主导权，因而社会主流价值观构建的逆向性特征也就相对减弱。特别是"在阶级斗争的年代，一切有别于'左倾'教条主义的价值信念都被看作执政党意识形态的敌对观念，凡是与极左政治原则不相符的思想观点都被冠以'封、资、修'帽子，那些敢于说真话、表达自己观点的人，动辄被加上资产阶级

---

① 《马克思恩格斯选集》第 1 卷，人民出版社 2012 年版，第 178 页。
② 李德顺：《价值论》，中国人民大学出版社 2007 年第 2 版，第 36 页。
③ 《马克思恩格斯选集》第 1 卷，人民出版社 2012 年版，第 178 页。
④ 刘少杰：《当代中国意识形态变迁》，中央编译出版社 2012 年版，第 272 页。

代言人、西方敌对势力的代表、右派或右倾机会主义者、修正主义理论家、反动文人等罪名，思想舆论界长期处于'左倾'恐怖、万马齐喑的状态，人们的价值信念和表达价值信念的理论学说或社会思潮，都只能被隐藏在心里底层，表达不同价值信念的社会意识形态也就无处可见了"[1]。随着改革开放以来社会主义市场经济体制的确立，资源分配、利益关系和社会阶层发生了广泛而深刻的变化，而社会思想领域的"百花齐放、百家争鸣"亦成为现实。如果我们从社会阶层分化的角度来看，"十大社会阶层"[2] 的形成意味着社会群体利益的分化，而利益格局的多样化则是多元价值观念诞生的物质根源，也是思想政治教育走向现代转型的现实基础。

第三节 思想政治教育现代化的动力之三：现代社会人的需要

胡锦涛同志在2003年全国宣传思想工作会议上指出："思想政治工作说到底是做人的工作，必须坚持以人为本，既要坚持教育人、引导人、鼓舞人、鞭策人，又要做到尊重人、理解人、关心人、帮助人。"[3] 事实上，党的思想政治教育一直以来都是将"现实的人"，作为其理论研究和实践活动的基本着眼点，但是由于不同历史发展阶段社会主要矛盾的根本差异，思想政治教育的出发点由革命战争需要，转向社会主义建设和改革开放以来人与社会的共同发展。当然，在新民主主义革命时期，思想政治教育并非全然不顾人的存在。相反，推翻殖民统治和阶级压迫，实现民族独立和国家富强是当时社会条件下人的发展的根本前提，离开这一重要基础条件抽象地谈论人的解放和全面自由发展，是没有任何实际意义的；在社会主义现代化建设过程中，"人，既是现代化建设的主体，又是现代化建设的目标。作为主体，只有现代化的人才能担当现

---

[1] 刘少杰：《当代中国意识形态变迁》，中央编译出版社2012年版，第229页。
[2] 陆学艺研究员等人将当代中国社会阶层结构划分为五个等级、十大阶层。参见陆学艺《当代中国社会阶层研究报告》，社会科学文献出版社2002年版，第8页。
[3] 胡锦涛：《在全国宣传思想政治工作会议上的讲话》，《人民日报》2003年12月8日第1版。

化建设重任；作为目标，只有实现人的现代化才能真正体现现代化的价值"①。

然而我们这里所说的人的现代化，与社会层面的现代化"是统一的现代化进程不可分割的两个方面，它们互为因果，互相制约，只有二者的协调同步发展，才会保证现代化进程的顺利进行；二者中任何一方面的滞后都会成为现代化进程的羁绊"②。社会的现代化发展伴随着人的现代化，并最终通过人的现代化程度得以体现，而社会以及人的现代化趋势与思想政治教育之间的内在张力，构成思想政治教育现代化的核心动力。同时，作为思想政治教育现代化的最终目标，人的现代化也只能从社会的现代化过程中得到理解和说明。"这就是说，我们不是从人们所说的、所设想的、所想象的东西出发，也不是从口头说的、思考出来的、设想出来的、想象出来的人出发，去理解有血有肉的人。我们的出发点是从事实际活动的人。"③ 在当代中国语境下，社会的现代化和人的现代化不是一个空泛的流行话语或理论标签，而是深刻地植根于社会主义现代化建设的历史进程之中。

人的利益需要是人类社会发展的助推器。马克思曾指出："人们为之奋斗的一切，都同他们的利益有关"④，成为现代人就是社会主义现代化建设过程中人的根本需要。与此同时，"人的现代化是国家现代化必不可少的因素。它并不是现代化过程结束后的副产品，而是现代化制度与经济赖以长期发展并取得成功的先决条件"⑤。社会主义现代化建设是一个全面发展的过程，经济体制的改革与社会主义市场经济体制的建立，奠定了人的主体性得以发挥的现实基础，促使人的主体意识增强；政治民主化进程加快，极大地改善、调动了人们的政治参与态度和热情；多种所有制经济共同发展形成精神文化生活的多元化格局，而且这一发展态

---

① 郑永廷等：《人的现代化理论与实践》，人民出版社2006年版，第1页。
② 衣俊卿：《现代化与日常生活批判——人自身现代化的文化透视》，人民出版社2005年版，第261页。
③ 《马克思恩格斯选集》第1卷，人民出版社2012年版，第152页。
④ 《马克思恩格斯全集》第1卷，人民出版社1995年版，第187页。
⑤ 殷陆君编译《人的现代化——心理·思想·态度·行为》，四川人民出版社1985年版，第8页。

势在人的虚拟生存状态下不断得到强化;社会主义现代化建设良好环境氛围的形成,需要社会管理的创新发展,而社会成员复杂多变的社会心态则是社会管理走向现代化亟待解决的时代课题。可以说,人的现代化不是一个直线发展进步的过程,其间既有社会变迁带来的历史机遇,同时也必然要面临社会变化带来的新挑战。现代化机遇与挑战的共时性存在,汇聚成思想政治教育现代化的现实图景和不竭动力。

一　市场经济体制的建立与人的主体意识增强

人的主体性的发挥以及独立人格的形成,是衡量人的现代化程度的重要指标。所谓人的主体性,就是"人作为活动主体的质的规定性,是在与客体相互作用中得到发展的人的自觉、自主、能动和创造的特性"[①]。主体意识增强是人的主体性发展的必然结果,而人的主体性的获得最终取决于社会实践的发展。马克思指出:"人的依赖关系(起初完全是自然发生的),是最初的社会形式,在这种形式下,人的生产能力只是在狭小的范围内和孤立的地点上发展着。以物的依赖性为基础的人的独立性,是第二大形式,在这种形式下,才形成普遍的社会物质变换、全面的关系、多方面的需要以及全面的能力的体系。建立在个人全面发展和他们共同的、社会的生产能力成为从属于他们的社会财富这一基础上的自由个性,是第二个阶段为第三个阶段创造条件。因此,家长制的,古代的(以及封建的)状态随着商业、奢侈、货币、交换价值的发展而没落下去,现代社会则随着这些东西同步发展起来。"[②]

由此可见,"人及其主体性的确立是一个社会历史过程,作为社会历史产物和结果的人,其主体性的确立首先植根于社会的经济关系之中",因而"对人的主体性的确立问题",应当"考察人的主体性得以确立的经济根据"[③]。在社会主义现代化建设过程中,人的主体性的形成与计划经济向社会主义市场经济的转变是同步进行的,亦即计划人向市场人的转

[①] 郭湛:《主体性哲学——人的存在及其意义》,中国人民大学出版社 2011 年修订版,第 23 页。
[②] 《马克思恩格斯全集》第 30 卷,人民出版社 1995 年版,第 107—108 页。
[③] 韩庆祥:《社会主义市场经济与人》,中共中央党校出版社 1993 年版,第 20 页。

型[①]。计划人与市场人的不同，很大程度上就是人的主体性发展水平的差异。十一届三中全会之后，社会主义现代化建设成为中国社会发展的中心任务。"为了建设现代化的社会主义强国，任务很多，需要做的事情很多，各种任务之间又有相互依存的关系"[②]，"但是说到最后，还是要把经济建设当作中心"[③]。从"四个现代化"到"中国特色社会主义现代化"，经济建设的核心地位无疑贯穿于社会主义现代化建设过程的始终。而社会主义市场经济体制的建立，使得人们开始摆脱计划经济体制下权力高度集中对思想观念的压制，人的积极性、主动性和创造性得以充分发挥。与传统计划经济时代人对政府与单位的过分依赖以及教条主义盛行相比，社会主义经济体制改革之于人的主体性的积极作用，不亚于其对中国社会经济发展所具有的进步意义。

简略探讨现实生活中人的主体性的经济根源，意图表明在社会主义现代化建设过程中，随着社会主义市场经济体制的确立，人的主体意识显著增强已是一个不争的事实。基于此，从意识形态教化或主流价值观念宣传的角度来看，市场经济条件下人的独立自主意识确实在不断走向成熟，但是工具理性的滥觞和价值理性的阙如等负效应也给思想政治教育带来困惑和挑战。在社会主义市场经济发展过程中，追求人的自由全面发展的同时，似乎永远也无法抹去如影随形的物质崇拜。事情正是如此，因为"现代社会是建立在物的依赖关系基础上的以人的独立性为特征的社会形式"，"活动和产品的普遍交换已成为每一单个人的生存条件，这种普遍交换，他们的相互联系，表现为对他们本身来说是异己的、独立的东西，表现为一种物。在交换价值上，人的社会关系转化为物的社会关系；人的能力转化为物的能力"[④]。所以"摆脱传统社会那种人的依赖关系，并不意味着摆脱一切依赖关系"[⑤]。而社会主义市场经济体制的建立，则意味着人的依赖关系开始转向物的依赖关系。

[①] 韩庆祥、宫敬才：《计划人与市场人》，当代中国出版社1995年版，第6页。
[②] 《邓小平文选》第2卷，人民出版社1994年版，第249页。
[③] 同上书，第250页。
[④] 《马克思恩格斯全集》第30卷，人民出版社1995年版，第107页。
[⑤] 郭湛：《主体性哲学——人的存在及其意义》，中国人民大学出版社2011年修订版，第2—4页。

人的现代化是人的自由全面发展的特定阶段,而社会主义市场经济是我国人的现代化的历史必然。对于思想政治教育而言,市场经济体制的引入以及人的主体意识增强的直接后果,就是思想政治教育实践的对象和环境发生了根本性的变化。市场机制既"催生了以积极、主动、竞争、合作、创造、开拓等为特征的现代人格,为个性发展和人际关系的丰富创造了条件",也"引发了价值取向多样与偏离,一些人对物质的过分追求,满足于物质的需求,不屑于追求精神和理想信念,忽视人自身的价值和意义,抛弃人文观念和精神关怀"[1]等。可以说,社会主义市场经济条件下,社会成员自身能力与素质的创新发展及其发展过程中所遭遇的人的异化,客观上构成思想政治教育现代化的动力,这里所说的动力是推力与阻力的统一。表面上看,社会现代化发展的挑战或风险极大地影响着人的现代化水平,同时也对思想政治教育现代化进程产生抗阻作用。但是"从现代化的发展史看,对于具有创新能力的人来说,'危机''困境'就是逼迫他们越出既有的常规方法、探寻一种更新更有效的方法的一个信号;因而也就常常表现为一个迈向更高发展的机会,或者某种更有效的制度或技术发明诞生的温床"[2]。人的现代化是一个充满矛盾和悖论的过程,同时也可以看作促进思想政治教育现代化的力量源泉。

二 政治民主化进程加快与公众参与热情高涨

经济建设不能离开政治而单独地发挥作用,"它也必定要经受它自己所确立的并且具有相对独立性的政治运动的反作用"[3]。恩格斯在致布洛赫的信中指出:"经济状况是基础,但是对历史斗争的进程发生影响并且在许多情况下主要是决定着这一斗争的形式的,还有上层建筑的各种因素:阶级斗争的政治形式及其成果——由胜利了的阶级在获胜以后确立的宪法,等等,各种法的形式以及所有这些实际斗争在参加者头脑中的反映,政治的、法律的和哲学的理论,宗教的观点以及它们向教义体系

---

[1] 郑永廷等:《人的现代化理论与实践》,人民出版社2006年版,第367页。
[2] 刘森林:《发展哲学引论》,广东人民出版社2000年版,第88页。
[3] 《马克思恩格斯选集》第4卷,人民出版社2012年版,第609页。

的进一步发展。"① 在社会主义现代化建设过程中，政治现代化是"传统政治体系向现代政治体系转变的整个过程"②，其根本特征是从专制到民主、人治走向法治。政治现代化既是经济现代化的内在要求，也是社会实现全面现代化的根本保证。当然，"非民主政体，甚至反民主政体，同样有可能是现代化的产物"③。中国共产党成立伊始，人民民主便成为其带领中国人民努力奋斗的目标旗帜和价值追求，同时也是社会主义政治现代化建设的主线。新民主主义革命的胜利，建立了独立民主自由统一的社会主义新中国，而不断丰富和完善人民民主专政的政治体制，则成为社会主义建设和改革的重要任务。邓小平深刻地认识到"没有民主就没有社会主义，就没有社会主义的现代化"④。随着社会主义现代化建设的深入推进，我国的政治民主化进程也在不断加快。

迄今为止，经济社会的快速发展，使得政治早已介入到每个人的日常生活，人们的生存和发展更加依赖于政治，现实活动中的人几近成为"政治化的人类"（王沪宁语）。同时，"市场经济的运行增加了个人或组织的可支配物质财富，从而要求公民对基层社会生活的管理，要求实现公民对国家公共管理的民主参与和监督"⑤。可以说，政治现代化是现代社会政治在特定发展阶段的必然趋势，新中国的成立以及社会主义基本制度与社会主义市场经济体制的确立，极大地推进了社会主义政治现代化的步伐。一般来讲，政治现代化主要包括制度形式层面的现代化与政治思想行为层面的现代化。政治体制的革故鼎新激发和调动了社会成员政治参与的热情，与此同时，人的主体性的提升则是政治体制改革的前提条件。总而言之，社会主义政治建设带来政治生活的民主化与政治的普遍参与，而社会的政治民主化进程和民众的政治参与程度，既是衡量社会主义现代化建设的重要指标，在一定程度上也能够体现人的现代化

---

① 《马克思恩格斯选集》第 4 卷，人民出版社 2012 年版，第 604 页。
② 施雪华：《政治现代化比较研究》，武汉大学出版社 2006 年版，第 10 页。
③ [美] 巴林顿·摩尔：《民主和专制的社会起源》，拓夫、张东东译，华夏出版社 1987 年版，第 126 页。
④ 《邓小平文选》第 2 卷，人民出版社 1994 年版，第 168 页。
⑤ 孙兰英：《全球化网络化语境下政治文化嬗变》，中国社会科学出版社 2010 年版，第 278 页。

的真实水平。换言之，在当前社会主义政治现代化过程中，随着思想的解放和制度的变革，中国人的现代化必定要表现出强烈的政治参与意愿和热情。但是政治参与热情不等于政治参与能力，无序的政治参与或政治参与技巧的缺乏，最终都会影响社会秩序的稳定和现代化事业的发展。

由此来看，政治参与主体的意识、态度、需求和素质等要素是民主政治建设的重要变量，虽然政治民主化进程中人的政治参与意识和热情得到空前的发展，但是"社会的绝大多数实际参与能力却很弱，政治效能感差，具体表现在：渴望建立民主政治，而又缺乏对民主政治的理性认识；重视民主的实质性意义而又轻视民主的程序性和实践性意义"[①]等方面。社会主义现代化建设需要稳定而有序的政治参与，如何提高政治参与主体的素质、教育社会成员形成合理的政治需求以及科学理性的政治态度，直接关系到政治体制改革的顺利实施与社会主义现代化事业的持续发展。而思想政治教育在人的社会化特别是政治社会化过程中扮演着重要角色，加强社会成员的政治观教育以及政治参与能力的培养是思想政治教育的题中应有之义。对于思想政治教育本身而言，改革开放以来社会的客观变化以及政治民主化进程的加快，极大地改变了人们的思想观念和行为方式。政治领域的剧烈变动，又在一定程度上解构着党的权威和国家政治体制的良性运行，而强化社会成员对党和国家施政方针的政治认同、维护社会转型的有序和稳定则是思想政治教育义不容辞的职责和使命。可以说，社会主义政治现代化过程中人的政治参与热情高涨，既反映了社会主义现代化建设的巨大成绩和人的历史进步性，同时也向思想政治教育提出新的时代要求，即形成不同于革命战争年代由民族矛盾和阶级斗争凝结而成的高度的政治认同。社会现代化实践过程中，面对社会民众广泛的政治参与和政治期望，思想政治教育需要为党的长期执政和现代化事业的顺利发展进行新的努力。

三　精神文化生活的多样化与人的网络化生存

社会存在决定社会意识。由"市场化、全球化和网络化构成了中国

[①] 王玄武：《政治观教育通论》，高等教育出版社1999年版，第222页。

现代化进程中的现实社会境遇"①，从本质上规定着行走在社会主义现代化征程中人的生存方式及其精神世界。剖析社会主义现代化过程中人的存在形态与文化生活，必然要以当前中国社会现代化的真实图景为基本根据。恩格斯曾在《反杜林论》中指出："一切社会变迁和政治变革的终极原因，不应当到人们的头脑中，到人们对永恒的真理和正义的日益增进的认识中去寻找，而应当到生产方式和交换方式的变更中去寻找；不应当到有关时代的哲学中去寻找，而应当到有关时代的经济中去寻找。"②正是在社会主义初级阶段以公有制为主体、多种所有制经济共同发展的基础上，形成了当代中国思想文化发展态势的多样化。与此同时，信息科学技术的飞速发展，制造出人类生存发展方式的虚拟向度。当然这里所说的网络化生存，主要是凸显网络虚拟空间的出现对人类社会实践的影响和改变，而并不表示我国人的生存方式已经全面的信息化。人的网络化存在与精神文化生活的多样化，在某种意义上集中体现了中国社会现代化的深刻转型。较之新民主主义革命时期和社会主义建设初期人的生产和生活的基本面貌，现阶段人的思想观念与行为方式可以说是发生了革命性的变化。"1978年以来中国改革开放的历史进程，是神州大地'社会存在'的巨大改观，同时也是中国人民'社会意识'的深刻变化。"③ 处于转型时期的中国社会，人的精神文化生活的多样化，表征着社会现代化过程中人的现实存在内容的丰富性和复杂性，实际上也是人的自由全面发展目标的阶段性体现。

毫无疑问，作为改革开放战略决策实施的历史前提和必然结果，中国人民精神枷锁的破除和思想观念的解放，在社会主义现代化的发展历程中具有非常重要的进步意义。在黑格尔看来："说到底，现代世界的原则就是主体性的自由，也就是说，精神总体性中关键的方方面面都应得到充分的发挥。"④ 与此同时，精神文化领域存在差异性和多样化的现象

---

① 曾盛聪：《伦理变迁与道德教育——市场化、全球化、网络化际遇中的现代性追寻》，广东人民出版社2006年版，第5—6页。
② 《马克思恩格斯选集》第3卷，人民出版社2012年版，第654—655页。
③ 童世骏、何锡蓉等：《中国发展的精神因素》，上海人民出版社2012年版，序言第1页。
④ 参见［德］于尔根·哈贝马斯《现代性的哲学话语》，曹卫东等译，译林出版社2008年版，第18页。

也是社会发展的必然,在"当代中国,已经全面进入了现代化,而所谓现代化,从精神形态而言,按照马克斯·韦伯的经典论述,这是一个世俗化的时代,是一个除魅的时代,是一个价值多神的时代,是一个工具理性替代价值理性的时代"[1]。由此可见,社会转型时期推进人的思想观念的现代化,首先应当坚持尊重差异与包容多样的根本原则。当然,"承认差异、尊重差异不是不要共识,承认差异、尊重多样也不是不要主导"[2];相反在人的精神文化生活多样化的格局下,立主导和谋共识的文化发展方针同样是不可或缺的。因而以社会主义核心价值体系引领世俗时代人的精神文化生活的科学发展,便成为现代化过程中思想政治教育发展的时代课题和核心任务。

据中国互联网络信息中心(CNNIC)发布的《第32次中国互联网络发展状况调查统计报告》显示,"截至2013年6月底,我国网民规模达5.91亿,互联网普及率为44.1%,我国手机网民规模达4.64亿"[3]。信息技术的日益成熟与网络普及率的不断提高,在扩张和重构人的思维、实践、交往方式的同时,也使人的精神文化生活变得丰富多样。但是对于思想政治教育而言,网络化绝非仅仅体现为先进的信息技术对思想政治教育载体手段的创新,而且思想政治教育现代化的核心内容,也不是思想政治教育方式手段的信息化所能涵盖和体现的。事实上,只有从网络化社会背景下人的精神文化生活的变化,揭示人的虚拟存在所面临的多维境遇,才能真正抓住推动人的现代化以及思想政治教育现代化的发展脉络。然而网络信息的碎片化、不确定性与人对互联网络的过度依赖,直接导致人被技术所奴役、被信息所异化,进而使现代社会人的精神发展具有很大的片面性。就像马尔库塞在分析发达工业社会中人的发展时所说:"政治意图已经渗透进处于不断进步中的技术,技术的逻各斯被转变成依然存在的奴役状态的逻各斯。技术的解放力量——使事物工具化——转而成为解放的桎梏,即使人也工具化。"[4]

---

[1] 童世骏等:《当代中国人精神生活研究》,经济科学出版社2009年版,第392页。
[2] 杨河:《社会主义和谐社会与意识形态》,北京大学出版社2009年版,第36页。
[3] http://www.cnnic.net.cn/hlwfzyj/hlwxzbg/hlwtjbg/201307/t20130717_40664.htm.
[4] [美]赫伯特·马尔库塞:《单向度的人——发达工业社会意识形态研究》,刘继译,上海译文出版社2008年版,第127页。

因而在这个意义上讲，人的现代化就是一方面不断增强人在虚拟社会的基本生存技能，同时更要努力减少或摆脱人们对于网络信息的高度依附性，从而使网络世界不再是作为异己的、支配着人们的超然力量而同人们相对立，最终达到"将被人们熟练地运用，因而将听从人们的支配"①。与此同时，网络社会的出现也给思想政治教育带来极大的困惑。美国学者卡斯特指出："正是社会变迁网络的这种去中心化的微妙特征，使得我们很难认识和分辨各种日新月异的认同规划。由于我们的历史眼光已经习惯于看到社会变革的整齐的军营、鲜艳的旗帜和高挂的檄文，因此，当我们面对由远离权力衙门的、形式多样的网络所推动的符码变化的漫天烽火的时候，我们就手足无措了。"②虽然虚拟社会的开放性、超越性，进一步强化了人的精神文化生活变迁的多种可能性，但是思想政治教育在"面对国际国内的新情况新问题，要真正把一些道理向干部群众讲清楚，不那么容易；干部群众接受的信息很丰富也很庞杂，思想十分活跃，要真正把他们的思想统一起来，也不那么容易"③。网络思想政治教育作为思想政治教育现代化的新样态，应当成为提高人们对网络社会的认识水平、促进网络条件下人的主体性的科学发展，以及培育人的虚拟实践参与能力的基本路径和有效手段。

四 社会管理创新发展与社会心态的复杂多变

所谓社会管理，就是"为促进社会系统有序运转和良性发展，依据社会发展规律和管理规律，通过对社会生活的计划和指导、协调和控制，不断化解社会矛盾，实现社会理想的实践活动"④。我们这里所说的社会管理主要是侧重于思想政治教育视角。社会主义现代化建设需要社会管理的现代化，社会管理的创新发展是社会管理现代化的题中应有之义，其根本目的在于推进社会主义现代化事业的全面发展。胡锦涛同志在社会管理专题研讨班的讲话中指出："我们加强和创新社会管理，根本目的

---

① 《马克思恩格斯选集》第 3 卷，人民出版社 2012 年版，第 671 页。
② [美] 曼纽尔·卡斯特：《认同的力量》，曹荣湘译，社会科学文献出版社 2006 年第 2 版，第 419 页。
③ 《江泽民文选》第 3 卷，人民出版社 2006 年版，第 76 页。
④ 魏强：《社会管理中的思想疏导研究》，博士学位论文，武汉大学，2013 年，第 51 页。

是维护社会秩序、促进社会和谐、保障人民安居乐业,为党和国家事业发展营造良好社会环境。"① 思想政治教育社会管理功能的发动和实施,主要是以人的思想行为活动为根本对象。可以说,社会转型时期人的思想心理的变化,某种意义上是当前社会管理创新发展的突破口。概而论之,"现代化固然是人类历史的实际进程及社会发展的重要阶段,但现代化的核心却是现代化进程中的精神状态,是处于现代化阶段的现代人本身的基本心态及其对社会发展的态度"②。人们的社会心态在一定程度上能够反映社会现代化的发展状况,因而现代化过程中人的社会心态的嬗变,也属于人的现代化的基本内容和组成部分。

"社会心态实际上就是群众心理,反映的是民意人心,是指在某一历史时期内社会上广泛形成和存在的社会心理状态。"③ 将社会转型时期人的社会心态纳入社会管理的视野,既是推动社会管理创新发展的新思路,也是促进人的现代化的重要举措。这里的社会转型期,"即中国自改革开放以来特别是 20 世纪 90 年代市场经济大发展之后所开启的由传统社会向现代社会转型的历史过程"④。据调查,近年来社会心态的发展主要有以下态势:多层次、高标准的民众需求日益增多;社会不信任的扩大化、固化;阶层意识增强、阶层认同下移;社会群体更加分化,群体行动、群体冲突增加;社会情绪总体基调正向为主、负向情绪的引爆点低;民众的权利、国家和集体观念发生变化,社会共享价值缺乏,社会共识难以达成。⑤ 由此来看,社会的深刻转型与剧烈变化,同时也伴随着社会矛盾冲突的激化和加剧,最终导致社会群体心态的复杂多变以至于出现不同程度的失衡,一定程度上加大了社会管理的难度。与此同时,思想政治教育社会管理功能的有效发挥,是以促进社会成员利益的高度整合与社会现代化建设的和谐进步为最高目标。社会心态的多样化和差异性,

---

① 胡锦涛:《扎扎实实提高社会管理科学化水平 建设中国特色社会主义社会管理体系》,《人民日报》2011 年 2 月 20 日第 1 版。
② 高宣扬:《马克思与现代性的悖论》,《马克思主义与现实》2013 年第 1 期。
③ 李培林:《和谐社会十讲》,中华书局 2009 年版,第 114 页。
④ 鲁克俭:《世俗化·大小传统·常识理性》,《天津社会科学》2013 年第 4 期。
⑤ 王俊秀、杨宜音:《中国社会心态研究报告》(2012—2013),社会科学文献出版社 2013 年版,第 11—20 页。

在某种意义上反映出人的现代化素质的发展程度，以及社会转型过程中思想政治教育的实际效果，因而社会主义现代化建设的深入推进，必然带动思想政治教育自身的转型发展。

社会心态是一种非常普遍而又异常复杂的心理现象，虽然并不直接决定社会的发展方向，但是群体化社会心态的作用是不容小觑的，其往往能够推进或阻碍社会主流意识形态的发展以及社会的现代化建设。思想政治教育社会管理功能的实现，正是以特定历史时空下人的思想心理特征为主要切入点，社会成员精神活动的动态发展则源于社会现实的客观存在。然而问题在于"一般地说，在历史转折的新的时期，随着形势的发展，由于社会基本矛盾的变化，党的路线、方针、政策及其工作方法都要作相应的调整，这就必然会触动每一个人的思想，人们的思想问题自然比较多"①。社会主义建设时期的主要矛盾，决定了人们的思想心理冲突主要是围绕他们的现实利益而形成的。因而我们所采取的思想教化等措施，已不宜再继续停留在单纯的革命理想动员和行政手段干预等层面，而是需要引进积极的思想疏导、情感沟通与利益协调机制，其中以调节利益冲突、寻求利益共识为根本导向。马克思和恩格斯在批判布鲁诺否定群众实际利益的观点时指出："'思想'一旦离开'利益'，就一定会使自己出丑。"② 当然，利益的内涵也是随着时代的变化而不断丰富发展的。总而言之，社会管理过程中引导社会心态的良性发展，对于思想政治教育而言无疑是一个全新的课题。而党的十七大报告指出要"加强和改进思想政治工作，注重人文关怀和心理疏导，用正确方式处理人际关系"③；十八大报告进一步提出"加强和改进思想政治工作，注重人文关怀和心理疏导，培育自尊自信、理性平和、积极向上的社会心态"④。党中央之所以高度重视思想政治教育的人文关怀和心理疏导，某种意义上正是基于社会转型时期创新社会管理、培育和谐心态的需要，

---

① 邱伟光：《思想政治教育史》，陕西师范大学出版社1988年版，第2页。
② 《马克思恩格斯文集》第1卷，人民出版社2009年版，第286页。
③ 胡锦涛：《在中国共产党第十七次全国代表大会上的报告》，《人民日报》2007年10月16日第1版。
④ 胡锦涛：《在中国共产党第十八次全国代表大会上的报告》，《人民日报》2012年11月18日第1版。

而这也为思想政治教育的现代化发展指明了方向。

第四节 思想政治教育现代化的动力变迁：单一动力到复合动力

考察思想政治教育现代化的动力变迁[①]，是认识思想政治教育现代化实践动力的基本要求。而思想政治教育现代化动力的变迁，一定程度上是循着中国社会现代化动力的发展轨迹。从推进现代化的动力主体来看，与西方现代化源自成熟的公民社会不同，"中国社会在现代化启动之前，并不存在建立在商品经济基础之上的初级的公民社会，因此，中国社会的现代化是缺乏来自公民社会的驱动的情况下，主要靠政治政策驱动的，这就决定了中国社会现代化第一阶段的动力的独特性"[②]。具体来说，中国现代化动力的特殊之处在于现代化过程中政党的关键性作用，或者说政党在中国的现代化道路上扮演着无可替代的角色。这里的政党就是指中国共产党。新中国成立以来，中国共产党的现代化取向引导和推动着中国社会的现代化发展，思想政治教育也随着党的工作重心的转移而发生相应的变化。从实现现代化的动力来源来看，思想政治教育现代化的动力有一个从政党动力到政党动力与社会动力相统一的变迁过程，即思想政治教育现代化的动力结构表现为相对单一的政党动力向多元的社会动力转变。当然，即使是说思想政治教育现代化最初发轫于政党的政策导向，也仅表明思想政治教育现代化的直接动力是来源于中国共产党的价值指认，并不意味着思想政治教育现代化缺乏社会要素的支持。

一 外部冲击到外部冲击与自我建构的统一

现代化既是实现中华民族伟大复兴的战略抉择，也是中国共产党的任务目标，同时还是思想政治教育发展的客观趋势。简言之，现代化构

[①] 施雪华教授在《中国政治现代化的动力》一文中简要地分析了当代中国政治现代化的动力变迁，对本节的思考有一定的借鉴和参考意义。参见施雪华、孔凡义《中国政治现代化的动力》，《探索》2006 年第 3 期。

[②] 施雪华：《政治现代化比较研究》，武汉大学出版社 2006 年版，第 128 页。

成近代以来中国社会历史发展的基本主题。然而众所周知，中国走上现代化的道路或者说现代化成为中国社会的发展方向却不是一个自然而然的过程，而是呈现出显著的外在性和被动性。与此同时，中国的现代化发展过程更具有相当的复杂性，即首先需要通过暴力革命的方式驱除阻碍现代化的不利条件，因而革命战争时期思想政治教育的基本经验只是思想政治教育现代化的前奏。新中国的成立以及社会主义制度的确立，昭示着中国社会发展阶段由革命到建设嬗变的历史必然性。思想政治教育作为社会上层建筑的重要组成部分，自身的发展根本上是取决于社会特定的历史阶段以及中国共产党的工作重心。可以说，在没有形成或具备现代化建设的历史条件出现之前，谈论思想政治教育的现代化是没有实际意义的。

20世纪后半期，随着时代主题的转变以及党的工作重心的转移，"转型"和"现代化"以及"现代转型"等理论学说纷至沓来，并且表现出强劲的发展态势和深刻的理论解释力。然而追根究底，思想政治教育现代化的产生首先是源于社会环境变化带来的发展压力。也就是说，思想政治教育现代化是在受到外部冲击之后或在社会发展形势的逼迫之下历史地形成的。从应然的层面来讲，正如艾森斯塔特所说："现代化以及追求现代性的热望，或许是当代最普遍和最显著的特征。今天，大多数国家均陷于这一网络之中——成为现代化的国家或延续自己现代性的传统。"[①] 努力实现社会主义现代化，既是中国走向现代化道路的具体体现，也是彰显中国共产党执政合法性的根本路径，同时还内在地规定着思想政治教育的发展方向和趋势。建设社会主义现代化与进行新民主主义革命有着根本的不同，思想政治教育的生存条件、活动方式以及思维理念等都存在很大的差异。因此，思想政治教育现代化理论上是在现代社会条件下，思想政治教育顺应时代和形势发展的逻辑必然。但是从实然的角度来看，思想政治教育在社会主义现代化建设过程中，并未完全自觉地遵守现代化实践的基本原则，即现代化没有立即成为思想政治教育的价值取向。在"文化大革命"期间政治主导一切，以及用阶级斗争的方

---

① [英] S.N. 艾森斯塔特：《现代化：抗拒与变迁》，张旅平等译，中国人民大学出版社1988年版，第1页。

式进行现代化建设的工作思路,便能够说明思想政治教育现代化自觉建构的复杂性。概而论之,思想政治教育现代化的动力从外部冲击到自我追求的变迁,不是一个线性的发展过程,而是带有一定的反复性。

之所以需要思想政治教育现代化的自我建构,是因为"实现工作重点转移,首先要求思想转移。思想落后于形势,是经常会发生的,在形势急剧发展的时候尤其如此"[①]。在现代社会,只有用现代化的思维方式和实践手段从事思想政治教育,才能有效地发挥思想政治教育的现代化功能,进而促进社会主义现代化事业的发展。以大学生思想政治教育为例,改革开放以来大学生思想政治教育"在继承党的思想政治工作优良传统的基础上,积极探索新形势下大学生思想政治教育的新途径、新办法,努力体现时代性,把握规律性,富于创造性,增强实效性"[②]。总体上来看,思想政治教育学科化建设水平的提高和科学化发展进程的加快,反映出思想政治教育领域现代性的不断成长,以及坚持现代化发展的自觉性的逐步提升。思想政治教育现代化的自我建构是一个长期的过程,贯穿这一过程始终的是与时俱进的创新精神。当然,强调思想政治教育现代化的自我建构,不等于思想政治教育现代化的外部刺激已不存在。相反,随着社会现代化的日益深入,思想政治教育所面临的冲击或挑战将愈发剧烈,在此基础上更要强化思想政治教育现代化的自觉性。

二 社会压力到压力倒逼与政策导向的统一

思想政治教育的实效性是一个常说常新的话题,而思想政治教育现代化则是思想政治教育新的发展趋势。在新形势下加强思想政治教育现代化建设,有助于增强思想政治教育的实效性。思想政治教育实效性的获得,首先是以解决实际存在的思想问题为前提,而现代社会环境的改变对于思想政治教育实效性的客观要求,则是提出思想政治教育现代化的实践依据。思想政治教育活动的开展必然受制于社会实践条件的发展

[①] 《人民日报》社论:《四化需要强有力的思想政治工作》,转引自李德芳、李辽宁主编《中国共产党思想政治教育史料选编》,武汉大学出版社2009年版,第355页。

[②] 中共中央文献研究室:《十六大以来重要文献选编》中,中央文献出版社2006年版,第179—180页。

水平，因而由社会客观存在构成的环境压力也是促进思想政治教育现代化的基本动力。就改革开放30年来的社会环境而言，"整个社会氛围发生了巨大的变化，政治环境越来越宽松，人们不再束缚于条条框框。人与人之间日益趋向平等，社会成员尤其是获得了自主生活权利，个人主体性日益凸显；环境的开放也改变了意识形态领域相对单一的状况，各种文化的相互激荡和社会思潮的涌动，为人们创造了一种多元的文化环境"①。由此可知，自由多元的发展空间虽然有利于人的全面成长和社会的全面进步，但是对思想政治教育来说，社会范围内思想潮流的"百家争鸣"，事实上却增加了提升思想政治教育实效性的难度。因为在改革开放前期，中国社会处于同计划经济体制高度匹配的"总体性社会"②，社会成员的思想观念或价值信念表现出相当的封闭性和保守性，思想领域内马克思主义理论占据绝对的一元指导地位，从根本上保证了思想政治教育内容的有效灌输。

马克思主义的指导思想与现代社会思想观念的多元多样多变，客观上构成当前社会思想领域内一元主导与多元共生的矛盾张力，而且在思想政治教育未来的发展道路上这一矛盾也不会自行消失，二者之间的对立冲突反而很可能会更加激烈。多元化的思想观念与理论流派背后都潜藏着各自的理论诉求，有的甚至还在不断地消解或否定马克思主义的科学性，而巩固马克思主义的指导地位、维护社会主义意识形态安全，却是思想政治教育义不容辞的责任。当然解决思想领域内一与多的矛盾，并不是要回到"一言堂"的时代，而是要在思想文化的差异中努力寻求最大限度的价值共识。由此来看，仅就改革开放以来社会的文化意识形态环境而言，思想政治教育面对的压力与困惑，早已不是传统思想政治教育的基本经验所能化解和应对的。在这个意义上可以说转型时期社会思潮的多元分化，内在要求思想政治教育进行现代化转型；同时也正是因为利益格局的变化以及传播方式的信息化，一定程度上加剧了不同意

---

① 李友梅等：《中国社会生活的变迁》，中国大百科全书出版社2008年版，第423页。

② 总体性社会是指一种结构分化程度很低的社会。在这种社会中，国家对经济以及各种社会资源实行全面的垄断，政治、经济和意识形态三个中心高度重叠，国家政权对社会实行全面的控制。参见孙立平《转型与断裂：改革以来中国社会结构的变迁》，清华大学出版社2004年版，第31页。

识形态之间的交锋和碰撞，极大地强化了思想政治教育现代化转型的必要性和紧迫性。

中国现代化不同于西方现代化的一个显著特征就是政治动力的作用，即中国的现代化，很大程度上是由政党和国家的政治行为发动的。自19世纪60年代的洋务运动开始，历经维新运动、立宪运动以及新民主主义革命，中国现代化事业的推进，大多都有政府或政党力量的介入，其中制定政策措施是政党和政府参与现代化建设的主要途径。进入社会主义现代化建设时期以后，从"四个现代化"到"社会主义现代化"再到"中国特色社会主义现代化"政策目标的演进，表征着党和国家关于社会主义现代化认识的不断深化。现代化政策的规划和实施既是中国现代化不断前行的政治动力，也是深入推进中国社会现代化建设的基本保障。思想政治教育现代化之所以还停留在初步探索阶段，在政策层面就体现为根本上缺乏现代化政策的指挥和引导，但是现代化政策的制定需要现代化实践的深入发展。近年来，从党中央层面到各级政府部门乃至基层单位，根据新形势、新任务的要求，制定了如《中共中央关于加强和改进思想政治工作的若干意见》《中共中央、国务院关于进一步加强和改进大学生思想政治教育的意见》以及《关于进一步加强和改进大学生心理健康教育的意见》等政策文件，客观上为思想政治教育功能的有效发挥提供良好的政策环境。

在总结改革开放以来社会主义现代化建设经验的基础上，党的十八届三中全会通过《中共中央关于全面深化改革若干重大问题的决定》，提出"完善和发展中国特色社会主义制度，推进国家治理体系和治理能力现代化"①的任务目标。强调国家治理体系和治理能力现代化，体现了中国现代化建设的新趋势以及党中央对社会主义现代化发展的新认识。国家治理体系和治理能力"其实指的是一个国家的制度体系和制度执行能力"②，制度的设定及其执行需要具备现代素质的治理主体，而思想政治教育现代化的根本目的在于提升人的现代素质。因此从推动社会主义现

---

① 中共中央编写组：《中共中央关于全面深化改革若干重大问题的决定》，人民出版社2013年版，第1页。

② 俞可平：《推进国家治理体系和治理能力现代化》，《前线》2014年第1期。

代化建设事业的角度来看，思想政治教育现代化是国家治理体系和治理能力现代化的重要保证，国家治理体系和治理能力现代化宏观目标的提出为思想政治教育现代化提供政策支持。

第五章

思想政治教育现代化的基本路径

毫无疑问，实现现代化会成为思想政治教育发展的趋势和潮流，关于思想政治教育现代化的讨论也将随之增多。然而问题的关键在于如何实现思想政治教育现代化，或者说我们应该从哪些维度把握思想政治教育的现代化。诚然现代化是一个宽泛而抽象的实践命题，思想政治教育现代化亦然，当然这也并不意味着现代化及其相关实践不能被人们所理解。但是，理论切入点的选取又直接关系到我们能否有效地把握思想政治教育现代化的全貌。本书依据思想政治教育自身的基本特征，同时结合时代发展以及现代化建设对思想政治教育实践活动的内在要求，拟从意识形态、思维方式和实践功能三个方面的现代化，考察思想政治教育现代化的基本路径。

第一节 增强思想政治教育的主导意识，推进意识形态的现代化

所谓思想政治教育的主导性，就是指"思想政治教育的指导、引导、领导、统领的性质、地位和作用"[1]。无论未来的社会怎样发展，只要阶级和国家继续存在，思想政治教育的主导性要求便不会自动消失。但是处于社会转型时期，特别是在思想政治教育现代转型过程中，强调思想政治教育的主导性具有极其重要的现实意义。基于思想政治教育的意识

---

[1] 张耀灿、郑永廷、吴潜涛等：《现代思想政治教育学》，人民出版社2006年版，第200—201页。

形态属性，可以说实现思想政治教育现代化的根本途径，就是推进社会主义主流意识形态的现代化。而思想政治教育的主导性，本质上就是主流意识形态在社会意识形态领域占据主导地位，在现阶段主要指用社会主义核心价值观引领社会思潮、凝聚社会共识。因此，增强思想政治教育的主导意识、推进社会主义主流意识形态的现代化，成为推动思想政治教育现代化的首要举措。

一　思想政治教育主导性的现代转型

表面上看，强调思想政治教育现代化的意图主要是突出思想政治教育的时代契合性，并不涉及思想政治教育的主导性。事实上，思想政治教育的主导性在根本上决定着思想政治教育现代化的前途命运。思想政治教育的主导性不是与生俱来的，在社会主义现代化建设过程中，如果我们沉湎于对传统思想政治教育经验的批判和现代思想政治教育图景的向往，而忽略了思想政治教育主导性的培育，最终将会导致思想政治教育现代化或现代转型走向歧途。因此，在这个意义上，探讨增强思想政治教育的主导意识，对于思想政治教育现代化的最终实现无疑是非常重要的。然而即使是思想政治教育现代化过程中的主导性，在一定程度上也已经发生了变化。学界目前关于思想政治教育主导性的转型研究，主要是集中在思想政治教育过程中教育者与教育对象的主导关系的新发展。[①] 与此不同，本书所说的思想政治教育主导性的现代转型，主要是侧重于社会主义主流意识形态的转型。

（一）思想政治教育主导性的意识形态诉求

之所以从意识形态的角度分析思想政治教育的主导性，主要是基于以下几个方面的考虑：第一，巩固社会主义意识形态的统帅地位。也就是说，强调思想政治教育的主导性，根本上是服务于社会主义意识形态建设。不论是在何种情形下强调思想政治教育的主导性，马克思主义理论的指导作用都不能忽视，否则就像毛泽东同志所说的："只要我们的思想工作和政治工作稍微一放松，经济工作和技术工作就一定会走到邪路

[①] 石书臣教授在其博士学位论文中曾专门探讨了现代思想政治教育主导关系的新发展。详见石书臣《现代思想政治教育主导性研究》，学林出版社2004年版，第284—300页。

上去。"① 前文一直在不厌其烦地解释和说明一个观点，那就是我们所讨论的思想政治教育现代化，自从其诞生之日起就不应被当作西化的产物。相反，它有其鲜明的意识形态诉求；或者说，提升马克思主义在社会转型时期的吸引力和凝聚力是其内在的价值旨归。增强思想政治教育的主导意识，是思想政治教育现代化的基本要求和必然体现。现代化建设过程中只有充分保证思想政治教育的主导性，才能够真正体现思想政治教育现代化的精神实质。

第二，社会转型时期意识形态领域的斗争异常复杂。关于意识形态领域斗争的基本趋势我们将会在后面详加分析，这里主要是想突出意识形态转型过程中加强思想政治教育主导性的必要性和紧迫性。前面在论述思想政治教育现代化的动力时，曾分析中国共产党的意识形态转型对于思想政治教育现代化的推动作用，但没有进一步描述社会主义意识形态转型的思想文化处境。如同《中国社会发展报告》指出的："由于现代化论者通常几乎完全根据外部'欠发达'在一组一元的、抽象的发展指标体系中的相对位置来对这些社会进行评估，所以他们往往很少去注意具体的历史条件和独特的文化特性。"② 与此同时，"西方价值观主流化与主流价值观边缘化的矛盾"③，不断冲击、挤压着社会主义主流意识形态的话语权和影响力。由此可知，思想政治教育现代化价值目标的实现，首先需要从意识形态层面观照思想政治教育现代化的现实境遇。而且增强社会主义主流意识形态的引导力，也是思想政治教育现代化的题中之义。

第三，思想政治教育主导性表现形式的改变，很大程度上要求思想政治教育特别是意识形态工作策略的转变。毋庸置疑，如果仍然单纯地采用公开的、正面的灌输或宣传方式，在价值取向多元和追求个性自由的时代，思想政治教育主导作用的发挥或意识形态宣传的效果必然要大打折扣。增强思想政治教育的主导意识，尤其要以改善和提高意识形态

---

① 《毛泽东文集》第7卷，人民出版社1999年版，第351页。
② 陆学艺、李培林：《中国社会发展报告》，社会科学文献出版社2007年版，第335页。
③ 人民论坛通过调查列出中国未来十年面临的十大挑战，其中第十大挑战为主流价值观的边缘化危机。参见人民论坛"千人调查组"《"未来10年10大挑战"调查报告》，《人民论坛》2009年第24期。

工作策略的灵活性为主。

就社会层面的现代化而言,"现代化需要社会所有主要领域产生持续变迁这一事实,意味着它必然因接踵而至的社会问题、各种群体间的分裂和冲突,以及抗拒、抵制变迁的运动,而包含诸种解体和脱节的过程。因此,解体和脱节构成了现代化的一个基本部分,每一个现代和现代化社会都必须对此加以应付"①。具体到思想政治教育领域的现代化建设过程中,同样可能潜藏着主流意识形态权威遭到消解,以及社会主义核心价值观影响力式微的风险,其中以意识形态领导权的丧失最为严重。适应时代潮流和实践趋势无疑是思想政治教育现代化的初衷,但是强化思想政治教育的主导意识,可以有效地规避现代化的内在缺陷,从根本上保证思想政治教育现代化的社会主义发展方向,避免出现类似于苏联解体、苏共垮台的后果。正是基于这样的思考,我们将增强思想政治教育的主导意识,作为推进思想政治教育现代化的基础措施。

（二）思想政治教育主导性转型的时代意涵

广义上讲,主导性是任何阶级实施阶级教化的本质要求,同时也是统治阶级进行思想政治教育实践的本质属性。坚持思想政治教育的主导性不动摇,也是中国共产党的一贯立场和基本原则。"改革开放以前,从总体上看,我国社会相对具有封闭性、统一性、斗争性的特点,意识形态领域的主导方向比较单一、明确,思想政治教育的主导性居于统治地位,人们无须对它进行争论和选择。这一时期思想政治教育主导性的主要特点是强调主导性的绝对性而忽略了多样性。改革开放以后,我国社会日益呈现出开放性、多样性、建设性的样态,世界多极化、经济全球化、文化多元化、信息网络化趋势不断发展,对思想政治教育提出坚持主导性与多样性相统一的要求,同时也给坚持思想政治教育主导性带来许多重大理论和实际问题。"② 由此可以看出随着时代的发展进步,思想政治教育主导性的内涵或形态发生了根本性的变化。从主流意识形态的

---

① ［英］S. N. 艾森斯塔特:《现代化:抗拒与变迁》,张旅平等译,中国人民大学出版社1988年版,第23页。

② 石书臣:《现代思想政治教育主导性研究》,学林出版社2004年版,第1—2页。

表现形式来看，思想政治教育的主导性较之过去表现出更为灵活的一面。也就是说，思想政治教育主导性的转型与社会的现代化发展应当是一致的。

仅就理论层面而言，近年来学界对于思想政治教育者与受教育者关系的研究，经历了"单主体说""双主体说"或"多主体说"以及"主体间性说"的变迁，以上理论基本上能够反映目前人们对思想政治教育主导性认识的水平，而这些理论观点之间的争鸣，也有助于加深我们对思想政治教育主导性的理解。但是本书认为，主流意识形态的现代化是思想政治教育现代化的前提和基础，因而试图从新形势下如何巩固主流意识形态的指导地位，分析思想政治教育主导性内涵的变迁。按照社会现代化的要求来衡量思想政治教育的主导性，必须应当承认这样的事实，即思想政治教育在意识形态领域的主导作用发挥还不够；或者说，社会主义意识形态主导地位的形成，在某种程度上还是更多地依靠执政党的政治力量而欠缺理论的说服力。虽然统治阶级的思想意志在社会文化领域向来具有先天的优越性，但是占统治地位的意识形态，如果一直以强制性的方式控制人们的精神生活，那么在人的主体意识普遍觉醒的情况下，势必会遭遇社会大众逆反心理的阻抗。最终主流意识形态的感召力和凝聚力将受到削弱，思想政治教育的主导性很可能会陷入难以为继的境地。

"在以市场化为特征的现代化背景下，以消灭阶级为实质的共产主义理想、以分清敌我为前提的政治动员方式、以人民利益为最高追求的集体主义价值观，在以超党派、超阶级的'全人类''一切人'面貌出现的抽象人道主义面前，乃至在以'张扬个性''合理利己主义'的个人主义面前，甚至在赤裸裸追求一己私利的拜金主义和纯粹感官刺激的享乐主义面前，都已不再具有振聋发聩的震撼力。"[①] 透过上述描述，我们可以简略地感知思想政治教育主导性的持续发展所面临的巨大压力，也能够体会到实现思想政治教育主导性转型的迫切性。当然，增强思想政治教育的主导意识，并不是提升思想政治教育主导性的全部，重点在于推动

---

① 侯惠勤：《马克思的意识形态批判与当代中国》，中国社会科学出版社2010年版，第3页。

思想政治教育主导性的现代转型。所谓思想政治教育主导性的现代转型，大体上主要是强调主流意识形态内容的包容性和日常化，以及实施手段的隐蔽性和柔性化。简言之，推动思想政治教育主导性的现代转型，其目的在于扭转主流意识形态内容的过度政治化以及简单的实施方式，使主流意识形态建设在政治性与生活化、立场的旗帜鲜明与活动的丰富多彩之间保持必要的张力。

二　转型时期社会意识形态发展的基本面貌

这里所说的社会意识形态，主要是指在中国社会现代化过程中客观存在的一切意识形态，也就是所谓的总体意识形态。总体意识形态包括两层含义，"一是指作为一个民族或一个国家的社会总体意识形态现象，其中既有统治阶级的主流意识形态，也有民间存在的非主流意识形态；另一层含义是指在一个包含着各种社会群体的社会范围内存在的意识形态现象，如社区意识形态、企业集群意识形态、金融市场中的意识形态"[1]。当然，面对现代社会精神文化领域的空前繁荣与活跃，即使是统治阶级的思想意识，也无法完全置身事外而不与非主流意识形态进行交流或发生碰撞。因此，考察社会主义主流意识形态的现代化，首先应该对社会意识形态现象的总体特征及其发展趋势有一个比较清晰的认识。特别是在经济全球化的大背景下，中国的社会主义现代化建设事业正处于世所罕见的"双型转型期"[2]，诸多意识形态的流变、分化、冲突与重构表现出更为复杂的面相。某种意义上可以说，社会意识形态的发展状况，很大程度上影响着社会主义意识形态的传播效度。然而鉴于社会意识形态体系的博大和庞杂，我们这里仅对当前社会意识形态的发展格局、价值取向以及表达形式进行简要的分析，进而为推动主流意识形态现代化提供必要的理论准备。

（一）意识形态格局的多极化

观察当代中国社会意识形态的现状可以有不同的视角，然而一个最

---

[1]　刘少杰：《当代中国意识形态变迁》，中央编译出版社2012年版，第292页。
[2]　竹立家教授认为中国已进入人类文明转型叠加中国社会转型的"双型转型期"。参见王南《中国进入双型转型期　改革面临五大挑战——访国家行政学院教授竹立家》，《中国经济时报》2013年9月27日。

为直观的认识就是，随着经济领域改革开放程度的加深以及现代传媒技术的迅猛发展，社会意识的多样化趋势越来越明显。"物质生活的生产方式制约着整个社会生活、政治生活和精神生活的过程。不是人们的意识决定人们的存在，相反，是人们的社会存在决定人们的意识。"① 不置可否，"社会结构和社会生活的多样化，造成人们的社会心态的不同、价值评价观念的差异、社会期待的变更，反映到人们的头脑中，不可避免地引起思想意识的相应变化，带来社会意识形态的多样化和价值取向的多元化，改变了我国计划经济体制下意识形态的单一性"②。当然，从整体和全局的角度来看，研究中国社会的意识形态必然要观照世界范围内意识形态的基本格局，关键是不能忘记一直以来社会主义与资本主义在意识形态领域或明或暗的对抗从未停止的现实。

与此同时，根据马克思关于人类社会发展的"两个绝不会"③ 的科学论断，以及当代西方资本主义国家的发展态势，尽管当前西方资本主义仍未摆脱金融危机，我们仍然可以得出社会主义意识形态与资本主义意识形态的矛盾和斗争，在相当长的历史时期内仍然将是中国社会意识形态的重要组成部分。同和平与发展的时代主题相适应，中国社会由阶级革命向现代化建设的任务转型，以及社会主义市场经济体制的不断完善和非公有制经济力量的壮大，标志着长期以来中国社会意识形态领域单一性局面的终结和多样化格局的开启。然而当代中国社会意识形态发展格局的多样化，又具有不同于一般社会现代化意识形态发展的独特性：

第一，新旧意识形态的相互交织。诚然，中国的经济实力和科技水平取得了举世瞩目的成绩。但是物质层面的现代化，并未立即带来与之

---

① 《马克思恩格斯选集》第 2 卷，人民出版社 2012 年版，第 2 页。
② 童世骏：《意识形态新论》，上海人民出版社 2006 年版，第 89 页。
③ 马克思在《政治经济学批判》序言中指出："无论哪一个社会形态，在它所能容纳的全部生产力发挥出来以前，是决不会灭亡的；而新的更高的生产关系，在它的物质存在条件在旧社会的胎胞里成熟以前，是决不会出现的。"参见《马克思恩格斯选集》第 2 卷，人民出版社 2012 年版，第 3 页。

相应的精神文化的全面发展，文化堕距①现象的形成进一步加剧了社会意识形态的多样性和差异性。众所周知，在社会主义现代化建设过程中，人们的日常生活世界一方面仍然带有前现代社会的印记，但是另一方面则很可能已经具备现代甚至是后现代的某些特征。因而思想文化领域内前现代、现代与后现代要素的共时态存在和过渡性发展，一定程度上使得传统观念与现代意识之间的更替衍生出相当复杂的结构；第二，意识形态主体的碎片化。随着改革开放的逐步推进，"阶层分化和阶层关系的出现，已经成为20世纪80年代中期以来中国社会生活中一种不容置疑的、普遍存在的客观事实"②。现代社会阶层的兴起是阶级内部结构在市场经济作用下不断变迁的结果，本质上是现代化过程中社会利益格局重新洗牌调整的产物。社会主义现代化进程中在多样化利益诉求的驱动之下，城乡二元结构藩篱的突破和社会新兴阶层与边缘群体的涌现同步上演，而此时社会意识形态的发展景象，早已与改革开放之前的"大一统"局面不可同日而语；第三，意识形态之间难以调和的冲突。"在我国现阶段社会主义社会的意识形态和精神生活领域中，存在着不同性质、不同色彩、相互矛盾而又同时并存的各种意识形态和思想文化。这些思想文化，有历史和现实的，也有外来和本土的，有社会主义的，也有非社会主义的；有马克思主义的，也有非马克思主义的；有唯物主义的，也有唯心主义的；有无神论的，也有宗教有神论的；有积极进步的，也有消极颓废的。"③ 在某种程度上，不同意识形态之间的对抗性和斗争性将会长期存在。

（二）意识形态内容的世俗化

如前所述，社会意识形态发展格局的多样化，在某种程度上意味着现阶段中国社会舆论环境的开放性以及社会成员的主体性都得到了极大

---

① "文化堕距"（Culture Lag）概念最先由美国社会学家奥格本在《社会变迁——关于文化和先天的本质》一书中提出，作者认为"如果文化有两个部分，其中一部分变迁得比较早，或比较大，两部分不能保持原有关系，产生了失调，这时就发生了文化堕距"。参见［美］威廉·费尔丁·奥格本《社会变迁——关于文化和先天的本质》，王晓毅、陈育国译，浙江人民出版社1989年版，第265页。

② 朱光磊等：《当代中国社会各阶层分析》，天津人民出版社2007年版，第2页。

③ 王永贵等：《经济全球化与社会主义意识形态建设研究》，人民出版社2005年版，第176页。

的提升。社会意识形态的发展格局是就整个社会范围内意识形态的存在状态而言的,而探讨意识形态具体内容的根本目的,就是要揭示当前社会实践主体所持有的普遍而又相对稳定的价值信念。然而正如我们一再强调,社会意识形态是一个相当庞杂的观念集合或理论体系,尽管本书只是立足一定时期内社会大众的感性意识或社会心理,并不涉及意识形态的相关理论体系,但这仍然是研究转型期社会意识形态发展特征比较困难的部分。毋庸置疑,"当代中国社会是现代化过程中的社会,而根据通常的现代化理论,社会的现代化过程,传统社会向现代社会发展的过程,同时也是社会的世俗化过程"①,社会的世俗化则意味着"一切固定的僵化的关系以及与之相适应的素被尊崇的观念和见解都被消除了,一切新形成的关系等不到固定下来就陈旧了。一切等级的和固定的东西都烟消云散了,一切神圣的东西都被亵渎了"②。而"从现代社会中精神生活的角度来说,世俗化或'素被尊崇的观念和见解都被消除'的重要结果有两个,一是行为动机的物质化,二是终极价值的多样化"③。

在现代社会,"人们对于要过什么样的生活、要追求什么样的终极目的,各有各的想法。在这种情况下,比较被人们普遍接受的,是与社会的现代化密切联系的那些世俗的、功利的观念"④。因而经济理性支配下的功利主义和庸俗化的实用主义,无疑在当前社会意识形态领域具有相当的普遍性,而功利主义的盛行很大程度上应当归功于市场经济作用的深入人心。"改革开放后随着党的工作重心从'以阶级斗争为纲'转变为'以经济建设为中心',主流意识形态对合理利益追求的肯定和市场经济的发展,使在理想化和神圣化基础上建立起来的文化传统受到来自世俗功利主义的挑战。在经济生活中,以效益和效率观念为核心,追求利益最大化的价值观念取得了经济文化的主导地位;与经济性文化相伴随,在社会生活中是重视世俗性现实生活的享乐主义的迅速发展。"⑤ 可以说,

---

① 童世骏等:《当代中国人精神生活研究》,经济科学出版社2009年版,第20页。
② 《马克思恩格斯文集》第2卷,人民出版社2009年版,第34—35页。
③ 童世骏等:《当代中国人精神生活研究》,经济科学出版社2009年版,第21页。
④ 童世骏:《意识形态新论》,上海人民出版社2006年版,序言第2页。
⑤ 孟伟、张岩鸿、王连喜:《转型期思想政治工作问题研究》,人民出版社2004年版,第125页。

围绕物质需要和经济利益而形成的价值追求，在整个社会意识形态层面取得了压倒性的胜利，影响甚至是挤占了其他社会思潮的生存空间。而中国传统文化中的"君子喻于义、小人喻于利"的价值信条，也早已失去曾经的崇高地位。与此同时，以功利主义为核心的世俗文化不仅渗透到人们的日常行为活动之中，同时还派生出拜金主义和消费主义的副产品。美国社会学家贝尔在谈到大众消费时指出："产品在流水线上大量生产；市场的发展让确定不同购买群体和刺激消费欲望的手段合理化；分期付款购物的普及，这比其他任何社会手段都更有力地打破了以往新教徒对欠债的顾虑。"① 虽然市场经济的现实力量，迫使人们自觉或不自觉地成为经济基础决定上层建筑唯物论的忠实拥趸，但是在多数情况下，经济基础与上层建筑的辩证关系也仅仅是被庸俗地理解为经济决定论。

实现共产主义，既是社会主义意识形态价值理想和目标的最高层次，也是推动中国特色社会主义不断前行的精神支柱，同时还是统领现代化建设过程中广大社会意识形态的根本方向。在传统的计划经济体制下，社会大众的价值取向与社会主流意识形态的关系相对简单，至少没有表现出像现在这样的错综复杂和尖锐对立，因而共产主义理想信念不论是在形式上还是实质上都保持着较高的凝聚力和向心力。然而在"解放思想、实事求是"的政治宣言中拉开了中国改革开放的序幕，随之社会主义市场经济体制的建立与非公有制经济的壮大，以及市场在资源配置中从基础性到决定性作用的变迁，在不断孕育和催化出社会意识形态领域内"诸子百家"的同时，也为大众文化与流行文化的兴起以及"去政治化"和"反对崇高"之类论调的传播提供了实践的土壤。当然，这里需要明确的是，我们并不是在否定的意义上谈论社会主义市场经济体制的建立，而只是客观描述市场经济过程中社会意识形态的具体变化。

（三）意识形态表达的形象化

首先需要申明的是，这里所说的意识形态表达的形象化是现代社会意识形态发展特有的现象，主要指凭借现代化大众传媒技术优势，在意识形态的传播过程中更加注重形式的新颖独特和形象生动。当然，强调

---

① ［美］丹尼尔·贝尔：《资本主义文化矛盾》，严蓓雯译，江苏人民出版社2012年版，第68页。

意识形态表达的形象化，也并不一定表明历史上的社会意识形态传播缺乏生动性。但是较之传统意义上的报纸、电视和广播等大众传媒，"各种数字化的信息技术，日益发达的影视传媒，还有3D和3G等令人耳目一新的图像技术，以及可视电话、多媒体和互联网等技术，为人们展开了一个五彩缤纷、生动具体的影像世界，原先被抽象地包含在语词或概念中的政治观念、法律道德或价值信念，纷纷融入琳琅满目的形象之中，摆脱了抽象枯燥的形式，以生动的形象获得了空前活跃的生命力"①，可以说在很大程度上颠覆了传统媒介的传播手段和路径，极大地提高了意识形态的传播效率及其社会影响力。如同英国社会学家汤普森所说："大众传播的发展大大扩大了意识形态在现代社会中运作的范围，因为它使象征形式能传输到时间与空间上分散的、广大的潜在受众。"② 质言之，大众传媒的深刻变革改变了社会意识形态的运作逻辑。当然，上述讨论是立足社会现代化背景，对大众传媒与意识形态发展的关系进行了总体性的描述。而具体到特定的意识形态现象，面对大众传播媒介基本普及的情况下，扩大意识形态的辐射范围就需要在形象化方面下功夫。

事实上，不论是社会主义意识形态还是形形色色的非主流意识形态，都面临着如何宣传和表达自身的利益诉求与价值理想的问题。从大的方面来看，任何意识形态传播的实效性的获得不外乎取决于以下两个因素，即意识形态内容的现实超越性和方法的科学性。因而根据社会实践的发展不断修补、矫正意识形态的内容与改善意识形态传播方式，就成为推进社会意识形态发展的一般做法，其中又以加强意识形态传播的形象化建设为重要突破口。在除去意识形态内容本身的影响作用之外，意识形态的表现方式将在很大程度上决定着意识形态的吸引力。众所周知，以马克思主义大众化为例，如果用千篇一律的形式、晦涩难懂的语言来宣讲马克思主义理论，其实际效果与运用通俗明了的表述方式、开展喜闻乐见的文化活动肯定存在很大的差距。美国社会学家丹尼尔·贝尔在谈论大众社会的文化时认为视觉文化已跃升为美国的主流话语，"音响和画

---

① 刘少杰：《当代中国意识形态变迁》，中央编译出版社2012年版，第278页。
② ［英］约翰·B.汤普森：《意识形态与现代文化》，高铦等译，译林出版社2005年版，第287页。

面（特别是后者）构成了美学，指导着观众。在大众社会里，几乎不可能有其他情形"①，"当代文化已渐渐成为视觉文化而不是印刷文化"②。虽然作者的分析主要是着眼于20世纪的美国社会，但是对于中国社会现代化进程中的意识形态建设也具有一定的参考意义。

三 意识形态现代化是思想政治教育现代化的前提

思想政治教育的意识形态本质，决定了主流意识形态现代化构成思想政治教育现代化的先决条件。前文对思想政治教育主导性与现代社会意识形态多样化的分析，事实上已经在一定程度上反映出我们对于主流意识形态现代化建设的基本态度和理论主张。但在这里仍然首先要澄清的是，强调主流意识形态的现代化，绝对不是动摇马克思主义的指导地位或改变社会主义的制度属性。与此相反，其根本目的在于适应现代社会环境的高度开放、社会阶层群体的流动分化以及人的思想观念的剧烈变动，不断扩张和提高社会主义意识形态的辐射范围与凝聚力。其次，意识形态现代化属于社会现代化研究的前沿课题，现有研究主要探讨了现代化意识形态的基本特征，以及意识形态现代化的评价标准，而没有对意识形态现代化的基本内涵和实施路径做出理论分析。③

本书认为，简单来讲意识形态现代化的全部内容归结到一点，就是使意识形态所代表的价值取向符合现代社会人的发展需求，并努力实现传播效果的最大化。当然这个过程本身是非常复杂的，"既要坚持意识形态的阶级性、党性原则，又要努力扩大意识形态的开放性、包容性；既

---

① ［美］丹尼尔·贝尔：《资本主义文化矛盾》，严蓓雯译，江苏人民出版社2012年版，第110页。
② 同上书，第112页。
③ 经检索，目前学界关于意识形态现代化的研究主要有：刘少杰教授对于意识形态现代化的认识，主要着眼于社会主义主流意识形态的战略任务、展开形式、评价原则以及评价指标四个方面；王长江教授则通过分析政党现代化过程意识形态的基本处境，进而提出现代化的意识形态至少有两个最基本的特征：即政党意识形态的包容性、政党意识形态的弹性和张力；吴海琳立足世界现代化进程，分别从意识形态观、意识形态功能、意识形态知识基础以及意识形态实践取向等几个方面论述了意识形态现代化。参见刘少杰《当代中国意识形态变迁》，中央编译出版社2012年版，第268页；王长江：《政党现代化论》，江苏人民出版社2004年版，第231页；吴海琳：《意识形态现代化研究的新视域》，《江汉论坛》2009年第7期。

要保持革命传统，又要致力于将这一传统有机融入现代社会生活"[①]，其中牵涉一系列深层次的理论和实践问题。但是结合社会主义现代化建设的长期性，以及当下意识形态工作的现实针对性，从思想政治教育实践操作的角度来看，推进社会主义意识形态现代化的关键在于面对社会新的发展形势，积极破除笼罩在现代化建设过程中一切不合时宜的意识形态迷雾，加强主流意识形态内容理念的包容性和传播途径的多样化。

（一）主流意识形态内容理念的包容性

"包容"一词，近年来频频出现在中央有关文件和领导人的讲话之中，而"包容精神""包容性增长"与"包容性发展"等提法，也成为媒体宣传和理论研究的热门词汇。一般意义上的包容，主要是指宽容和容纳。[②] 提倡社会主义意识形态的包容性，很大程度上与中国共产党的角色任务转型以及现代社会的多元化发展有着直接的关联。中国共产党由革命党转变为执政党，并不仅仅表现为党的政治地位的改变。与此同时，社会主义理想信念从政党意识形态上升到国家意识形态，也对社会主义意识形态的包容性提出了新的更高的要求。因为从政党意识形态的阶级基础来看，"和过去相比，政党意识形态要反映的不再是一两个阶级或阶层的要求，而是许多个阶层和群体的要求。在这种情况下，一个政党的意识形态和这个政党的支持力量一样，往往是并不相同的、反映不同利益和要求的思想、观念的集合"[③]。事实上，所有政党在取得国家政权之后，原有的政党意识形态都要面临着提升自身包容性的问题。随着改革开放步伐的不断加快，着力增强社会主义主流意识形态的包容性，也成为中国共产党坚持科学执政的自觉追求。从"三个代表"重要思想到科学发展观再到构建社会主义和谐社会，无不蕴含着执政党面对新形势新任务，不断提升主流意识形态包容性的不懈努力。而社会主义核心价值体系作为社会主义意识形态的本质体现，"倡导富强、民主、文明、和

[①] 侯惠勤：《意识形态的历史转型及其当代挑战》，《马克思主义研究》2013年第12期。

[②] 中国社会科学院语言研究所词典编辑室：《现代汉语词典》，商务印书馆2002年版，第42页。

[③] 王长江：《政党现代化论》，江苏人民出版社2004年版，第231页。

谐，倡导自由、平等、公正、法治，倡导爱国、敬业、诚信、友善"①，更可以看作社会主义主流意识形态的包容性，同时在国家价值目标、社会价值取向和公民价值准则层面的全面体现。

由此可见，增强意识形态内容理念的包容性，客观上已成为社会主义意识形态发展的新趋势。但是强调主流意识形态的包容性，显然又与意识形态的排他性存在着逻辑上的悖逆。众所周知，任何意识形态都具有显著的排他性，通常情况下只有旗帜鲜明的意识形态才能获得大众的广泛认同，社会的主流意识形态更应当如此。如果拒斥人类社会丰富多元的文明成果，则又可能导致意识形态走向封闭与僵化。因此在意识形态排他性与包容性的问题上，我们的理论思维很多时候容易陷入就意识形态而论意识形态的窠臼。然而就像"我们判断一个人不能以他对自己的看法为根据，同样，我们判断这样一个变革时代也不能以它的意识为根据；相反，这个意识必须从物质生活的矛盾中，从社会生产力和生产关系之间的现存冲突中去解释"②。对于社会主义意识形态包容性的理解，必须通过社会存在这一决定性因素得到说明。而社会主义意识形态包容性的实践根源，就是改革开放以来随着"社会结构、社会组织形式、社会利益格局发生深刻变化"，"人们思想活动的独立性、选择性、多变性、差异性明显增强"③。可以说，思想意识的多元多样多变，勾勒出现代社会精神文化生态的复杂画面，客观上要求主流意识形态将尊重差异、包容多样作为其实践活动的基本原则。

在社会主义现代化建设过程中，提出社会主义意识形态建设的包容多样原则，既不表示我们主动放弃社会意识形态的领导权，也不等于我们对意识形态领域内的激烈斗争视而不见，更不会转变马克思主义的基本立场和社会主义的发展方向。因为一旦丧失社会主义意识形态的主导地位和本质属性，有关社会主义意识形态现代化的一切理论构想和实践活动，很可能最终会走向其出发点的对立面，变成资本主义意识形态实

---

① 胡锦涛：《在中国共产党第十八次全国代表大会上的报告》，《人民日报》2012 年 11 月 18 日第 1 版。

② 《马克思恩格斯文集》第 2 卷，人民出版社 2009 年版，第 592 页。

③ 胡锦涛：《在中国共产党第十七次全国代表大会上的报告》，人民出版社 2007 年版，第 13—14 页。

施西化分化以及颠覆社会主义政权的推手。尽管从人类文明与民族文化的角度来看，实现不同文明和文化之间的开放包容、交流互动，在经济全球化的时代背景下愈发变得可能，而"美美与共"① 也应当成为世界范围内各类文明和文化发展的有效准则。但中国现代社会意识形态层面的美美与共，始终不可以超越社会主义作为社会主流意识形态的底线，而只能是"坚持以社会主义核心价值体系引领社会思潮，尊重差异，包容多样，最大限度地形成社会思想共识"②。

（二）主流意识形态传播方式的多样化

通过梳理新中国成立以来社会主义意识形态发展的历程可知，新中国成立后随着社会主义改造的完成，在计划经济体制下社会主义文化的"一枝独秀"与社会意识形态领域的凋敝形成鲜明的对比，而且这一局面更是在"无产阶级文化大革命"期间达到极化；进入改革开放以后，思想上的拨乱反正与社会主义市场经济体制的建立，带来社会意识形态的繁荣发展。从意识形态的表现形式来看，在当前中国社会理论化、体系化的意识形态主要有社会主义、资本主义、中国传统文化等；同时更多的是以表象形式存在的意识形态现象，如风俗习惯、爱国主义、网络民粹主义等。这些不同的意识形态在全球化和信息化浪潮的激荡之下，相互间既发生着广泛的交流和交融，但也不乏针锋相对的斗争。因而在不同意识形态共生共存、相互竞争的思想环境下，如何有效地提升社会主义意识形态宣传效果，将直接关系到社会主义现代化建设过程中主流意识形态的有效传播以及思想政治教育实践的科学发展。

因此，在社会现代化转型时期，如果单纯依靠政府宣传部门和学校为主的意识形态国家机器，通过政治宣传与理论学习的方式提升主流意识形态的社会认同，将变得更加困难。虽然党的思想政治工作在革命战

---

① 费孝通先生在谈到全球化时代人类文化发展时，提出"各美其美，美人之美，美美与共，天下大同"的设想，其中也蕴含着包容多样的意思。同时还指出所谓的"美美与共"，就是在欣赏本民族的文明的同时，也能欣赏、尊重其他民族的文明。参见费孝通《文化与文化自觉》，群言出版社2010年版，第448页。

② 《中共中央关于构建社会主义和谐社会若干重大问题的决定》，《人民日报》2006年10月19日第1版。

争年代取得的成绩,与思想政治工作方式方法的多样性和灵活性有很大的关系。但现实的情况是当今的文化信息传播早已发生了革命性的变化,最为显著的特征就是文化的影视化①或网络化,"从书写、印刷、再到影视与网络传媒的发展,使意识形态的表现形式与传播方式日益呈现出多样化与感性化的特征"②。与此同时,互联网络技术的发展赋予社会大众享有信息机会的对等性(事实上在某些情况下还会出现信息占有的不对称),以及信息传播的平面化。这一变化从根本上打破了以往自上而下的信息传播模式,使得思想政治教育者或主流宣传媒体失去先天的信息资源优势。因而就意识形态传播的方式方法而言,推动意识形态的现代化,实质上就是要求增强社会主义意识形态传播方式的时代性,促进传播理念、宣传策略③和实施途径的现代化转向。然而实现意识形态传播方式的现代化,并不仅仅意味着采取现代高科技手段,特别是互联网络平台的开发和运用,事实上现代社会很多意识形态传播都是以这样的方式进行的。但是面对新的舆论信息环境以及人的现代素质的提升,社会主义意识形态主导作用的发挥,就要在不断探索更能体现时代进步、符合现代人的思想发展的传播方式(如网络思想政治教育方法)的同时,更加注重意识形态传播方式方法的综合运用和融合发展④。当然,党的思想政治教育的根本方法和原则方法,对于现代社会主流意识形态的传播仍然具有深刻的指导意义。

---

① 所谓文化影视化,是指在当代影视媒体、数字化信息和互联网技术迅速发展的条件下,思想文化的传播方式从以文字媒介为主转变为以影视图像为主。参见刘少杰《当代中国意识形态变迁》,中央编译出版社2012年版,第231页。

② 吴海琳:《组织变迁中的意识形态整合研究》,吉林人民出版社2011年版,第114页。

③ 刘建军教授提出要注意意识形态工作的公开—隐蔽策略、清晰—模糊策略和正面—反面策略,对于我们推动主流意识形态现代化具有重要的参考意义;李宗建在探讨新中国成立以后党的宣传思想工作转变研究时,提出新形势下加强宣传思想的有效路径。参见刘建军《论意识形态工作的三个策略》,《北京教育(德育)》2013年第9期;李宗建:《建国以来中国共产党宣传思想工作转变研究》,博士学位论文,南开大学,2013年。

④ 这里借鉴了万美容教授在分析思想政治教育方法发展的现代趋势时,提出的思想政治教育方法的综合运用和融合发展的观点。参见万美容《思想政治教育方法发展研究》,中国社会科学出版社2007年版,第204—250页。

第二节　拓展思想政治教育的活动视野，推进思维方式的现代化

从思想政治教育本体论的角度来看，思想政治教育既是"一定的阶级、政党、社会群体遵循人们思想品德形成发展规律，用一定的思想观念、政治观点、道德规范，对其成员施加有目的、有计划、有组织的影响，使他们形成符合一定社会、一定阶级所需要的思想品德的社会实践活动"[①]，同时也是"人的一种生存和活动方式"，具体来讲是"人的思想品德发展的一种活动"[②]。在理论层面上，作为社会实践活动的思想政治教育，是阶级实施政治统治的需要与现实个人的生存和发展方式的内在统一。然而现实情况是，近年来思想政治教育的理论范式正在实现"社会需要论"向"现实个人"的转变，从现实的人出发探讨思想政治教育成为当前研究的热点话题。[③] 当然，提出思想政治教育理论研究的人学范式，根本目的是适应现代社会人的能动性极大发展的客观现实，进而拓展思想政治教育的理论空间和活动视野，实质上是对思想政治教育实践思维方式的革新。

一直以来，思想政治教育作为党的政治优势和优良传统，在新民主主义革命、社会主义建设和改革的过程中发挥了极端重要的作用。但是在当下社会的现实生活中，我们也要看到并承认思想政治教育的"生命线"地位与其在现代社会生活中的实际处境，正面临着不同程度的悖逆、断裂和错位。譬如：党中央对思想政治教育的高度重视与基层思想政治工作的难以开展、主流意识形态宣传的不遗余力与思想政治教育实际效

---

① 张耀灿、郑永廷、吴潜涛等：《现代思想政治教育学》，人民出版社2006年版，第50页。

② 万光侠等：《思想政治教育的人学基础》，人民出版社2006年版，第53—54页。

③ 其中代表性的著作有万光侠等：《思想政治教育的人学基础》，人民出版社2006年版，第27页；雷骥：《现代思想政治教育的人性基础研究》，人民出版社2008年版，第85页；刘芳：《思想政治教育人本论》，军事科学出版社2009年版，第241页；曹清燕：《思想政治教育目的研究——基于马克思主义人学视角》，中国社会科学出版社2011年版，第116页；褚凤英：《思想政治教育活动研究》，人民出版社2011年版，第12页；苏令银：《主体间性思想政治教育研究》，上海三联书店2012年版，第158页。

果的不尽如人意等。可以说,造成以上现象产生的原因很多,既与整个社会思想舆论环境的剧烈变动有关,也有现代社会转型时期人的思想观念复杂多变的因素。但是,归根结底我们应当从思想政治教育本身来找寻问题的根源。其中思想政治教育主体的思维方式,作为思想政治教育实践活动展开的认知前提,在很大程度上起着关键性的作用。因而本书拟通过分析思想政治教育实践活动的现代特征,进一步揭示思想政治教育思维方式现代化的基本走向。

一 思想政治教育实践活动的现代特征

广义上的思想政治教育活动,是指自发的思想政治教育影响与自觉的思想政治教育行为的总和。这里所说的思想政治教育活动,主要是从狭义的角度来理解的,即"由专门的组织、机构或个人有目的、有计划地对人的思想道德(政治观点和价值取向)发生教育影响的活动"[1]。与此同时,从思维与活动的辩证关系来看,思想政治教育活动又可以看作思想政治教育思维方式的实践反映。因而考察社会现代化过程中思想政治教育活动的基本特征,就成为探讨思想政治教育思维方式现代化的首要步骤。面对世界范围内经济全球化、文化多元化与信息网络化的发展趋势,以及中国社会的开放性、竞争性和风险性日益显著,思想政治教育活动表现出多方面不同于革命和建设时期的时代特征。鉴于思想政治教育活动系统的复杂性和丰富和宏观性,本书仅就活动的对象领域及其实践逻辑进行简要的分析。

(一) 思想政治教育活动领域的分化拓展以及活动空间的虚拟延伸

活动领域,即活动的范围或区域。一般来说,思想政治教育活动领域的划定,与人的生存空间及其活动方式是紧密相连的。虽然本质上都是思想政治教育,但是由于教育对象的职业差别以及思想政治教育活动空间的不同,仍然可以区分出不同的活动领域。因为"不同地区、不同部门、不同领域的干部群众,所处的环境、承担的任务、面临的问题不同,其思想活动的特点和要求也会有不同"[2]。显而易见的是,现代社会

---

[1] 陈立思:《当代世界的思想政治教育》,中国人民大学出版社1999年版,第57页。
[2] 《江泽民文选》第3卷,人民出版社2006年版,第90页。

条件下思想政治教育的活动领域非常广泛。通过思想政治教育对象的历史变迁可知，现代思想政治教育活动领域的拓展有着深刻的实践根源。新民主主义革命时期，工农联盟的阶级基础、农村包围城市的革命道路以及"枪杆子里面出政权"的斗争方式，决定了思想政治教育的活动领域以工厂、农村和军队为主。而新中国成立以来特别是在社会主义市场经济体制建立之后，中国社会的阶级阶层结构发生了巨大的变化，"从1949—1956年短暂存在的新民主主义社会四大阶级结构，到1956年社会主义改造任务完成以后确立的'两阶级一阶层'结构，再到1978年以来随着经济社会转型，原有社会阶层结构发生分化，逐步形成由十大阶层构成的新的社会阶层结构"[①]，社会阶层的分化乃至于十大社会阶层[②]的出现，客观上要求思想政治教育应当针对不同的教育对象，开拓新的思想政治教育活动领域。与此同时，检视当前思想政治教育理论研究论域的发展现状，很大程度上也可以验证思想政治教育活动领域急剧扩张的事实。因为思想政治教育研究论域的确立，基本上是以思想政治教育实践活动的实际开展为主要依据。譬如随着城乡二元结构格局的松动以及社会流动性的加强，农民工群体的出现创生出农民工思想政治教育的研究方向。近年来，思想政治教育的心理学研究、网络思想政治教育研究、生态道德教育研究、城市社区思想政治教育研究的不断涌现，昭示着思想政治教育活动视野的不断拓展。

从思想政治教育活动的运行空间或存在形态来看，互联网络技术的出现实现了思想政治教育活动空间的虚拟延伸。可以说，"信息技术特别是信息网络技术的发展，为我们开展思想政治工作提供了现代化手段，拓展了思想政治工作的空间和渠道"[③]。但需要指出的是，网络与思想政治教育活动的相遇，其结果并不仅仅是网络思想政治教育新形态的生成，或者说思想政治教育获得了实现现代化的有效工具，同时也不能简单地

---

① 陆学艺：《当代中国社会结构》，社会科学文献出版社2010年版，第387页。
② 所谓"十大社会阶层"主要有：国家与社会管理者，经理人员，私营企业主，专业技术人员，办事人员，个体工商户，商业服务业员工，产业工人，农业劳动者和城乡无业、失业、半失业者。参见陆学艺《当代中国社会阶层研究报告》，社会科学文献出版社2002年版，第9页。
③ 《江泽民文选》第3卷，人民出版社2006年版，第94页。

把网络视为思想政治教育活动的新平台。事实上,"作为一种历史趋势,信息时代的支配性功能与过程日益以网络组织起来。网络建构了我们社会的新社会形态,而网络化逻辑的扩散实质性地改变了生产、经验、权力与文化过程中的操作和结果"①。可以说网络社会的到来,很大程度上改变了相当一部分人的生存和生活方式,同时也向思想政治教育活动提出新的实践命题。既要加强思想政治教育网络工具的探索和使用,主动占领网络阵地的意识形态制高点;更注重对网络社会境遇下人的思想问题的引导和治理,防止网络信息技术的异化以及对人的奴役。

(二) 思想政治教育活动逻辑的人本转向以及对于精神世界的关注

这里所谓的思想政治教育活动逻辑,就是指党的思想政治教育实践的基本着眼点。提出思想政治教育活动逻辑的人本转向,实质上包含着这样一个理论判断,即党的思想政治教育的实践重心或活动视野,开始更多地关注现实社会的人。当然,强调将"现实的个人"作为思想政治教育活动的出发点,并非表明我们对思想政治教育意识形态功能的忽视,而是党的思想政治教育活动的实际体现。目前学界从更为广泛和普遍的意义上,对人类社会思想政治教育活动的本源问题进行了初步的探讨,基本上形成以下三种代表性的观点:第一,思想政治教育活动起源于阶级的产生。② 第二,人是思想政治教育活动的出发点和最终归宿。③ 第三,思想政治教育活动是社会需要与个体需要的统一。④ 虽然阶级统治的需要和人的发展的内在要求构成思想政治教育活动的实践逻辑,但是在特定的历史处境下,由于思想政治教育目标任务的不同,思想政治教育活动的侧重点也会发生变化。

新民主主义革命时期,推翻帝国主义列强、封建军阀和官僚资本主义的压迫和统治,进而夺取全国政权和建立社会主义国家,既是中国共

---

① [美]曼纽尔·卡斯特:《网络社会的崛起》,夏铸九等译,社会科学文献出版社2006年版,第434页。
② 杨威:《思想政治教育发生论》,中国社会科学出版社2009年版,第62页。
③ 曹清燕:《思想政治教育目的研究——基于马克思主义人学视角》,中国社会科学出版社2011年版,第252页。
④ 李合亮:《思想政治教育探本——关于其源起及本质的研究》,人民出版社2007年版,第56页。

产党进行阶级斗争和武装革命的主要目标，也是广大无产阶级和劳动人民实现解放、获得自由的社会前提。而此时人的现实需要统一于民族的独立和国家的富强，中国共产党在新民主主义革命时期的阶段性任务，成为思想政治教育活动的实践向导。新中国的成立和社会主义改造的完成，标志着社会主义现代化建设事业的正式启动，同时也内在地规定了思想政治教育活动的目标和方向。然而"由于受'左'的思想的影响，党的思想政治教育并未随着社会发展而改变服务对象和进行新的定位，所以，党的传统思想政治教育的目标基本上是以强调革命理想和社会本位为特点的"①。改革开放战略的持续推进和社会主义市场经济体制的初步确立，极大地调动了社会发展活力和人的主体性自觉，改善了计划经济体制下"忽视个人的主体性、个性、人的自我价值、人的自由、人的平等和人的权利"②的弊端。同时社会主义现代化建设事业的深入发展，也在不断呼唤人的思想观念和能力素质的现代化。但是在致力于市场经济建构和培育现代工业文明的过程中，社会上又不同程度地出现了见物不见人、重物质利益获取而轻理想精神追求的不良倾向。特别是全球化和信息化浪潮的冲击与社会深刻转型发展的交织，使得当代中国人的精神世界呈现出极其复杂而多样的景象。可以说，作为社会主义现代化建设的根本问题，人的现代化直接推动了20世纪80年代人学研究的兴起，也促使以人为本、全面发展理念的形成。

美国社会学家英克尔斯指出："如果一个国家的人民缺乏一种能赋予这些制度以真实生命力的广泛的现代心理基础，如果执行和运用着这些现代制度的人，自身还没有从心理、思想、态度和行为方式上都经历一个向现代化的转变，失败和畸形发展的悲剧结局是不可避免的。再完美的现代制度和管理方式，再先进的技术工艺，也会在一群传统人的手中变成废纸一堆。"③随着党的工作重点的转移以及市场经济的深化改革，人的生存方式的改变导致人的精神世界面临突出的问题，主要表现为心

---

① 周中之、石书臣等：《现代思想政治教育理论与实践探微》，人民出版社2009年版，第37页。

② 袁贵仁、韩庆祥：《论人的全面发展》，广西人民出版社2003年版，第4页。

③ 殷陆君编译《人的现代化——心理·思想·态度·行为》，四川人民出版社1985年版，第4页。

理意识的物欲主义倾向和非理性化、道德伦理的冷漠化倾向和无责任化倾向、信念信仰的虚无主义倾向和信仰危机以及人文精神的失落和边缘化。① 因而关注现代社会人的精神世界的嬗变及其特征,围绕人的思想观念、理想信念以及心理素质的现代化发展开展思想政治教育活动,将成为思想政治教育发挥作用、提升效能的必然举措,同时也是现代化过程中思想政治教育理论研究新的学术生长点。②

二 思想政治教育思维方式现代转型的本质

一般而言,人们通常将思维方式视为"人的各种思维要素及其结合按一定的方法和程序表现出来的相对稳定的定型化的思维样式,是主体观念地把握客体,即认识的发动、运行和转换的内在机制和过程"③。事实上,"思维方式既是思想的'程式'和'方法',又是思想的'框架'和'逻辑'"④,因而我们应当从本体论与方法论相统一的角度来理解思维方式。毋庸置疑,思维方式具有显著的时代性,即"每一个时代的理论思维,从而我们时代的理论思维,都是一种历史的产物,它在不同的时代具有完全不同的形式,同时具有完全不同的内容"⑤。因此在这个意义上可以说,思想政治教育思维方式的现代转型,就是"我党思想政治工作者(包括组织与个人)在马克思主义科学理论指导之下,适应新时期的时代潮流,及时变革陈旧、过时、不合时宜的思维方式,形成具有新时期的新特点新风格的马克思主义科学的思维方式"⑥,本质上是要实现从革命党思维到执政党思维的转型。

---

① 张健:《社会主义市场经济背景下人的精神世界研究》,博士学位论文,中共中央党校,2004年,第111—117页。
② 目前可以看到学界已有相关专著研究,张其娟:《现代思想政治教育精神资源开发与利用研究》,知识产权出版社2013年版,第100页;郑永廷、罗姗:《中国精神生活发展与规律研究》,中山大学出版社2012年版,第159页;廖小琴:《人的精神生活质量研究——小康社会进程中人的发展图景》,江苏人民出版社2009年版,第188页;骆郁廷:《精神动力论》,武汉大学出版社2003年版,第7页。
③ 李秀林等:《辩证唯物主义和历史唯物主义原理》,中国人民大学出版社1990年版,第267—268页。
④ 孙正聿:《哲学通论》,人民出版社2010年版,第400页。
⑤ 《马克思主义文集》第9卷,人民出版社2009年版,第436页。
⑥ 唐志龙:《思想政治工作思维方式导论》,汉语大词典出版社2001年版,第4—5页。

辩证唯物主义认识论认为，任何观念意识、精神思想以及思维方式的产生和发展，都有其深刻的物质基础和实践根源。作为观念上层建筑的思想政治教育，在支配其活动运行的思维方式背后，必然可以看到中国共产党90多年来奋斗历程的实践烙印。从中国共产党的发展历程及其阶段性任务来看，"我们党历经革命、建设和改革，已经从领导人民为夺取全国政权而奋斗的党，成为领导人民掌握全国政权并长期执政的党；已经从受到外部封锁和实行计划经济条件下领导国家建设的党，成为对外开放和发展社会主义市场经济条件下的领导国家建设的党"[1]。这两大历史性转变的精神实质，归根结底就是中国共产党由革命党变为执政党。但是"从革命党变成执政党，是一个全方位的转型过程，涉及党的社会基础、组织结构、领导方式、政策方针、战略策略、工作任务和意识形态等方面的重大变化"[2]。而其中思维方式的转型在党的整个转型过程中，无疑具有前提性和基础性的作用。当然，从革命党到执政党的转变，主要是指党领导人民建设社会主义现代化的方式的改变，并不表示中国共产党自身革命性的消失。建立在社会主义制度基础上的改革开放，就是执政条件下中国共产党依旧保持坚定的革命性的生动体现。

"革命党的思维以斗争为主，执政党的思维以和谐、整合为主。"[3] 时代主题的变迁与社会主要矛盾的转变，客观上表明中国共产党的历史方位已发生了根本性的变化，同时也宣告了党的历史任务从实现民族独立、人民解放转向实现国家繁荣富强、人民共同富裕。因此从理论上讲，中国共产党政治地位和中心任务以及角色职能的改变，必然会要求其思维方式根据新的世情、国情和党情自觉地进行相应的调整和更新。然而从思想政治教育的实际活动来看，自1959年反右派斗争扩大化开始到1978年党的十一届三中全会召开之前，这一时期党的理论思维和实践思维，一定程度上还没有完全自觉地转向以经济建设和发展社会生产力为中心。在中国共产党领导下的探索社会主义建设的过程中，由于受"'无产阶级

---

[1] 江泽民：《在中国共产党第十六次全国代表大会上的报告》，人民出版社2002年版，第11页。

[2] 俞可平：《思想解放与政治进步》，社会科学文献出版社2008年版，第24页。

[3] 张静如、王炳林：《十一届三中全会以来中国共产党思想史》，青岛出版社2008年版，第385页。

专政下继续革命'的'左'的思想的影响,党的中心工作并没有转到领导建设上来,执政党还在领导'革命',包括以重新夺权为目标的'无产阶级文化大革命'"①,仍然出现了"以'阶级斗争为纲'和以群众运动的方法去搞上层建筑领域的'革命'"②的错误做法,最终阻滞了社会主义现代化建设事业的进展。与此同时,基于思想意识的独立性和能动性,我们可以说思维方式的变革在某种意义上也具有决定性的作用。20世纪70年代末,中国共产党不断突破思维的藩篱、实现思想的解放,其结果就是党的工作重心的转移以及改革开放战略的提出和实施。

就思想政治教育的阶级性或意识形态性而言,党的地位、角色、职能和任务本质上规定了思想政治教育活动的实践方向及其思路。从党在不同时期的领导方式来看,领导社会主义现代化建设事业与领导人民夺取全国政权有着根本的不同。因而进入社会主义建设和改革开放之后,中国共产党由革命党思维转向执政党思维,实际上本身就内在地包含着思想政治教育思维方式的转型。概而论之,当阶级矛盾成为社会的主要矛盾或占据矛盾的主要方面,中国共产党必然会采取阶级斗争和武装革命的方式,以实现其夺取全国政权的历史任务,而此时思想政治教育活动的思维方式,则带有显著的阶级对立性、思想理论的批判性以及意识形态的理想化;而当社会的主要矛盾转变为人民日益增长的物质文化需求与落后的社会生产力之间的矛盾,党的工作重心就要转向经济建设和社会发展,这一时期思想政治教育活动的思维方式,则更多地强调利益协调、阶层整合以及意识形态的现实性和包容性。但是我们又不能简单、片面和绝对地理解思想政治教育思维方式的现代转型,譬如新民主主义革命期间我党实行的统一战线,以及社会主义建设时期坚持指导思想的一元,充分体现了党的思维方式的灵活性和原则性的辩证统一。

三 思维方式现代化是思想政治教育现代化的基础

关于思想政治教育活动的现代特征的描述,以及思想政治教育思维

---

① 李永清等:《从革命思维到执政思维——党的历史方位的改变与理论思维的更新》,中共中央党校出版社2007年版,概论第9页。

② 中共中央党史研究室:《中国共产党历史·第二卷(1949—1978)》下册,中共党史出版社2011年版,第979页。

方式现代转型的本质的探讨，为我们进一步分析思想政治教育思维方式的现代化提供必要的理论铺垫。思想政治教育思维方式的现代化，涉及思想政治教育理论研究、学科建设与实践活动等诸多方面的思维运用。本书立足思想政治教育实践活动，拟通过思想政治教育过程思维、关系思维和领域思维的现代转型，展现思想政治教育思维方式现代化的抽象内涵。

(一) 过程思维转型：从现成论到生成论

"哲学家们只是用不同的方式解释世界，而问题在于改变世界。"① 马克思将实践的思维方式提升到哲学的首要地位，从而导致古典哲学的终结和现代哲学的诞生。而马克思哲学革命的实质在于"实现了思维范式的转换，即从现成论转向了生成论"②。"在现成论的视野中，一切都是现成的，都有一个预先确定的本质，这个本质决定着对象的'是其所是'"；"在生成论的视野中，一切都是生成的，都处于永恒的变化过程之中，不存在任何先定的、固定不变的本质"③。坚持马克思主义理论指导的思想政治教育活动，就要将马克思主义实践的观点贯穿于我们行动的始终。思想政治教育活动的根本目的，在于改造和提升日常生活中人们的思想意识，因而对现实的人进行观念性的把握，直接关系到思想政治教育活动过程的最终效果。高清海教授在谈到怎样认识人的本性时指出："首先不在于你把人看成什么，而首先在于你怎样去看人。"④ 这里所说的"怎样去看"，某种意义上就是强调用什么样的思维方式去揭示事物的本质。对于现代社会的思想政治教育活动来说，同样也应该反思作为思想政治教育活动的发动者和实施者，我们看待教育对象的思想意识与开展思想政治教育活动的思维方式，是否符合时代实践和事物发展的基本要求。而思想政治教育思维方式的现代化，就是要实现思想政治教育活动过程从现成论到生成论的转型。

毋庸置疑，作为无产阶级进行社会主义意识形态传播的思想工具，

---

① 《马克思恩格斯选集》第 1 卷，人民出版社 2012 年版，第 140 页。
② 崔唯航：《马克思哲学革命的存在论阐释：从理论哲学到实践哲学》，中国社会科学出版社 2005 年版，第 77 页。
③ 同上书，第 6—7 页。
④ 高清海：《哲学的奥秘》，吉林人民出版社 1997 年版，第 146 页。

思想政治教育活动带有强烈的目的性、计划性和导向性。正如列宁在分析俄国革命运动中群众的自发性时指出："工人本来也不可能有社会民主主义的意识。这种意识只能从外面灌输进去"①，因此思想政治教育活动的首要任务和主要内容，就是向广大民众传播体现无产阶级价值诉求的思想观点和理论主张。在这个意义上可以说，思想政治教育活动的实施，就是"用一定的思想观念、政治观点、道德规范，对其成员施加有目的、有计划、有组织的影响"②的过程。而一定的思想观念和政治观点等教育内容以及教育方案，一般情况下都是先于思想政治教育活动过程的运行而存在。由此可知，思想政治教育活动过程的计划性和预设性是显而易见的。当然，思想政治教育现成论思维的形成，根本上是源于自身活动的特定方式，有其存在的合理性。

然而思想政治教育活动的展开，不仅只有理论传授的过程，同时还包括教育对象思想政治品德的形成过程，而且后者更是最终决定着整个思想政治教育活动的成效。自从20世纪80年代初高校设立思想政治教育专业以来，学界就思想政治教育者的施教过程与教育对象的受教过程进行了不间断的理论探索。特别是对受教育者思想政治品德的发展规律有比较科学的认识，提出内化与外化、教育与自我教育等实践机制。③这里需要说明的是，科学把握思想政治教育对象的思想政治品德活动，解决选择何种思维方式的前提性问题显得尤为关键。将受教育者的思想意识，看成是等待改造的现成对象还是动态生成的过程，就思想政治教育的有效性而言则有着很大的不同。当然，在日常的思想政治教育中，从预先设定的培养目标和教育内容出发，把党的路线、方针和政策的讲授视为活动运行的全部并不鲜见。但是当变化成为现代社会唯一不变的特征时，加之人的主体意识的不断增强甚至是达到无限膨胀的地步，思想政治教育者的思维方式也应该更加具备动态性和开放性。

---

① 《列宁专题文集·论无产阶级政党》，人民出版社2009年版，第76页。
② 陈万柏：《思想政治教育学原理》，中国人民大学出版社2013年版，第4页。
③ 罗洪铁教授等对30年来思想政治教育过程理论的形成和发展进行了详细的梳理和评判。参见罗洪铁、周琪、王斌等《思想政治教育学学科理论体系演变研究》，中国社会科学出版社2012年版，第137—173页。

(二) 关系思维转型：从角色二分到精神互动

从人的要素来看，思想政治教育活动主要由教育者与受教育者构成。教育者承担着思想政治教育活动的发动、实施和评估，受教育者是教育者实施教育活动的对象。因而就具体的思想政治教育活动过程而言，教育者和受教育者的角色是相对固定的，由此也就规定了二者不同的地位和作用。换言之，在任何形式的思想政治教育活动中，教育者与受教育者在教育活动中的位置是不能被颠倒或模糊的，否则只会引起理论思维的混乱和实践活动的不知所措。这是我们讨论思想政治教育活动中教育者与受教育者关系的基本前提。然而，在思想政治教育活动中突出教育者与受教育者角色的差异，以及教育者的主导作用和受教育者接受教育的地位，直接导致受教育者主体性的弱化和积极性的丧失。可以说，教育者的主导性与受教育者的主体性关系的失衡，一直困扰和制约着思想政治教育活动效果的提高。而这也是学界近年来颇为流行的"双主体说"和"主体间性说"立论的基本依据。本书认为，仅凭借学术概念的创新是无助于思想政治教育实践效果的改进，况且类似于"双主体说"的观点学说，一定程度上还会混淆理论逻辑、消解教育者的责任心和自信心。[①] 当前思想政治教育面临的现实问题是，在现代社会受教育者本身并不缺乏主体性，思想政治教育活动中提升受教育者主体能动性的任务，很可能已转化为如何科学地引导受教育者主体性的发挥。当然，不论是调动还是规约受教育者的主体性，教育者观念思维的变革是必不可少的。

事实上，所有教育活动的开展实质上都是教育者与受教育者双向互动的过程。而思想政治教育活动区别于一般教育活动的地方，就是思想政治教育者与受教育者的互动，很大程度上是一种精神层面的交往。虽然曾经的思想政治教育活动一度因受到错误思想理论的指导，致使教育双方的交往关系简化为单向的政治宣传和理论灌输，但是从思想政治教育活动的根本目来看，实现对统治阶级的政治认同以及促进人的思想观

[①] 学界对"双主体说"进行了深刻的批判和反驳。参见顾钰民《思想政治教育"双主体说"评析》，《教学与研究》2013年第8期；刘书林、高永：《思想政治教育的对象及其主客体关系》，《思想理论教育导刊》2013年第1期；祖嘉合：《对思想政治教育主体及其特性的思考》，《教学与研究》2007年第3期。

念的时代进步，其最终都需要通过对人的精神世界进行改造。与此同时，生产力的高度发展和网络信息技术的更新换代，一方面改善了教育双方交往互动的技术条件和物质基础，某种程度上也解构了教育者昔日所拥有的信息资源优势。德国存在主义哲学家雅斯贝尔斯在分析高技术时代的意识时指出："由于报纸、现代旅行、电影、无线电等而造成的人类对时间和空间的技术征服，使人类的普遍交往成为可能。再没有什么事情是生疏、神秘和意想不到的了。"[1] 可以说，教育双方能否在精神层面发生高质量的交往，将会决定着思想政治教育现代化的实现程度。更为重要的是，思想政治教育者与受教育者的精神互动包含着明确的价值导向，而且在本质上还是"具有核心价值导向的精神交往"[2]。只有坚持以社会主义核心价值观念引导教育双方的精神互动，才能保证思想政治教育现代化的正确方向。

（三）领域思维转型：从本位意识到协同创新

众所周知，作为执政党的思想政治教育存在于社会的各个领域。依据教育对象职业的不同，可以将思想政治教育活动领域分为高校思想政治教育、军队思想政治教育、农村思想政治教育以及企业思想政治教育等几个方面。不同领域的思想政治教育，虽然都遵循着思想政治教育的基本原理和根本方法，但是也在长期的实践活动中形成了各自的特色。从总体上讲，思想政治教育现代化必然会体现为不同领域的思想政治教育现代化，然而不同领域之间思想政治教育活动的疏离，却相当不利于我们推进思想政治教育现代化的实践进程。以思想政治教育的研究者为例，"思想政治教育研究者的队伍庞大，在教育、企业、农业、行政等系统都有一支人数众多的思想政治教育的理论研究和实际工作队伍。但是各系统、各领域的思想政治教育工作群体彼此之间的联系交流并不十分通畅，相当普遍地存在着对其他系统研究的新进展、新成果不关注、各自为政的倾向。各系统、各领域提出的思想政治教育的问题、使用的话

---

[1] ［德］卡尔·雅斯贝尔斯：《现时代的人》，周晓亮等译，社会科学文献出版社1992年版，第11页。

[2] 骆郁廷、郭莉：《精神交往：思想政治教育互动关系的本质》，《教学与研究》2014年第1期。

语、发问的方法、思考的角度、解答的思路都有不同,相互之间缺少深入讨论的机制,也缺乏沟通交流的平台。思想政治教育各系统、各领域的相互'屏蔽',思想政治教育学科研究队伍中的学术型研究者和实务型研究者的彼此分离"①。

思想政治教育活动之所以会出现在不同领域内的单打独斗,主要是其背后起支配作用的是狭隘的、封闭的本位意识。就像德国哲学家卡西尔指出的:"人总是倾向于把他生活的小圈子看成是世界的中心,并且把他的特殊的个人生活作为宇宙的标准。但是,人必须放弃这种虚幻的托词,放弃这种小心眼儿的、乡下佬式的思考方式和判断方式。"② 而替代思想政治教育本位意识的思维方式,就是要"积极推进协同创新"③。所谓的协同创新,就是通过多方资源的有效整合以及不同部门的深度合作来促使共同目标的有效实现。从思维方式层面强调思想政治教育不同活动领域之间的协同创新,符合现代社会活动领域分化以及行业分工细化的客观趋势,有助于党中央思想政治教育领导部门与基层思想政治教育相关机构的上下联动,同时也可以促进不同领域思想政治教育经验和方法的学习交流和相互借鉴。只有破解思想政治教育垂直化管理运作方式的体制弊端,形成思想政治教育领导管理的合力,才能不断满足社会大众文化精神生活的迫切需求;只有实现思想政治教育资源力量的整体统合,才能真正体现出思想政治教育作为党的政治优势的现代价值。

第三节 提升思想政治教育的时代效用,推进实践功能的现代化

所谓思想政治教育功能,"是指思想政治教育对教育对象乃至整个社会所发生的积极独特的作用或影响"④。不以人的意志为转移,是思想政

---

① 祖嘉合、代玉启:《思想政治教育理论研究中的问题与思考》,《思想理论教育》2010年第11期。
② [德]恩斯特·卡西尔:《人论》,甘阳译,上海译文出版社1985年版,第20页。
③ 教育部高等教育司:《提高质量 内涵发展——全面提高高等教育质量工作会议文件汇编2012年》,高等教育出版社2012年版,第200页。
④ 张耀灿、陈万柏:《思想政治教育学原理》,高等教育出版社2001年版,第69页。

治教育功能与思想政治教育价值或效用的根本区别。但思想政治教育的实践功能，同时也是思想政治教育真正具有价值或效用的内在根基。对于思想政治教育自身而言，思想政治教育现代化的结果，就是要实现思想政治教育功能的现代化。而思想政治教育现代功能的形成和发展，则为社会与人的现代化提供强大的思想保证和精神支柱。一般情况下，思想政治教育实践功能的现代化，肯定会带来思想政治教育效用的最大化。而现代社会发展对思想政治教育实践效用的基本要求，则规定着思想政治教育实践功能的发展方向。

一　思想政治教育效用的现代尺度

思想政治教育效用是衡量思想政治教育实践价值的基本尺度。思想政治教育实践活动是否有效，主要取决于社会主体的需要程度以及思想政治教育能够满足社会主体需要的程度。社会主体的需要与思想政治教育系统结构功能的发挥，共同构成思想政治教育实际效用的形成。马克思在分析社会需要与商品供给的关系时指出："从量的规定性来说，这种需要具有很大的弹性和变动性。它的固定性是一种假象。"① 社会需要与思想政治教育实践功能之间也存在着一种类似于供求的关系，社会发展的需要就成为衡量思想政治教育实践是否有效的客观标尺。江泽民同志在谈到加强和改进党的思想政治工作时指出："面对新形势新情况……我们的思想政治工作在继承和发扬优良传统的基础上，必须在内容、形式、方式、方法、手段、机制等方面努力进行创新和改进，特别要在增强时代感和加强针对性、实效性、主动性上下功夫。"② 因而推进思想政治教育实践功能的现代化，首要的工作是明晰现代社会对思想政治教育的实践需求，而社会出现的新形势与新情况，无疑又是影响思想政治教育作用大小的主要变量。当然，我们不认为思想政治教育现代化仅仅是思想政治教育一味被动地适应现代社会发展，而忽略自身的主观能动性。事实上，只有在不断满足社会现代化要求的过程中，思想政治教育实践才能获得前进的不竭动力。

---

① 《马克思恩格斯选集》第 2 卷，人民出版社 2012 年版，第 487 页。
② 《江泽民文选》第 3 卷，人民出版社 2006 年版，第 86 页。

（一）是否有助于缓解社会矛盾、维护政权稳定

社会矛盾在不同的社会形态中都是客观存在的，主要包括社会的基本矛盾、主要矛盾和具体矛盾。我们这里所说的社会矛盾，是指社会的基本矛盾和主要矛盾在社会主义现代化建设过程中的阶段性体现，居于社会矛盾体系的外围和表层。区别于经济手段、政治制度、法律规章以及社会管理的刚性作用，思想政治教育基于自身特性而具有的"软实力"，对于社会矛盾的消解或弥合同样是不可或缺的。而且在多数情况下，思想政治教育作用的发挥往往是通过与其他实践手段相结合来实现的。历史表明，不同时期、不同阶段的社会矛盾，在其生成根源、表现形态以及行动逻辑等方面都有着相当大的差异。尽管就思想政治教育的实践作用而言，化解社会矛盾构成思想政治教育实践亘古不变的主题，然而面对社会主义现代化进程中的人民内部矛盾与民主革命期间的敌我矛盾，思想政治教育实践功能的基本内容却已发生了改变。虽然革命时期中国社会并未完全"分裂为两大敌对的阵营，分裂为两大相互直接对立的阶级：资产阶级和无产阶级"①，但是作为革命力量的无产阶级与一切反革命力量之间的激烈的对抗性斗争，成为当时整个社会矛盾的焦点；在社会主义建设过程中，"由于社会实践的结构性巨变，现代性全球化与我国社会转型两股力量的相互作用，使我们时代的生活进入了一个不断产生不稳定性和不确定性的发展时期，使各种社会矛盾具有了以往不具有或不完全具有的特点和态势，使各种社会失谐因素、各种社会矛盾具有了更容易被激活、更容易被激化的结构性平台"②，人民的内部矛盾呈现出对抗性与非对抗性、直接利益与无直接利益、群体性与个别性、非阶级斗争与阶级斗争等相互交织和错综复杂的特征，同时还夹杂着少量的敌我矛盾。而上述社会矛盾的存在某种意义上也成为检验思想政治教育实践功能现代化的试金石。

当前缓解社会矛盾的根本目的在于维护党的领导、推进现代化事业的持续发展。"思想政治教育实践活动的产生与继续，正是以其对社会政

---

① 《马克思恩格斯选集》第1卷，人民出版社2012年版，第401页。
② 郑杭生、刘少杰：《中国人民大学中国社会发展研究报告2007，走向更加有序的社会：快速转型期社会矛盾及其治理》，中国人民大学出版社2007年版，第2页。

治的稳定与发展所具有的客观效用为前提的，否则，它便无法经过人类实践活动中效用尺度的丈量而从人类的实践领域中销声匿迹。"① 但是党的思想政治教育在维护社会主义政权稳定之前，却经历了推翻旧政权的实践过程。因而当维护新的统治权威成为思想政治教育的任务之后，思想政治教育实践功能必然面临着转变思路和方向的问题，而这也是思想政治教育获得效用、实现功能现代化的关键所在。社会主义现代化建设需要稳定的政治体系和社会环境，然而在社会大众民主与权利意识不断高涨的情况下，人民的内部矛盾却早已不是阶级斗争、武装革命甚至是群众运动的方式所能解决的。因此在这个意义上可以说，思想政治教育的地位和作用获得了进一步提升的实践空间。当然，这一切都是建立在思想政治教育具备现代功能的基础之上的。

（二）是否有助于认同核心价值、规范社会秩序

价值观念的变动甚至是混乱以及社会秩序的更替和重建，可能是所有社会现代化过程中比较常见的现象，在中国社会的现代化特别是社会主义现代化建设过程中则尤为显著。然而从思想政治教育原初的意义来看，促使统治阶级的价值理念在社会范围内达成最大限度的共识，进而谋求社会秩序的稳定或实现重建社会秩序的理想，一直以来就是思想政治教育的实践旨趣。而在社会主义现代化过程中，之所以仍将它作为考察思想政治教育效用的基本尺度，实际上有其深刻的历史背景和社会根源。新中国成立以后到目前为止，依据社会经济基础的决定性作用，可以区分出社会主义社会经历了计划经济和市场经济两个不同的历史发展阶段。如果我们从宏观层面分别截取这两个时期社会生活的特征，前者主要表现为"社会成员的思想、行为、生活方式都日益标准化"② 和同质化，同时单位和人民公社的组织方式有效地整合了社会主义建设初期中国社会的弥散和无序状态，但社会秩序的稳定却付出了政治权力绝对垄断的代价；后者因市场力量被激发和逐步释放使得社会的开放性和流动性大大增强，人们的思想观念、行为方式以及价值取向发生了深刻的变革和转型。同时工具理性的泛滥又导致个体化发育的畸形化、差序格局

---

① 沈壮海：《思想政治教育有效性研究》，武汉大学出版社2008年版，第2页。
② 李友梅等：《中国社会生活的变迁》，中国大百科全书出版社2008年版，第86页。

的再生产、利益群体的结构化①，贫富差距悬殊、阶层利益固化诱发社会冲突的激增。凡此种种，都在一定程度上推动或倒逼着原有社会秩序的动态调整和优化。

社会主义现代化建设离不开稳定合理的社会秩序。尤其是对于发展中国家的现代化而言，"首要的问题不是自由，而是建立一个合法的公共秩序。人当然可以有秩序而无自由，但不能有自由而无秩序"②。社会秩序的稳定性一方面来自社会制度的权威以及规则的公平公正，同时也有赖于不断提升社会主流价值的感召力和凝聚力。因为"在许多情况下，人们对统治者所确认或倡导的价值理念的认同、接受程度，决定着一种社会秩序得以稳定的程度"③。然而在改革开放日益深化的时代背景下，社会结构的裂变分化和身份地域约束的逐渐打破，单位组织功能的不断弱化与个性化的生存方式，私人生活空间与社会公共领域的高度分离等，却不断显现出核心价值认同的危机与难为，以及重建价值共识的紧迫性、重要性。但是"任何一种社会价值观，只有在当时的历史条件下最大限度地促进绝大多数社会成员的利益共享时，这种价值观才能够成为'价值共识'"④，而社会主义核心价值观作为社会主义意识形态的本质体现，代表了最广大人民的根本利益。由此，培育和传播社会主义核心价值观，实现社会范围内最为广泛的价值认同和共识，就成为分析思想政治教育有效性的价值标尺。

（三）是否有助于培育现代观念、提升现代素质

现实生活中的人是社会现代化建设的主体和根本力量，"只有实现人的现代化才能实现社会现代化，只有人现代化了才算达到了社会现代化"⑤。而人的现代化，首先表现为人的思想观念的现代化。思想观念的现代化是衡量一个社会是否具有现代性及其程度高低的重要标志，同时

---

① 李友梅、黄晓春、张虎祥等：《从弥散到秩序："制度与生活"视野下的中国社会变迁（1921—2011）》，中国大百科全书出版社2011年版，第216—225页。

② ［美］塞缪尔·P.亨廷顿：《变化社会中的政治秩序》，王冠华、刘为等译，上海人民出版社2008年版，第7页。

③ 沈亚平：《社会秩序及其转型研究》，河北大学出版社2002年版，第285页。

④ 喻发胜：《文化安全——基于社会核心价值观嬗变与传播的视角》，华中师范大学出版社2010年版，第107页。

⑤ 袁贵仁：《人的素质论》，中国青年出版社1993年版，第150页。

也是推动社会现代化发展的思想基础和内在条件。社会存在决定社会意识，"支配人类思想的观念是随着时代和社会的不同而发生变化的"①。从社会主义现代化建设所处的时代环境和面临的社会形势来看，思想观念的现代化，其具体内容主要有以下几个方面："其一，适应和促进社会主义市场经济体制发展的自主观念、竞争观念、时间观念与效益观念；其二，适应和促进经济全球化和扩大开放的开放观念、全球视野、民族观念；其三，适应和促进现代科学技术发展的科学观念、创新观念、价值观念、道德观念；其四，适应和促进我国社会主义民主与法制建设的民主观念、法制观念、参与意识；其五，适应和促进全民学习、终身学习和学习型社会需要的超前观念、发展观念；其六，适应现代社会复杂性、风险性需要的心理素质等。"② 社会的现代化发展同时也是现代思想观念不断生成的过程，而思想观念现代化实现的基本途径，必然离不开教育活动主要是思想政治教育的引导和培育作用。

培育人的现代思想观念，主要目的在于提升人的现代素质。所谓人的素质，是指"人从事或完成一定活动、任务的一种内在根据、准备状态"③。同时人的素质是整体的、历史的和具体的存在，没有固定不变的和抽象的素质。人的现代素质就是现代社会的产物，其中人的道德素质以及心理素质等则是人的现代素质的重要组成部分。一方面，在市场经济体制初步建立以及改革事业的关键时期，关于社会道德的事件和话题，深深地刺激着身处现代社会转型时期人们的神经，一时间"道德沦丧""道德滑坡"成为人们对现代社会道德的基本体验和认知。尽管这样的价值判断并不符合现代社会道德的真正状况，但是"在道德领域确实也发生了许多令人心忧、心寒的事情"④，整个国民的思想道德素质仍有较大的提升空间。另一方面，社会的剧烈转型引发了传统与现代的冲突、先进与落后的共生、理想与现实的反差，同时也导致社

---

① [法] 爱弥儿·涂尔干：《宗教生活的基本形式》，渠东、汲喆译，商务印书馆2011年版，第14页。
② 郑永廷等：《人的现代化理论与实践》，人民出版社2006年版，第68页。
③ 袁贵仁：《袁贵仁自选集》，学习出版社2007年版，第270页。
④ 吴潜涛等：《当代中国公民道德状况调查》，人民出版社2010年版，第1页。

会规范的式微、价值标准的多元,由此出现了前所未有的边际人或过渡人[①]的二元人格,以及大量的困惑、彷徨和迷茫等不确定性的心理问题。因而立足社会主义现代化实践活动,提升人的现代素质特别是人的思想道德素质和心理素质,则应当是思想政治教育实践功能的基本着力点。

二 思想政治教育实践功能的发展趋势

学界关于思想政治教育功能的发展进行了一定的探索,提出以下几个方面的认识:从单一性功能向多样性功能发展和从以规范性功能为主向以发展性功能为主[②];思想政治教育功能由复制功能向超越功能的发展、由单一功能向多样功能的发展以及由传承功能向创新功能发展[③];思想政治教育的内涵拓展,即思想政治教育政治功能的新发展、发展思想政治教育的经济功能,以及发展思想政治教育解放思想、更新观念和创设文化环境的文化功能[④]。可以说,随着时代和社会实践的发展,思想政治教育功能的创新或拓展也已成为必然的趋势。基于已有研究和社会现代化发展对于思想政治教育要求,结合思想政治教育自身结构要素的变迁,当前思想政治教育实践功能的趋势主要表现为:

(一) 思想政治教育功能的创新超越

毫无疑问,思想政治教育功能是特定历史的产物。以党领导的革命、建设和改革的社会实践为例,不同历史时期的思想政治教育其任务和作用都有很大的差异性,从而思想政治教育功能也会相应地发生转变。从国家事业和社会发展的层面来说,进入社会主义现代化建设时期以来,思想的解放和观念的更新某种程度上直接主导着社会主义实践的前进方向。如果没有党中央领导勇于坚持"实践是检验真理的唯一标准"的思想方针,很可能我们的社会主义事业还依然在"两个凡是"的困境中徘

---

① 叶南客研究员以中国社会的现代转型为背景,从社会心理学的角度分析了转型期的社会人格。参见叶南客《边际人:大过渡时代的转型人格》,上海人民出版社1996年版,第11页。
② 杨威:《思想政治教育发生论》,中国社会科学出版社2009年版,第303—306页。
③ 张耀灿、郑永廷、吴潜涛等:《现代思想政治教育学》,人民出版社2006年版,第90—95页。
④ 郑永廷:《郑永廷文集》,中山大学出版社2013年版,第226—228页。

徊，而思想政治教育实践也仍旧在错误思想的指导下继续强化其单向度的政治功能。"阶级斗争"到"经济建设"工作中心的转移、封闭环境的破裂与开放时代的到来，客观上要求和呼吁思想政治教育实践功能的创新，譬如经济功能的转向和网络思想政治教育功能的开发。社会主义现代化事业体系中经济建设的中心地位，决定了思想政治教育实践服从和服务于社会经济发展的必然性。因而加强社会成员的开放竞争意识、道德法治观念以及职业态度的教育和培养，就成为思想政治教育经济功能的主要内涵，而这也是思想政治教育实践功能不断创新的结果。同时，思想政治教育虚拟空间的出现产生了网络思想政治教育，作为现实思想政治教育的网络应用，网络思想政治教育的实践功能在发扬原有的导向、保证和育人功能的基础上，又形成了沟通、渗透、调节和抵御等特殊功能[1]。

从现代社会人的能力素质发展的角度来看，思想政治教育实践功能也表现出新的特征。注重政治理论的传授而忽视人文精神关怀，成为人们在日常生活中对思想政治教育活动的直观感受，同时也是思想政治教育饱受诟病的主要原因。思想政治教育是否如此我们可以暂不讨论，但是我们可以确信地是，面对人的主体意识的张扬、个性化需求的增多，如果思想政治教育不能及时调整和创新实践功能的发展方向与基本内涵，则就会使自己陷入愈发被动和无力的境地。更为重要的是，虽然当前中国社会并未进入像德国社会学家贝克所描述的"风险社会"，距离后工业社会也还很遥远，但是在科学理性、社会进步和经济繁荣的背后，同样能够看到生态恶化、技术泛滥和信任危机的景象。对此，思想政治教育作为一种能动的社会实践活动，发挥其应有的作用就不能仅仅是对原有功能内涵的改造和方式的变动，一定意义上要实现思想政治教育系统结构的重组和功能的超越。

（二）思想政治教育功能的交叉融合

思想政治教育功能是思想政治教育要素结构相互作用的外在结果，不同的系统要素以及要素间的作用方式将形成多样化的功能。某种意义

---

[1] 徐建军：《大学生网络思想政治教育理论与方法》，人民出版社2010年版，第34—36页。

上，思想政治教育功能的完善和发展，与社会实践以及思想政治教育活动领域的不断开拓是密切相关的。当然，这里并不是要强调思想政治教育的无所不能和统领一切。事实上，对于实际工作中将思想政治教育当作包揽全部、解决所有问题的"万金油"现象，我们从来都是极力反对的。片面夸大思想政治教育的有限作用与过分贬低思想政治教育的实际功能，对于社会和人的发展同样都是非常有害的。从思想政治教育的实践对象来看，"人的本质不是单个人所固有的抽象物，在其现实性上，它是一切社会关系的总和"①。在社会主义现代化进程中，人的社会实践的广度和深度都发生了根本性的变化，从而人的社会关系也变得更加丰富和多样，为人的能力素质的全面发展提供了现实基础。而人的全面发展是人的科学文化、政治思想、精神境界以及实践参与能力或素质的普遍提高。思想政治教育作为人的生存和发展方式的重要组成部分，其自身功能作用的多样化也成为社会和人的进步的必然结果。

然而思想政治教育多方面功能的形成，只是就现代思想政治教育实践功能的存在形态而言的。从思想政治教育参与社会现代化实践的作用方式来看，思想政治教育的功能还表现出交叉融合的趋势。当然，思想政治教育功能作用的交叉融合，根本上是要适应现代社会以及人的思想发展的状况。如前所述，改革开放以来，中国社会的现代化建设正经历着传统、现代与后现代的共时性存在，不同历史时期问题的汇集和交错，使得任何社会问题的发生都表现出非常复杂的面向和相当大的关联性。而现代人的思想困惑可能已不再是简单的利益问题所能解释清楚的，大量的观念矛盾、负向社会情绪以及不良心态的产生和形成的背后，可能都与利益并没有直接的关系，甚至即使是经济问题的治理也在很大程度上需要通过心理疏导的方式。可以说，现代社会的复杂性存在客观上要求思想政治教育不同功能之间的配合。

三　实践功能现代化是思想政治教育现代化的关键

思想政治教育实践功能的现代化，根本上取决于思想政治教育要素

---

① 《马克思恩格斯选集》第1卷，人民出版社2012年版，第139页。

结构的内在转型以及现代社会环境的外在要求。结合思想政治教育现代化的结构转型以及思想政治教育效用的现代尺度，思想政治教育实践功能的现代化可以从以下三个方面进行分析：

(一) 政治导向的基础上强调观念整合

政治导向是思想政治教育实践的首要和根本功能，只要在阶级对立和国家存在的前提下，这一功能就不会自行消失。然而进入社会主义建设时期以来，随着党和国家工作重心的转移，思想文化领域内的"去政治化"现象也有所抬头。在一些人看来，经济建设中心任务确立的同时也意味着思想政治宣传已失去用武之地，思想政治教育的政治功能将会很快退出历史的舞台。对于经济建设与政治工作的关系，毛泽东同志早就指出："思想工作和政治工作，是完成经济工作和技术工作的保证，它们是为经济基础服务的。思想和政治又是统帅，是灵魂。只要我们的思想工作和政治工作稍微一放松，经济工作和技术工作就一定会走到邪路上去。"[①] 事实上，经济全球化的影响、市场经济力量的扩散以及社会开放程度的不断提高，既促成了世界范围不同文化价值观念的交流交融交锋，也为各种非马克思主义特别是反马克思主义思潮的蔓延提供了养料和空间。而且从社会意识形态领域的发展迹象来看，社会主义与资本主义将长期处于对立并存的状态。因而对于任何以社会主义现代化建设或大力发展社会生产力为借口，大肆宣扬"价值中立"并否定思想政治教育政治功能的企图，我们都要保持高度的警惕、必要的防范和坚决的批判。同时，在看待思想政治教育政治导向的问题上，"我们要始终坚持党的基本路线不动摇，做到思想上坚信不疑、行动上坚定不移，决不走封闭僵化的老路，也决不走改旗易帜的邪路，而是坚定不移地走中国特色社会主义道路"[②]。

"一个处于现代化之中的社会，其政治共同体的建立，应当在'横向'上能将社会群体加以融合，在'纵向'上能把社会和经济阶级加以

---

① 《毛泽东文集》第 7 卷，人民出版社 1999 年版，第 351 页。
② 胡锦涛：《在纪念党的十一届三中全会召开 30 周年大会上的讲话》，《求是》2008 年第 24 期。

同化。"① 这里的融合与同化不是或并不仅仅是强调国家统一，以及通过物质手段消除阶级差异。相反，通过观念的整合实现整个社会不同群体、阶级阶层的黏合，才能真正有助于现代化的发展和执政党政权的巩固。首先这里所说的观念无疑是统治阶级全部意志的集中体现，但是问题的关键还在于用以整合社会大众的观念，是否具有强大的包容性和历史的先进性，其中思想政治教育的作用也是至关重要的。然而在社会主义现代化建设和改革的过程中，思想政治教育的政治导向功能不同于革命战争时期之处在于，不仅需要破坏落后的和树立先进的观念，而且还要花费相当大的力气进行观念的整合。仅从革命与改革的区别来看，"革命者总是尽力积累分裂，而改革者却必须努力分散和消弭分裂。革命者力促政治的僵化，改革者却提倡灵活性和适应性。革命者必须能将各种社会势力一分为二，改革者则必须学会驾驭它们"②。因此，思想政治教育继续坚持意识形态批判和引领方向功能的同时，更应该加强社会范围内价值观念的整合，进而充分调动社会主义现代化建设力量的全面涌流。

（二）思想育人的基础上注重心理疏导

思想政治教育作为一种特殊的教育实践形式，自然具有"传道、授业、解惑"的育人功能。但是与一般的知识性传授和提升科学文化素养的教育活动不同，思想政治教育的育人功能，主要是进行马克思主义的世界观和方法论教育，目的在于实现改造客观世界的同时改造主观世界，进而提高教育对象的思想认识和政治觉悟。毛泽东同志在《实践论》中指出："无产阶级和革命人民改造世界的斗争，包括实现下述的任务：改造客观世界，也改造自己的主观世界—改造自己的认识能力，改造主观世界同客观世界的关系。"③ 具体来讲，新民主主义革命时期，思想政治教育的育人功能体现在以马克思主义理论指导党的革命实践。根据党在国内战争、抗日战争和解放战争等不同历史阶段的工作任务，通过马克

---

① ［美］塞缪尔·P. 亨廷顿：《变化社会中的政治秩序》，王冠华、刘为等译，上海人民出版社 2008 年版，第 332 页。
② 同上书，第 288 页。
③ 《毛泽东选集》第 1 卷，人民出版社 1991 年版，第 296 页。

思主义理论学习和宣传党的目标方针、策略路线，不断提升全党的思想理论修养与启发、鼓动广大人民群众的阶级觉悟和革命热情。随着党的工作重心的转移以及执政地位的确立，思想政治教育的育人功能获得了更大的实践空间，同时也将遭遇严峻的挑战。一方面，社会生产力的逐步发展，促进了人的物质文化需求的增长和社会化程度的提高，而精神文化生活的丰富以及政治社会化实践的广泛参与，进一步强化了思想政治教育的育人功能；另一方面，"知识经济的兴起使一些人更加注重自然科学而忽视人文动力，注重技术理性而忽视价值理性，注重知识、能力创新而忽视思想、观念的变革与创新，忽视创新精神的培育"①。现代社会思想观念的与时俱进，为思想政治教育育人功能的发挥注入新的内容。

与此同时，相对于计划经济时代人们近似于"整齐划一"的思想观念，改革开放以后，整个精神文化领域的"百家争鸣"则成为现代社会发展的趋势，人们的理想追求和价值取向有着很大的差别。而且一个不可忽视的问题就是，社会由农业文明向工业文明的急剧转型发展，社会成员的情绪发生了相当强烈的波动，焦虑、纠结、不安和浮躁的心态亦很常见，人们社会心理体验的二重性或"一边倒的弱势倾向"也比较明显。而且更为复杂的是，人们的思想观念往往是与心态情绪相互纠缠和渗透，大多数社会思潮的流行都有其特定的社会心理支撑。可以说，改革开放的推进带来经济社会的发展和民众生活水平的提高，但是在某种程度上，似乎又出现了类似于托克维尔在描述法国革命前的景象，即国家"持续稳定增长的繁荣，远没有使人民乐其所守，却到处都滋生着一种不安定的情绪"②。心理问题的表象下是思想的困惑和利益的冲突，而思想问题的化解和引导，首先需要疏通心理层面的矛盾。基于此，思想政治教育的心理疏导功能便应运而生。当然，由于思想政治教育的心理疏导内含明确的价值导向，因而与一般意义上的心理咨询或治疗有着根本的区别。

（三）规范行动的基础上实现素质培育

社会的有序发展既需要法律制度的强制作用，也离不开思想观念的

---

① 骆郁廷：《精神动力论》，武汉大学出版社2003年版，第2页。
② 参见［美］塞缪尔·P.亨廷顿《变化社会中的政治秩序》，王冠华、刘为等译，上海人民出版社2008年版，第39页。

约束功能。对于社会个体而言，在某种程度上思想观念的内在规范作用，要远比外在的强制力量更有效、效果更持久。思想政治教育实施政治导向和思想育人的主要目的，在于规范人们的社会行动、保证社会秩序的稳定运行。失范是与规范相对应的理论和实践范畴，我们这里从社会微观的层面来讲，主要是指民众社会行为的非正当性或规范性的缺失。历史表明，不论是社会在经历何种意义上的转型，社会失范现象往往都会不同程度地增多。而造成社会成员行为失范的主要原因，很大程度上是由于社会的制度体系或价值标准的断裂，即处于原有社会规范的神圣性的消失和新的社会规范的权威性尚未生成的状态。具体到中国的社会实践，最为人们所熟知的社会转型就是在经济层面由计划经济向市场经济的转型。事实上，自从中国进入现代社会以来，整个社会的转型情况比经济转型表现出更为复杂的面相。毫不夸张地说，在社会主义现代化建设过程中，我们已经以及将要遭遇更为严重的社会失范现象，而这主要是由中国正在经历的"双型社会转型"或"双重社会转型"决定的。因而强调思想政治教育的规范或保证功能，在社会主义现代化建设过程中更有其现实的针对性。当然，这里的思想政治教育规范或保证功能的实施，是以社会主义现代化建设的持续发展为根本目标。

与此同时，从人的自身发展的角度来看，思想政治教育又表现为人的思想活动的基本存在方式。规范人们的社会行为主要是在社会发展的层面上讲的，同时也应当看到思想政治教育对于人的发展的重要意义。这也就是说，把思想政治教育纯粹视为阶级统治的政治工具，或者将现实的人仅仅看作思想政治教育作用的对象，都是非常片面的。实际上，规范人的社会行为只是思想政治教育活动的基本功能，也是一般意义上的思想政治教育实践都具有的基本属性。现代社会发展的根本趋势就是人的主体性的极大提升，而促进人的全面发展，则是中国共产党思想政治教育的本质属性与核心功能。人的全面发展的当代内涵及其基本内容，就是适应社会主义现代化建设的人的能力素质的提高。思想政治教育作为教育的重要组成部分，对于现代社会人的思想政治品德的涵养，以及政治参与等社会实践能力的培育，具有其他教育形式不可替代的作用。从思想政治教育的角度来看，人的现代化素质的形成发展，也是一个不断政治社会化的过程。社会大众思想政治素质的现代化与行为方式的规范化，是现代社会人的发展过程的两个基本方面。依据时代与社会发展的要求积极校正自身的社会行为，最终必然体现为人的素质的提升，而人的素质的提升又包含着人的社会行为方式的规范化，规范人的社会行为的根本目的是促进人的思想政治素质的极大发展。

结　　语

毋庸置疑，关于现代化的理论研究曾经风靡全球，而且"现代化"也一度化身为理论研究前沿的标志或象征，貌似任何研究只要谈论现代化或与现代化有关，便可被视作为理论的创新。更为重要的是，现代化在当前的中国社会具有无可置疑的实践正当性和理论现实性。基于社会主义现代化建设的历史任务，以及思想政治教育面临的机遇与挑战，学界于20世纪80年代提出思想政治教育现代化的理论命题。然而本书认为，思想政治教育现代化不是一个流行的学术标签，或者说不应该仅仅将其看作一个空洞的概念话语。相反，思想政治教育现代化有着深刻的理论自觉和实践根源。人的观念素质的现代化发展与社会主义意识形态的有效传播，构成思想政治教育现代化理论研究的两大实践支柱。本书在借鉴前人已有研究成果的基础上，尝试从思想政治教育转型的视角来思考和理解思想政治教育的现代化实践。显而易见的是，相对于思想政治教育现代化命题本身的宽泛性，本书的研究只能看作思想政治教育现代化的基础性探索。然而正所谓"始生之物，其形必丑"，故本书存在不足和浅薄也就在所难免。我们虽未能建构全面完整的思想政治教育现代化理论体系，但是就思想政治教育现代化的相关概念、实践动力以及基本路径，特别是对思想政治教育现代化的历史背景、研究视域以及思想政治教育要素结构转型的阐释，一定程度上为今后继续深化思想政治教育现代化研究提供了必要的理论准备。

立足社会主义现代化建设实践，从党的思想政治教育转型的视角理解思想政治教育现代化，是本书关于思想政治教育现代化研究的基本主题。也就是说，思想政治教育现代化实质上就是思想政治教育的现代化转型过程。从思想政治教育转型的角度考察思想政治教育现代化的实践，一方面可以有效避免将思想政治教育现代化简单地等同于思想政治教育系统要素的现代化，同时还能够在回顾思想政治教育实践的基础上展望思想政治教育的发展方向。通过纵向分析思想政治教育的阶段性特征，总结梳理中国共产党在不同历史时期思想政治教育的经验教训，切实为新时期新形势下思想政治教育的创新发展提供科学的实践指向。本书研究的重心或主要着力点就是通过对思想政治教育现代化的概念考察、理论分析、实践动力以及基本路径四个维度，客观揭示思想政治教育现代化实践过程的开放性与原则性、前进性与曲折性，从而在社会主义现代化建设实践的历史进程中，努力把握思想政治教育的现代化发展趋势，同时进一步提升思想政治教育现代化理论研究的学理性和现实性。

换言之，结合社会主义现代化建设目标、中国共产党自身的转型历史，分析思想政治教育的转型过程，在某种意义上是突破我们对思想政治教育现代化已有认识的可能路径。就研究方法而言，如果说目前关于思想政治教育现代化的研究更多的是采用横向的平铺直叙，那么本书则是侧重于从历史的角度再现思想政治教育现代化的实践轨迹。基于这一思路，本书对思想政治教育现代化基本路径的建构，全部建立在思想政治教育现代化实践历史的基础之上。其中需要指出的是，本书对于思想政治教育现代化的相关概念范畴及其关系进行了比较详细的界定，特别是对思想政治教育现代化与思想政治教育科学化关系的分析，一定程度上弥补了学界现有研究的不足，从本质、历史与内容的维度明确标定思想政治教育现代化理论研究的实践阈限；同时在攫取思想政治教育现代化实践动力的基础上，从意识形态、思维方式和实践功能的角度阐释思想政治教育现代化的实践路径。

然而本书的不足之处也是显而易见的，即没有专门对社会主义现代化视野下的思想政治教育转型与国外现代化进程中的公民教育进行横向比较。表面上来看，西方社会的现代化是一个自然生长的历史过程，而中国社会进入现代化则首先是由外力所引发的，西方现代化进程中公民教育与中国社会主义现代化建设时期思想政治教育的时代背景、实践场域和历史阶段都存在着较大的差别，二者之间不具备较强的可比性。事实上，不论是无产阶级的思想政治教育，还是资产阶级的公民教育，二者实质上都是统治阶级实施阶级教化的有效手段和基本途径。就此而言，概览少数西方发达国家和次发达国家社会现代化不同历史阶段公民教育的思想理念与主要做法，总结其现代化进程中公民教育的基本经验教训，对于社会主义现代化建设条件下思想政治教育的现代化发展，应当具有一定的借鉴意义。譬如西方资本主义国家现代化不同时期公民教育实践模式和基本功能的变迁，对于我们探索社会主义现代化建设进程中思想政治教育的现代化发展趋势有很大的参考作用。当然，关于国外现代化进程中不同历史时期公民教育与社会主义现代化建设过程中思想政治教育的比较研究，将成为本书今后思考的方向之一。

与此同时，本书的另一不足之处是没有对马克思主义经典作家以及中国共产党三代领导人的现代化思想理论进行较为系统的梳理。诚然，学界关于马克思现代化思想的研究还处于初步阶段，而且社会主义现代化建设实践的脚步仍在行进之中。但是马克思关于现代化的思想观点与党的领导集体对于社会主义现代化的相关论述，无疑有助于我们从宏观层面更好地理解和思考思想政治教育现代化的理论与实践。因而努力挖掘马克思主义特别是马克思主义中国化最新理论成果中的现代化思想，亦将成为作者今后研究的方向。

参考文献

一　文献资料

[1]《马克思恩格斯全集》第1卷、第30卷，人民出版社1995年版。

[2]《马克思恩格斯选集》第1—4卷，人民出版社2012年版。

[3]《列宁全集》第40卷，人民出版社1986年版。

[4]《列宁专题文集·论无产阶级政党》，人民出版社2009年版。

[5]《列宁专题文集·论辩证唯物主义和历史唯物主义》，人民出版社2009年版。

[6]《毛泽东选集》第1—2卷，人民出版社1991年版。

[7]《毛泽东文集》第6—8卷，人民出版社1999年版。

[8]《周恩来选集》上卷，人民出版社1980年版。

[9]《邓小平文选》第2卷，人民出版社1994年版。

[10]《邓小平文选》第3卷，人民出版社1993年版。

[11]《江泽民文选》第3卷，人民出版社2006年版。

[12]胡锦涛：《坚定不移沿着中国特色社会主义道路前进为全面建成小康社会而奋斗》，《人民日报》2012年11月18日第1版。

[13]胡锦涛：《在全国宣传思想工作会议上的讲话》，《人民日报》2008年1月22日第1版。

[14]胡锦涛：《在全国宣传思想政治工作会议上的讲话》，《人民日报》2003年12月8日第1版。

[15]胡锦涛：《扎扎实实提高社会管理科学化水平，建设中国特色社会主义社会管理体系》，《人民日报》2011年2月20日第1版。

[16]胡锦涛：《在中国共产党第十八次全国代表大会上的报告》，《人民

日报》2012 年 11 月 18 日第 1 版。
［17］胡锦涛：《在纪念党的十一届三中全会召开 30 周年大会上的讲话》，《求是》2008 年第 24 期。
［18］习近平：《胸怀大局把握大势着眼大事，努力把宣传思想工作做得更好》，《人民日报》2013 年 8 月 21 日第 1 版。
［19］《十二大以来重要文献选编》（上），人民出版社 1986 年版。
［20］《十四大以来重要文献选编》（中），中央文献出版社 2011 年版。
［21］《十五大以来重要文献选编》（上），人民出版社 2000 年版。
［22］《十五大以来重要文献选编》（中），人民出版社 2001 年版。
［23］《十五大以来重要文献选编》（中），中央文献出版社 2011 年版。
［24］《十六大以来重要文献选编》（上），中央文献出版社 2005 年版。
［25］《十六大以来重要文献选编》（中），中央文献出版社 2006 年版。
［26］中共中央党史研究室：《中国共产党历史·第二卷（1949—1978）》上册，中共党史出版社 2011 年版。
［27］中共中央党史研究室：《中国共产党历史·第二卷（1949—1978）》下册，中共党史出版社 2011 年版。
［28］《中共中央关于全面深化改革若干重大问题的决定》，人民出版社 2013 年版。
［29］《普通高校思想政治理论课文献选编（1949—2008）》，中国人民大学出版社 2008 年版。
［30］《提高质量 内涵发展——全面提高高等教育质量工作会议文件汇编 2012 年》，高等教育出版社 2012 年版。

二 研究报告

［1］中国现代化战略课题研究组等：《中国现代化报告 2009——文化现代化研究》，北京大学出版社 2009 年版。
［2］冯刚、沈壮海：《思想政治教育发展报告 2012》，高等教育出版社 2012 年版。
［3］陆学艺：《中国社会阶层研究报告之三：当代中国社会结构》，社会科学文献出版社 2010 年版。
［4］陆学艺、李培林：《中国社会发展报告》，社会科学文献出版社 2007

[5] 陆学艺：《当代中国社会阶层研究报告》，社会科学文献出版社 2002 年版。

[6] 郑杭生：《中国社会学年鉴 1979—1989》，中国大百科全书出版社 1989 年版。

[7] 郑杭生、刘少杰：《中国人民大学中国社会发展研究报告 2007，走向更加有序的社会：快速转型期社会矛盾及其治理》，中国人民大学出版社 2007 年版。

[8] 童世骏等：《当代中国人精神生活研究》，经济科学出版社 2009 年版。

[9] 王俊秀、杨宜音：《中国社会心态研究报告》（2012—2013），社会科学文献出版社 2013 年版。

三　中文译著

[1] ［英］阿诺德·约瑟夫·汤因比：《历史研究》上，曹未风等译，上海人民出版社 1986 年版。

[2] ［意］艾伯特·马蒂内利：《全球现代化——重思现代性事业》，李国武译，商务印书馆 2010 年版。

[3] ［美］艾尔·巴比：《社会研究方法》，邱泽奇译，华夏出版社 2005 年版。

[4] ［法］埃米尔·涂尔干：《社会分工论》，渠东译，生活·读书·新知三联书店 2000 年版。

[5] ［美］塞缪尔·P. 亨廷顿：《变化社会中的政治秩序》，王冠华、刘为等译，上海人民出版社 2008 年版。

[6] 殷陆君编译《人的现代化——心理·思想·态度·行为》，四川人民出版社 1985 年版。

[7] ［美］曼纽尔·卡斯特：《认同的力量》（第二版），曹荣湘译，社会科学文献出版社 2006 年版。

[8] ［英］S. N. 艾森斯塔特：《现代化：抗拒与变迁》，张旅平等译，中国人民大学出版社 1988 年版。

[9] ［美］威廉·费尔丁·奥格本：《社会变迁——关于文化和先天的本质》，王晓毅等译，浙江人民出版社 1989 年版。

［10］［美］丹尼尔·贝尔:《资本主义文化矛盾》,严蓓雯译,江苏人民出版社2012年版。

［11］［英］约翰·B.汤普森:《意识形态与现代文化》,高铦等译,译林出版社2005年版。

［12］［德］卡尔·雅斯贝尔斯:《现时代的人》,周晓亮等译,社会科学文献出版社1992年版。

［13］［德］恩斯特·卡西尔:《人论》,甘阳译,上海译文出版社1985年版。

［14］［法］爱弥儿·涂尔干:《宗教生活的基本形式》,渠东、汲喆译,商务印书馆2011年版。

［15］［美］赫伯特·马尔库塞:《单向度的人——发达工业社会意识形态研究》,刘继译,上海译文出版社2008年版。

［16］［德］卡尔·雅斯贝尔斯:《现时代的人》,周晓亮等译,社会科学文献出版社1992年版。

［17］［美］道格拉斯·C.诺思:《经济史中的结构与变迁》,陈郁、罗华平等译,上海三联书店、上海人民出版社1994年版。

［18］［美］罗伯特·A.达尔等:《现代政治分析》第6版,吴勇译,中国人民大学出版社2012年版。

［19］［美］C.E.布莱克:《现代化的动力》,段小光译,四川人民出版社1988年版。

［20］［美］C.E.布莱克:《比较现代化》,杨豫、陈祖洲译,上海译文出版社1996年版。

［21］［美］西里尔·E.布莱克等:《日本和俄国的现代化——一份进行比较的研究报告》,周师铭、胡国成等译,商务印书馆1984年版。

［22］［美］马歇尔·伯曼:《一切坚固的东西都烟消云散了——现代性体验》,徐大建、张辑译,商务印书馆2003年版。

［23］［英］安东尼·吉登斯等:《现代性——吉登斯访谈录》,尹宏毅译,新华出版社2001年版。

［24］［美］阿列克斯·英克尔斯等:《从传统人到现代人——六个发展中国家中的个人变化》,顾昕译,中国人民大学出版社1992年版。

［25］［法］古斯塔夫·勒庞:《乌合之众:大众心理研究》,冯克利译,

中央编译出版社 2005 年版。

[26] [美] 加布里埃尔·A. 阿尔蒙德等：《比较政治学——体系、过程和政策》，曹沛霖等译，东方出版社 2007 年版。

[27] [美] 雷迅马：《作为意识形态的现代化——社会科学与美国对第三世界政策》，牛可译，中央编译出版社 2003 年版。

四　中文原著

[1] 叶启政：《现代人的天命》，台北群学出版有限公司 2005 年版。

[2] 杨国枢：《现代社会的心理适应》，台北巨流图书公司 1978 年版。

[3] 叶至诚：《现代社会与公民素养》，台北秀威资讯科技股份有限公司 2008 年版。

[4] 张隆溪：《走出文化的封闭圈》，香港商务印书馆 2000 年版。

[5] 邹谠：《二十世纪中国政治：从宏观历史和微观行动的角度看》，牛津大学出版社 1994 年版。

[6] 陈晏清、王南湜：《当代中国社会转型论》，山西教育出版社 1998 年版。

[7] 孙关宏：《政治学概论》，复旦大学出版社 2003 年版。

[8] 钱乘旦：《世界现代化历程》，江苏人民出版社 2010 年版。

[9] 陈嘉明：《现代性与后现代性十五讲》，北京大学出版社 2006 年版。

[10] 张凤阳：《现代性的谱系》，江苏人民出版社 2012 年版。

[11] 罗骞：《论马克思的现代性批判及其当代意义》，上海人民出版社 2007 年版。

[12] 罗荣渠：《现代化新论——世界与中国的现代化进程》增订本，商务印书馆 2004 年版。

[13] 俞吾金等：《现代性现象学——与西方马克思主义者的对话》，上海社会科学院出版社 2002 年版。

[14] 丰子义：《现代化的理论基础：马克思现代社会发展理论研究》，北京大学出版社 1995 年版。

[15] 李友梅等：《中国社会生活的变迁》，中国大百科全书出版社 2008 年版。

[16] 李友梅、孙立平等：《当代中国社会分层：理论与实证》，社会科学

文献出版社 2006 年版。

[17] 李友梅、黄晓春等：《从弥散到秩序："制度与生活"视野下的中国社会变迁》（1921—2011），中国大百科全书出版社 2011 年版。

[18] 李秀林、李淮春、陈晏清等：《中国现代化之哲学探讨》，人民出版社 1990 年版。

[19] 陆学艺、景天魁：《转型中的中国社会》，黑龙江人民出版社 1994 年版。

[20] 刘小枫：《现代性社会理论绪论——现代性与现代中国》，上海三联书店 1998 年版。

[21] 燕继荣：《政治学十五讲》，北京大学出版社 2004 年版。

[22] 姜义华：《现代性：中国重撰》，北京师范大学出版社 2008 年版。

[23] 吴晓明、邹诗鹏：《全球化背景下的现代性问题》，重庆出版社 2009 年版。

[24] 林尚立：《中国共产党与国家建设》，天津人民出版社 2009 年版。

[25] 童世骏：《中西对话中的现代性问题》，学林出版社 2010 年版。

[26] 俞吾金：《意识形态论》修订版，人民出版社 2009 年版。

[27] 刘少杰：《当代中国意识形态变迁》，中央编译局出版社 2012 年版。

[28] 李德顺：《价值论》第 2 版，中国人民大学出版社 2007 年版。

[29] 郭湛：《主体性哲学——人的存在及其意义》修订版，中国人民大学出版社 2011 年版。

[30] 王永贵等：《经济全球化与社会主义意识形态建设研究》，人民出版社 2005 年版。

[31] 费孝通：《文化与文化自觉》，群言出版社 2010 年版。

[32] 袁贵仁、韩庆祥：《论人的全面发展》，广西人民出版社 2003 年版。

[33] 李秀林等：《辩证唯物主义和历史唯物主义原理》，中国人民大学出版社 1990 年版。

[34] 孙正聿：《哲学通论》，人民出版社 2010 年版。

[35] 孙立平：《转型与断裂：改革以来中国社会结构的变迁》，清华大学出版社 2004 年版。

[36] 侯惠勤：《马克思的意识形态批判与当代中国》，中国社会科学出版社 2010 年版。

[37] 沈亚平：《社会秩序及其转型研究》，河北大学出版社 2002 年版。

[38] 高清海：《哲学的奥秘》，吉林人民出版社 1997 年版。

[39] 袁贵仁：《人的素质论》，中国青年出版社 1993 年版。

[40] 袁贵仁：《袁贵仁自选集》，学习出版社 2007 年版。

[41] 叶南客：《边际人：大过渡时代的转型人格》，上海人民出版社 1996 年版。

[42] 张耀灿、郑永廷、吴潜涛等：《现代思想政治教育学》，人民出版社 2006 年版。

[43] 郑永廷：《现代思想道德教育理论与方法》，广东高等教育出版社 2000 年版。

[44] 孙其昂：《思想政治教育学前沿研究》，人民出版社 2013 年版。

[45] 刘建军：《中国共产党思想政治教育的理论与实践》，中国人民大学出版社 2008 年版。

[46] 陈万柏：《思想政治教育学原理》，中国人民大学出版社 2013 年版。

[47] 张耀灿：《中国共产党思想政治教育史论》，高等教育出版社 2006 年版。

[48] 曹清燕：《思想政治教育目的研究：基于马克思主义人学视角》，中国社会科学出版社 2011 年版。

[49] 万美容：《思想政治教育方法发展研究》，中国社会科学出版社 2007 年版。

[50] 陈立思：《当代世界的思想政治教育》，中国人民大学出版社 1999 年版。

[51] 沈壮海：《思想政治教育有效性研究》，武汉大学出版社 2008 年版。

[52] 李俊伟：《思想政治工作现代化与科学化》，红旗出版社 2007 年版。

[53] 平章起、梁禹祥：《思想政治教育基本理论问题研究》，南开大学出版社 2009 年版。

[54] 陈秉公：《思想政治教育学原理》，高等教育出版社 2006 年版。

[55] 项久雨：《思想政治教育价值论》，中国社会科学出版社 2003 年版。

[56] 熊建生：《思想政治教育内容结构论》，中国社会科学出版社 2012 年版。

[57] 金鉴康：《思想政治教育学》，水利电力出版社 1987 年版。

[58] 罗洪铁、周琪等：《思想政治教育学学科理论体系演变研究》，中国社会科学出版社2012年版。

[59] 罗洪铁：《思想政治教育专题研究》，中央文献出版社2007年版。

五　学术论文

[1] 陆学艺、景天魁：《中国现代化进程中的社会学》，《中国社会科学》1997年第6期。

[2] 孙正聿：《"现实的历史"：〈资本论〉的存在论》，《中国社会科学》2010年第2期。

[3] 郑杭生：《改革开放三十年：社会发展理论和社会转型理论》，《中国社会科学》2009年第2期。

[4] 俞可平：《现代化和全球化双重变奏下的中国文化发展逻辑》，《学术月刊》2006年第4期。

[5] 谢立中：《"现代性"及其相关概念词义辨析》，《北京大学学报》（哲学社会科学版）2001年第5期。

[6] 宋伟：《转型研究——作为一种方法的中国现代性思考》，《辽宁大学学报》（哲学社会科学版）2013年第1期。

[7] 宋林飞：《中国社会转型的趋势、代价及其度量》，《江苏社会科学》2002年第6期。

[8] 郑杭生：《中国社会的巨大变化与中国社会学的坚实进展——以社会运行论、社会转型论、学科本土论和社会互构论为例》，《江苏社会科学》2004年第5期。

[9] 任剑涛：《现代性、历史断裂与中国社会文化转型》，《厦门大学学报》（哲学社会科学版）2001年第1期。

[10] 高宣扬：《西方现代性的悖论与危机——纪念卢梭诞辰300周年》，《人民论坛·学术前沿》2012年第4期。

[11] 人民论坛问卷调查中心：《新形势下中国共产党的转型　自我革新与自我超越——基于350位专家和2600位党政干部的书面问卷调查分析》，《人民论坛》2013年第24期。

[12] 黄力之：《论社会主流价值观构建的逆向性特征》，《上海行政学院学报》2012年第6期。

[13] 刘建军：《论思想政治教育的科学化》，《教学与研究》2011年第3期。
[14] 武东生：《关于思想政治教育学科建设的思考》，《思想理论教育导刊》2010年第9期。
[15] 骆郁廷、郭莉：《精神交往：思想政治教育互动关系的本质》，《教学与研究》2014年第1期。
[16] 谢忠文：《从革命到治理——1949—1978年中国意识形态转型研究》，博士学位论文，上海社会科学院，2011年。
[17] 李宗建：《建国以来中国共产党宣传思想工作转变研究》，博士学位论文，南开大学，2013年。

后 记

  2014年是思想政治教育专业创建30周年，而我也已在思想政治教育专业求学十载。将近十年不间断的专业学习以及学位论文写作的完成，自然离不开诸位老师的指导和帮助。

  感谢导师平章起教授三年来在学习方面的谆谆教诲和生活方面的嘘寒问暖。在南开的三年光阴，平章起教授给予我最大的关怀、信任、提携与自由，其间取得的成绩或进步，无一例外都凝结着平章起教授的心血和汗水；感谢武东生教授在专业课堂上的解惑、论文开题时的点拨和学术讲座中的启发；感谢寇清杰教授和付洪教授在专业课学习方面的教诲，以及在论文开题时具体而又详尽的指导。

  感谢罗洪铁教授多年来的关心和鼓励，感谢董娅教授和邹绍清教授的爱护与鞭策。

  感谢本书所参考或借鉴的研究文献的作者。

  感谢家人、同学和朋友。

  作为一个远未登堂入室的青年学人，怀着一颗感恩的心，我将继续前行。

李 伟

2014年6月8日